WIR KÜNDIGEN!

WIR KÜNDIGEN!

UND DEFINIEREN DAS LAND NEU

Dagmar Deckstein
Peter Felixberger
Michael Gleich
Wolf Lotter

Bibliografische Information Der Deutschen Bibliothek
Die Deutsche Bibliothek verzeichnet diese Publikation in der Deutschen Nationalbibliografie; detaillierte bibliografische Daten sind im Internet über http://dnb.ddb.de abrufbar.

Internet: http://www.hanser.de

Umschlaggestaltung: Uwe Aufleger, Erding
Umschlaggrafik: Limo Lechner, Pastetten
Satz: Presse- und Verlagsservice, Erding
Druck und Bindung: FGB, Freiburg

Printed in Germany

ISBN 3-446-40048-6

INHALT

VIERWORT

»Mögest du in interessanten Zeiten leben«, lautet ein chinesischer Fluch. Dieser Fluch lastet bleischwer auch auf diesen Zeiten, aber nicht nur, weil neben anderen auch die deutsche Industrie beschlossen hat, China markt- und produktionstechnisch zu erobern. Was die chinesische Fluchformel eigentlich bedeutet, lässt sich überall in der restlichen, westlichen Welt überdeutlich nachvollziehen. »Interessante Zeiten« sind solche des Umbruchs, der Ungewissheit, der Umdefinition vermeintlich verlässlicher, althergebrachter Werte und Begriffe. Vielen schmecken die Inhalte dieser Begriffe in ihrer Hülle aus felsenfesten Gewissheiten angesichts neuer Herausforderungen und bisher unbekannter Möglichkeiten nicht mehr so recht. Tatsächlich sind sie schal und abgestanden.

Manchmal haben es die gut meinenden Hüter des Status quo auch fertig gebracht, Bitterstoffe in die Begriffsmixtur zu mischen. Nehmen wir einen der 30 Begriffe dieses Buches: Risiko. Wir sind so weit gekommen, dass manche inzwischen nur noch Furcht herausschmecken und die Chancen, die jedem Wagnis innewohnen, gar nicht mehr erkennen mögen. Sogar die traditionellen Gewährsmänner des Risikos, die globalisierend umherschweifenden Unternehmer respektive die Topmanager der Konzerne, kriegen inzwischen das Flattern. Das ist verständlich, denn heute müssen sie sich aus einer lieb gewonnenen, aber künstlichen Komfortzone herausbewegen, hielt sich doch ihr vielbeschworenes unternehmerisches Risiko in der alten Deutschland AG in staatlich abgefederten Binnengrenzen. In vorderster Front die Deutsche Bank und die Allianz. Sie hielten ihre Aktienpakete wie Schilde vors Management, kein feindlich gesonnener Übernehmer, kein Finanzinvestor konnte ihnen in die Suppe spucken. Heute, nach dem Ausverkauf der Schutzschilde, tun sie das aber ausgiebig, mahnen jedes verdammte Quartal die Konzentration aufs Kerngeschäft an und pochen auf ihren »Return on Investment«. Sehr bitter, sehr unbequem ist das.

Entsprechend unbequem ist auch die Lage der Beschäftigten in diesen Unternehmen, die das höhere Risiko ihrer Beschäftiger unmittelbar in höhere Furcht um ihre Arbeitsplätze nachvollziehen dürfen. »Risiko« ist zum Angstbegriff verludert. So wollen wir das aber nicht stehen lassen. Deshalb gibt es dieses Buch. Ja, das sind interessante Zeiten, in denen wir vier angetreten sind, zumindest ein paar – also genau: 30 – solcher schillernder bis verluderter Begriffe mit einer Bedeutung aufzuladen, die ihnen in den Angstdebatten der Besitzstandsbewahrer abhanden gekommen sind. Mit Bedeutungen, die in der sattsam bekannten deutschen Verbände- und Lobbyistenterminologie, also im quasifeudalistischen Föderalstaat Bundesrepublik Deutschland mit seinen furchtbaren Bund-Länder-Blockaden, geflissentlich unterdrückt werden.

Wir vier maßen uns nicht an, so eine Art neuen Katechismus der Schlüsselbegriffe für unsere Demokratie zu liefern. Aber wir nehmen Konzepte wie Arbeit, Bildung, Wohlstand, Wachstum, Leistung, Erfolg, Freiheit und Glück und maßen uns an, diese Schlüsselbegriffe einer energischen Überarbeitung zu unterziehen. Es sind Neudefinitionen, die längst fällig waren. Wenn sie manchen Zögerlich-Zaudernden in diesen interessanten Zeiten Zuversicht geben, ist der Zweck erfüllt.

Der Mensch ist frei und gleich geboren – ja, ja, sowieso! Aber wann wird dieser Schlachtruf der Moderne endlich in die Tat umgesetzt, im Alltag lebbar? Wir meinen: Jetzt, in der individualisierten Wissensgesellschaft des 21. Jahrhunderts! Noch nie zuvor in der Geschichte der Menschheit wurde so genau hingesehen auf jedes einzelne Individuum, auf seine Stärken und Schwächen, seine soziale Herkunft und auf die Möglichkeiten und Voraussetzungen, wie er am besten von unten nach oben gelangen könnte. Weil er es wert ist. Weil es auf ihn ankommt. Weil wir ihn, den einzelnen Menschen, nicht mehr länger in ein Kollektivschema pressen können nach dem Motto: »One size fits all.« Vergiss es! Das reicht längst nicht mehr, wie die einschlägigen PISA-Studien aufs Beschämendste offenbaren.

In diesen interessanten Zeiten erleben wir auch, als wie brüchig sich inzwischen die fundamentale Gewissheit der westlichen Philosophie in der Tradition der Aufklärung erweist: Dass es nur die eine, »die richtige« Wahrheit geben könne. Vom mechanischen Paradigma des Entweder-oder sind Heerscharen von Wissenschaftlern, Medien- und Meinungsmachern und ihre Gefolgsleute aller Professionen zutiefst beseelt. Nur ist ebenso klar, dass das mechanistische Weltbild, das eine Antwort auf alle Fragen kennen will, die Welt nicht länger bewegt. Die Wirklichkeit ist komplexer, und das heißt nicht, dass wir an ihr scheitern, weil wir nichts mehr »übersehen«. Ein Plan für alle ist von gestern. Das eine Rezept für alle Probleme auch.

Oder, wie der Bamberger Soziologe Gerhard Schulze trefflich schreibt: »Das Streben nach Eindeutigkeit verführt ... Hier wird die Sehnsucht nach Erkenntnis zur Quelle einer Illusion, an der man wider besseres Wissen festhält. Wissen dieser Art beruht auf planvoller Ignoranz.«

Simplify your mind – das infantile Bedürfnis nach einfachen Wahrheiten wird in Deutschland überall und gerne befriedigt. Durch Politiker, die locker drei Legislaturperioden mit gerade mal zwei Weisheiten überstehen. Durch Medien, die auf den Bestseller *Bild* schielen und deren Meinungsmasche für den Bildungsbürger ein wenig umhäkeln. Durch Vorstandsvorsitzende, die Anleger mit einfachen Geschichten bei Laune halten. Gegen diese fürsorgliche Belagerung der Köpfe durch Banalitäten von gestern setzen wir die gute alte Idee der Aufklärung. Sagen, was Sache ist. Provozieren, um Denken anzuregen. Prangern an, was verdummt.

In einer immer stärker vernetzten Welt kultivieren wir ein Denken in Zusammenhängen, singen das Hohelied der Komplexität, vertrauen auf Selbstorganisation, schätzen das Vitale von Vielfalt, entwerfen Strategien für die friedliche Koexistenz mit dem Unvorhersehbaren. Netzlogik heißt dieses Paradigma für eine Welt, die zusammenwächst.

Beim Schreiben dieses Buches hat uns ein Satz des großen Skeptikers Karl Kraus begleitet. Er lautet: Hüten wir uns davor, aus Schaden dumm zu werden. Man könnte auch sagen: Hören wir nicht auf zu fragen, was die Dinge wirklich bedeuten. Zweifeln wir also, ohne zu verzweifeln.

Ohne das Gegenparadigma zur westlich-ignoranten Weltsicht, das des

Sowohl-als-auch, lässt sich kein Kompass für die individualisierte Wissensgesellschaft mehr konstruieren. Anhand von Begriffsdefinitionen, wie wir sie versuchen, können sich durchaus solche bisher ungewohnten Dimensionen nichtdeterministischer Weltsicht, Einsicht, eröffnen. Zum Beispiel auch am Begriff »Natur«.

Wer dächte da nicht an die naturschwärmerische deutsche Jugendprotestbewegung des Sturm und Drang, für die in den 60er bis 80er Jahren des 18. Jahrhunderts vor allem die Namen Johann Gottfried Herder, Friedrich Schiller und Goethe standen. Ihr Protest richtete sich gegen die Denk- und Lebensformen der Aufklärung, gegen den einseitigen Rationalismus, gegen die Regel- und Normengläubigkeit, auch gegen die erstarrten Konventionen der ständischen Gesellschaftsordnung. Der Widerspruch des Sturm und Drang zum Geist der Aufklärung wird vor allem darin sichtbar, dass der Wert des Gefühls, des Triebs und der Spontaneität höher eingeschätzt wurde als Verstand und Vernunft. Daraus ergab sich eine neue Erfahrung und Wertung der Natur, die als Urquell alles Lebendigen und Schöpferischen, auch im Menschen selbst, vergöttert wurde. Herder als philosophischer Mentor des Sturm und Drang kritisierte weniger die Inhalte der aufklärerischen Philosophie (Licht, Verstand, Zweifel, Gedankenfreiheit ...), als vielmehr die »mechanische, kalte Welt« voller Hass gegen alles »Wunderbare und Verborgene«, in deren »Papierkultur Herz und Kopf« getrennt seien.

Und heute? Heute müssen wir den aufklärerischen Impetus, den Erfolg der Naturwissenschaften, retten vor einer nicht nur, aber auch typisch deutschen Naturromantisierung. Vor der sich der über sich selbst erschrockene Übeltäter Gutmensch am liebsten ganz in seine naturfernen Reservate zurückziehen möchte, um seiner Mama Gaia nicht länger zur Last zu fallen. Nachdem er sie im Übrigen jahrzehntelang ordentlich vergewaltigt hat. Das ist die Dumpfbackenphilosophie, gegen die wir anschreiben: Das Entweder-oder, das Ganz-oder-gar-nicht, die Stumpfsinnigkeit des Einfachen, das letztlich doch nichts anderes ist als Einfältigkeit.

Die Dummheit ist eine Großmacht – und solche Kräfte wirken überall und unablässig, vor allem dort, wo sie sich unerkannt entfalten können. Ein klares Bild der Zukunft gibt es nicht, und wir unternehmen in diesem Buch gar nicht den Versuch, so zu tun, als wüssten wir, was kommt. Große Pläne haben zu den großen Katastrophen des 20. Jahrhunderts geführt, und es wäre nicht sehr klug, mit einer erwiesenermaßen gescheiterten Methode das neue Jahrtausend bestreiten zu wollen. Wir setzen den Vorschlag an die Stelle des Dogmas. Das ist zwar nicht die Sicherheit, nach der so viele so laut rufen. Und es ist auch keine ideologische Verlässlichkeit, die den falschen Versprechungen nach Eindeutigkeit immer folgt. Aber die hier vorgeschlagenen Bedeutungen mögen helfen, Entscheidungen zu treffen, zu erkennen, zu handeln. Und dafür gibt es heute reichlich Bedarf.

Gerne blasen wir erneut zum Sturm auf die Vereinfacher aller Zeiten, geben wir dem Drang nach, das Streben nach Eindeutigkeit dort wieder instand zu setzen, wo es esoterisch-antiaufklärerischer Beliebigkeit zum Opfer zu fallen droht.

Kurz: Auch die Herders und Schillers schickten sich ins dereinst nicht anders denkbare Denken des Entweder-oder. Heute heißt es, unterscheiden können, wo die Früchte der Aufklärung aufgesammelt und gut haltbar gelagert werden müssen, damit das Denken nicht vom Regen in die Traufe gerät.

Sturm und Drang – Ruhe und Vernunft. Was wir wollen, ist, der babylonischen Begriffsverwirrung Einhalt zu gebieten. Manchmal gehört es dazu, diese Begriffe auch vor ihren angeblichen Befreiern vor Missbrauch zu schützen. Mögen die in diesen »interessanten Zeiten« Lebenden, die Gestalter dieser wirtschaftsgesellschaftlichen Umbruchphase, aus unseren Alt-Neu-Definitionen ein wenig Honig saugen.

Eine Gemeinsamkeit von uns Autoren besteht darin, dass wir einen für deutsche Schulen typischen Geschichtsunterricht zu erleiden hatten, der unseren historischen Horizont im Wesentlichen auf die Jahre 1933 bis 1945 und ein wenig danach einnorden wollte.

So lernten wir vor lauter Nazi-Nachkriegs-Aufarbeitung einen unserer großen deutschen Historiker des 19. Jahrhunderts, Jacob Burckhardt, erst viel später kennen. Der hat in seinen *Weltgeschichtlichen Betrachtungen* geschrieben: »Jeder hält nämlich seine Zeit für die Erfüllung der Zeiten und nicht bloß für eine der vielen vorübergehenden Wellen. Hat er Ursache zu glauben, dass er ungefähr das ihm Erreichbare erreicht hat, so versteht sich diese Ansicht von selbst; wünscht er, dass es anders werde, so hofft er, dies in Bälde zu erleben und noch selber bewirken zu helfen.«

Bei aller Vielfalt der Meinungen auch in diesem Buch gibt es ein geistiges Band, das uns zusammenhält. Uns eint eine konstruktive, optimistische Sicht der Dinge. Eine Verachtung für den deutschen Feuilletonbetrieb, wo er in Schwermut macht und sich mit Vorliebe an Alarmismus und Apokalypse delektiert. Ein Vertrauen, dass das Leben an sich – bei aller Unvorhersehbarkeit – nicht lebensfeindlich ist, sondern jeden Tag neue Chancen und Schätze bereithält.

Dieser Gleichklang im Denken verdankt sich gemeinsamen Erfahrungen unserer Generation. Unsere Biographien sind davon geprägt, vielgepriesene Gewissheiten grandios untergehen gesehen zu haben. Da wird eine Mauer zwischen den Blöcken Ost und West gebaut, von beiden Seiten trotz gegenteiliger Beteuerungen als ewig und unverrückbar ins Bewusstsein betoniert – um nach weniger als drei Jahrzehnten zu Mörtelstaub zu werden. Wir mussten miterleben, wie die Natur um uns herum grausam vergewaltigt wurde, skrupellos in Wirtschaftswunderzeiten, worauf die schon kurzfristige Unbewohnbarkeit des Planeten als unabwendbar galt – um augenreibend das Schnell-Erwachen eines globalen Umweltbewusstseins und den Siegeszug einer sozialen Bewegung zu verfolgen, wie es ihn in dieser Durchschlagskraft in den vergangenen 150 Jahren nicht gegeben hatte. Wir haben Kolonien ihre weißen Unterdrücker abschütteln sehen, Hurra gerufen und den Sieg mit Solidaritätskaffee begossen – um danach zu erleben, wie die armen Länder nunmehr von ihren eigenen Leuten kujoniert und ausgeplündert wurden. Wir sahen Slogans Karriere machen – und dann sang- und klanglos verschwinden: Wohlstand für alle! Die Partei hat immer Recht! Blühende Landschaften! Arbeit für alle! Freiheit durch Sicherheit! Wir verfolgten hochfliegende Prognosen – und ihre kleinlauten Bruchlandungen: atomarer Winter, Bevölkerungsexplosion, kein Markt für PCs, Kolonien auf dem Mond oder Müll auf den Mars.

Unsere Lebenslinien lassen sich nachverfolgen anhand der Dogmen, Prognosen und Slogans, die wir am Weg zurückgelassen haben. Es gibt Dinge, die man gerne verliert.

Dabei ging nicht der Glaube an das Leben verloren, sondern nur falscher Respekt. Respekt für die reklameklappernden Klugscheißer des Kulturbetriebs, die Ehrfurcht für die etablierten Großdenker und Lautsprecher, das Vertrauen in Eliten, die nicht als geistige Führer vorangehen, sondern als machtgeile Besitzstandswahrer auf der Stelle treten. Auf das hämische Echo dieser Vertreter im geistigen Vorruhestand freuen wir uns sehr: Je heftiger, desto Treffer.

Respektlosigkeit vor Hohlkörpern dieser Art ist eine gute Basis für Radikalität. Wir brauchen kein Mandat, keine Stadtschreiberstelle, keine Erlaubnis greiser Großwesire, um das aufklärerische Werk zu wagen. Auf der Gezeitenwelle des frisch angebrochenen 21. Jahrhunderts reitend formulieren wir, dass und wie es anders werden könnte.

Noch ein Wort zur aktuellen Reformania in Deutschland. Ein Großteil der Bevölkerung hat das Reformgerede mittlerweile satt. Tausend Vorschläge, tausend Quatschköpfe, endlose Diskussionen – und nichts passiert. Jeder Reformvorschlag hat tausend gute Gründe. Sieht irgendwie unverwundbar aus in seinem Schutzpanzer aus statistischen Zahlenspielen. Wird vorgetragen von ehrwürdigen Männern und Frauen. Mit großer Hoffnung, die in der alltäglichen Realität schnell verfliegt. Zurück bleibt eine bleierne Schwere. Wir verstehen uns deshalb ein Stück weit als Verstärker für alle, die sich gegen die herrschende Stagnation und Müdigkeit auflehnen. Wir vier reden über die Grundprogrammierung dieses Landes. Über die inhaltliche Aufladung der Basisdefinitionen. Wir hassen Reformhuberei und Wortfälschungen und lassen uns den Traum von einer besseren Gesellschaft nicht abschwatzen.

Wir können unsere Herkunft natürlich nicht verleugnen. Auch hinter unseren Köpfen lauern erkenntnistheoretische Lektürepfade ebenso wie psychosoziale Befindlichkeitsbahnen und berufliche Selbstentfaltungslinien. Wir sind höchst unterschiedliche Charaktere und schauen höchst unterschiedlich aus. Wir sind drei Männer und eine Frau. Mit unterschiedlichen Vorlieben. In den Irrungen der Bundesrepublik sind wir auf unterschiedlichen Wegen vorangekommen. In der Verzurrung des angestellten Redakteurs ebenso wie in der luftigen Bedingungslosigkeit des selbstunternehmerischen Journalisten.

Über die Leidenschaften, Gefühle und Allmachtsfantasien unserer Jugend hat sich mancher Grauschleier gelegt. Der Schutzanzug, an dem die Wellen von Enttäuschungen und Desillusionierung abprallen, ist auch uns allerbestens vertraut. Konsum und Wohlstand singen uns täglich in den Schlaf. Das Wort Selbstbetrug nistet sich bisweilen hartnäckig in unsere Lebensentwürfe ein. Im Erschnüffeln der Geldvermehrungsspur haben wir es zu mancher Meisterschaft gebracht.

Was aber ist aus unseren Träumen geworden? Wir wollten doch einmal authentisch, befreit, echt und glücklich leben. Was ist davon übrig geblieben? Nichts oder alles. Beides. Über die Jahre haben wir ein bisschen Wohlstand und Klugheit angehäuft, und hätten jetzt gerne, dass etwas passiert. Viel Theorie wurde vom Leben aufgefressen. Aus den Restbeständen bauen wir etwas Neues auf.

Das Überall-immer-Weniger der heutigen Bundesrepublik ist uns egal. Schluss mit dem Gelaber in den Reformetagen! Wir wollen mehr Selbstverwirklichung, mehr Möglichkeitsräume, mehr wilde Freiheit. Die Ich-, Wir- und Weltfindung ist gerade zu einer neuen Mission aufgebrochen. Leider ist sie riskant, gefährlich und bisweilen existenzbedrohlich. Doch wir sind dabei. Wir fordern das Leben heraus, zertrümmern Weisheit, balancieren täglich Glück und Unglück aus. Statt Überall-immer-Weniger fordern wir ein Überall-immer-Mehr! Für alle. Freiheit ist Selbstbestimmung.

Ein kleiner Hinweis zur Lektüre sei an dieser Stelle gestattet: Die Beiträge sind namentlich nicht gekennzeichnet. Unsere Grundidee: Jede(r) Autor(in) hat Anteil an allen Beiträgen, auch wenn jeder einzelne immer nur von einer Person verfasst wurde. Die Reihenfolge der Begriffe ist alphabetisch geordnet. Sie akkurat einzuhalten ist nicht zwingend notwendig. Jeder Beitrag kann auch separat gelesen werden. Die Stücke sind jeweils in sich abgeschlossen. Zu guter Letzt: Wer mit uns Kontakt aufnehmen will, kann dies gerne über E-Mail tun: *redaktion@changeX.de.*

ARBEIT

VORHER

Arbeit ist das halbe Leben, weil wir arbeiten, um zu leben. So kommen wir nie auf einen grünen Zweig.

NACHHER

Arbeit ist das ganze Leben, und wir leben, um zu arbeiten. Wir sitzen schon längst auf einem stabilen Ast im Baum der Erkenntnis.

150 Jahre Industriegeschichte haben ausgereicht, den arbeitenden Menschen ihre Freude am Tätigsein gründlich zu vergällen. Anfangs sorgten gnadenlos ausbeuterische Fabrikherren dafür, danach übernahmen die gnadenlos revanchistischen Vertreter der frühen Arbeitereliten diesen Vergäll-Job. Unter ihrer seither unablässig geschwungenen Knute »Arbeitszeitverkürzung« halten die Gewerkschaften bis heute Menschen von der Arbeit ab. Weniger arbeiten, mehr »Frei«-Zeit. Frei wofür? Keine Antwort. Höchstens: »Samstags gehört Papi mir« (1956). Was der bei Nazis groß gewordene Papi da mit seinem Sohn anstellen würde? Kein Thema. So haben es diese Gewerkschaften, eines der inzwischen nutzlosesten Produkte der industriellen Gesellschaft, geschafft, nicht nur Millionen Arbeitswillige zum arbeitslosen Nichtstun zu verdonnern. Sie haben damit auch noch den neuen deutschen Jobpessimismus genährt, dem Arbeit mittlerweile als knappe, kostbare und also »gerecht« umzuverteilende Mangelware gilt. Früher: Hilfe, wir müssen zu viel arbeiten – bitte weniger davon für jeden! Heute: Hilfe, uns geht die Arbeit aus – bitte weniger davon für jeden!

Weniger von weniger gibt aber noch weniger. Arbeit ist das halbe Leben?

Na ja. Wenn die Woche 168 Stunden hat und die Menschen, zumindest auf dem Papier, nur noch 35 davon arbeiten, dann sind das gerade mal 20 Prozent und nicht die Hälfte. Und wenn sich ein Mensch, sagen wir, mit 28 Jahren und dem Universitätsdiplom in der Tasche bei einem Arbeitgeber verdingt, um mit 58 Jahren in den Vorruhestand zu verschwinden, dann hat er weniger als die Hälfte seiner 80 und mehr erwartbaren Lebensjahre – »gearbeitet«. Nach allgemeinem und vor allem gewerkschaftlichem Dafürhalten liegt das Glück aber ebendort, jenseits der immer weiter verkürzten Arbeitszeit, wo Freizeit, Muße, Familie, was auch immer, im arbeitszeitverkürzten Alltag warten – eigentliche Erfüllung verheißend. Eine fragwürdige Erfüllung, die im Übrigen für erwerbstätige deutsche Familienfrauen bis heute unbezahlte Schwerstarbeit bedeutet. Gar nicht zu reden von jenen Freizeitmeistern, die Häuser entwerfen und bauen, Vereine managen, ehrenamtlich Schwerstkranke begleiten, mitten in der Nacht Brände löschen, Schachweltmeisterschaften gewinnen. Auch in den so genannten Nichtarbeitszeiten wird gearbeitet, was das Zeug hält – aber diese Form rastlosen Tätigseins scheint in keiner volkswirtschaftlichen Gesamtrechnung auf.

Arbeit ist, wenn man sie trotzdem macht.

Und schweigen wir erst mal von jenen geschätzten sieben Millionen Menschen in Deutschland, die arbeitslos sind, die also offiziell keiner bezahlten Erwerbsarbeit nachgehen, aber deswegen noch lange nicht allesamt untätig sind. Auch sie im Übrigen ein riesiges Rekrutierungsheer für Schwarzarbeitgeber, die einen Markt von 364 Milliarden Euro im Jahr mit ihren Bar-auf-die-Kralle-Aufträgen füttern. Das sind knapp 17 Prozent des gesamten Bruttoinlandsprodukts.

Arbeit war und Arbeit ist, wenn sie anfällt.

Was auffällt, ist jene Paradoxie als ständiger Begleiter des Begriffs »Arbeit«. Einerseits erscheint sie als knapp und daher begehrt, andererseits wird unter ihr gestöhnt und also muss sie reduziert werden. Unser paradoxes Verhältnis zur Arbeit ist das auffälligste Symptom dafür, dass wir die Arbeit gerade wieder einmal neu erfinden. Im letzten Büchsenlicht der spätindustriellen Gesellschaft leuchtet schon die Morgenröte der Wissensgesellschaft hervor. Man könnte auch sagen: Wir wissen schon zu viel, als uns noch mit alten

Formen der Malocher-Arbeit restlos zufrieden zu geben. Nur hin und wieder brauchen wir die auch noch, um wenigstens überleben zu können.

Sie erscheint vorläufig noch als zwielichtige Angelegenheit, diese Arbeit. Und so wundert es auch nicht weiter, dass in diesem Zwielicht nicht wenige der Sinnestäuschung unterliegen, die Arbeit verschwinde, sie ginge der Menschheit nun langsam aus. Das erinnert an die vorübergehende Phase kollektiver geistiger Umnachtung zu Hochzeiten der New-Economy-Blase, als sich manche zu der Ansicht verstiegen, die Gesetze der Ökonomie müssten nun umgeschrieben werden, weil das Phänomen der Konjunkturkrise ein für alle Mal aus der Welt geschafft sei.

Tatsächlich ist die Arbeit in ihrer industriellen Form bezahlter, abhängiger Tätigkeit auf einem »Arbeitsplatz« zu einer volatilen Angelegenheit geworden. Ihr Preis als Ausdruck ihrer Produktivität sowie die konjunkturellen Großwetterlagen bestimmen die Geneigtheit der »Arbeitgeber«, solche Arbeitsplätze zu schaffen oder auch wieder abzuschaffen. Prototypische Arbeit bedeutet bis heute, einen Boss zu haben, der einem sagt, was zu tun ist und der einen dafür bezahlt, dass man das tut, was einem aufgetragen wurde. Sage keiner, kongeniale Pharmaforscher, automobile Entwicklungsingenieure oder namhafte Schriftsteller wie sogar intellektuell satisfaktionsfähige Tageszeitungsjournalisten seien von dieser antiken Arbeitszuweisungslogik ausgenommen. Ist es nicht nach wie vor so, dass die Inhaberschaft eines begehrten Arbeitsplatzes untrennbar mit der Aura der Zumutung umgeben und damit Gegenstand ihrer partiellen Wiederabschaffung durch gewerkschaftliche Tarifpolitik ist? Von Phänomenen wie innerer Kündigung, Mobbing und sonstiger intriganter Psychotechniken der Akteure »auf Arbeit« gar nicht zu reden, die tatsächlich auf wenig fröhlich stimmende Arbeitsbedingungen hindeuten.

Hier liegt der Hase im Pfeffer oder vielmehr der Unterschied zwischen alter, so begehrter wie ungeliebter Arbeit und neuer Arbeit, die sich mehr denn je selbst ausdenken und auf den Markt tragen lässt. Wenn Bossen nun nichts mehr einfällt, wofür sie rentierliche Arbeit einsetzen wollen, wird man eben zum eigenen Boss werden müssen.

Immer kapitalintensiver wird die Wirtschaft – Roboter erledigen heute die muskelintensiven Tätigkeiten von früher. Kapital, das ist geronnene Arbeitskraft von ehedem, Grips und Schweiß derer, die sie ersannen und bauten. Immer produktiver ist damit die Arbeit derer geworden, die jene Roboter einsetzen, warten, ihre Chips austauschen und sie im Übrigen die alte, kräftezehrende und menschenverschleißende Arbeit erledigen lassen.

Ja, das nehmen wir selbstverständlich zur Kenntnis, was uns die Ökonomenzunft vorrechnet: Je höher die Produktivität, desto weniger Arbeitsstunden sind nötig, um die gleiche Menge an Gütern und Dienstleistungen herzustellen. Es ist diese Überlebensformel des Industriekapitalismus, die auch den Gewerkschaften das Überleben sicherte – bisher.

Wie aber, wenn es ganz neue, bis heute noch gar nicht so recht als solche erkannte Produktivitätsreserven zu erschließen gälte? Wenn Maschinenlaufzeiten nur noch eine Sub-Sub-Rolle spielten im produktiven Kern der Wissensgesellschaft? Wenn es stattdessen um Gehirnlaufzeiten ginge, nicht von deren Länge, sondern von deren kreativer Intensität Wirtschaft, Wachstum und Wohlstand von morgen abhingen?

Nehmen wir nur mal ein paar jener Freiberufler, der Selbstständigen in unserer auf abhängige Erwerbsarbeit gedrillten deutschen Wirtschaftsgesellschaft. Was machen sie, die Steuerberater, Heilpraktiker, Ingenieurdienstleister oder PR-Agenten anderes, als viel und lange – manchmal auch 60, 70 Wochenstunden – zu arbeiten? Sie arbeiten auf eigene Verantwortung und auf eigene Rechnung, und nicht zuletzt – ob sie's wissen oder nur ahnen: Ihre Arbeit schafft Arbeit für andere und erhält ihnen ihre eigene. Und wenn sie diese Arbeit zu allem Überfluss auch noch gerne tun – warum sie nicht Tag für Tag suchen, wo immer sie sich versteckt? Also arbeiten sie, was das Zeug hält. Und geben zumindest eine Ahnung davon, dass es auch Arten von privilegierter, durchaus selbstbestimmter Arbeit gibt, die im Wahrnehmungsraster der Lordsiegelbewahrer des Tarifkartells nicht aufscheinen. Und wenn, dann höchstens in der flugs neu erfundenen Kategorie der »Selbstausbeutung«. Diese Worterfindung ist vor allem jenem Umstand geschuldet, dass Gewerkschaften immer 15 bis 20 Jahre zu spät in der Realität ankommen und also erst vor kurzem zur Kenntnis nehmen konnten, dass Menschen sogar in der Zwangsjacke des Manteltarifs noch gerne ihrer Arbeit nach- und in ihr aufgehen. An den Schatz der Arbeitsreichen trauen sie sich nun doch noch nicht so recht heran, um ihn unter den Arbeitsarmen zu verteilen. Immerhin hat es die IG Metall Anfang des 21. Jahrhunderts geschafft, Unternehmen per Tarifvertrag vorzuschreiben, dass sie, statt bisher 18, bis zu 50 Prozent ihrer hoch qualifizierten Entwicklungsingenieure und sonstigen tariflich bezahlten Leistungsträger bis zu 40 Wochenstunden arbeiten lassen dürfen. Ein kleiner Einstieg in die Erkenntnis war, dass eine bestimmte, wenn auch nach Gewerkschaftsverständnis nicht genau bestimmbare Art von Arbeit offenbar förderlich ist, nachgelagerte Arbeit zu schaffen oder wenigstens zu erhalten. Diese Ausnahmearbeitnehmer, so genannte abhängig Beschäftigte, tun nichts anderes als jene erfinderischen Freiberufler – nur eben unter einem Konzerndach. Sie wissen, was sie tun; sie wissen, was sie wert sind. Sie sind Arbeitgeber. Eine zündende Idee für ein effektiveres Diesel-Einspritzsystem, schon bekommt wieder ein Dutzend anhängender Automobilzulieferer neue Arbeit.

Arbeit ist, was Arbeit schafft.

Wir alle werden künftig unternehmerischer, selbstständiger, freiberuflicher arbeiten, wir sind unsere eigene Ideenbörse und Glücksschmiede. Was uns vor allem künftig weit mehr beschäftigen dürfte als tarifliche Ausgleichszeiten für interimistische »Mehrarbeit«, das ist die Frage, an welcher Bildungstankstelle wir den oktanzahlreichen Sprit tanken können, mit dem unser wissensdurstiger Hirnmotor die nächste Problemkurve glatt nimmt. Es ist auch die Frage, wo die nächsten Mit-Wisser, Besser-Wisser, rat- und tatvollen KollegInnen auffindbar sind, um sich mit ihnen in ein Netz von Kompetenzen und Sympathien zu verstricken, aus dem zündende Ideen für neue Lösungen und damit Arbeit nur so herauspurzeln.

Von welcher produktiven Arbeit dann auch die satt werden können, die nicht über derart üppig gefüllte Bildungsspeicher verfügen. Aber dieser ökonomische Arbeitsverteilungsmechanismus funktionierte auch in der alten Industriewirtschaft nicht anders: Arbeit ist stets dann auch unten da, wenn sie oben einer erfindet. Auch in der Steinzeit hat nicht die ganze Horde den Wisent erlegt, sondern die dazu fähigsten Jäger. Aber der Rest der Sippe hat 1. beizeiten seine Fähigkeiten an die Fähigsten weitergegeben, 2. das Tier zerlegen helfen, 3. aus den Resten des kollektiv verspeisten Muskelanteils des Tieres Sandalen, Schurze und Werkzeuge hergestellt, 4. den auf der Jagdstrecke gebliebenen, glücklosen Jagdgenossen ein schönes Begräbnis hergerichtet und 5. nach Erledigung der letzten Wisente danach geforscht, ob sich solch interessante, arbeitsschaffende Naturteilnehmer nicht künstlich herstellen, also züchten ließen.

Schon war die Kuh erfunden. Und Ackerbau und Viehzucht mit dazu. Da hatte der Mensch, Hunderttausende von Jahren als Jäger und Sammler tätig, etwas Neues kreiert: die Arbeit. Jedenfalls in der Form, in der wir sie bis heute kennen und so zu nennen geneigt sind: eine kontinuierliche, konzentrierte Anstrengung, die ein Ergebnis zum Ziel hat, das für länger reicht als nur von der Hand in den Mund. Hegen und Pflegen, Pflügen und Anbauen, Häuser errichten und Familienbünde zusammenhalten. Schon war das Eigentum definiert, eine Grundvoraussetzung für Eigentätigkeit, Eigenverantwortung – und eine von da an nie versiegende Quelle für: Arbeit.

Machen wir jetzt einen Sprung über die nächsten 10 000 Jahre und landen im Hier und Heute. Damit haben wir allesamt mehr Erfahrungen gemacht als im alten Neandertal.

Es wäre vortrefflich, wenn die nach menschheitsgeschichtlich jüngster Industrielogik tickenden Unternehmen endlich erkennen könnten, welchen Raubbau an der Produktivitätsreserve Mensch sie stets betrieben haben und heute immer noch weiträumig betreiben: Sie halten Menschen systematisch von der Arbeit ab, indem sie sie ins Zwangskorsett der Dienstanordnungen und Abrechnungsvorschriften, der Zeitrahmen und Stechuhren, des Büroreglements und Karriere-Knigges gesteckt haben. Keine Frage, dass der Faktor Anstrengung den der Lust weit übertroffen hat.

Wie aber, wenn Arbeit von nun an eine gleichberechtigte Ehe zwischen Anstrengung und Lust eingehen bedeutete? Kapitalintensive Produktion in der Wissensgesellschaft heißt, dass der arbeitende Mensch an der Verfeinerung seiner Fähigkeiten weiterarbeiten kann, über die er jenseits der alten Malocherjobs nach wie vor auch noch verfügt. Nur hat das bisher nie besonders interessiert in der auf Stückzahlen und Taktzeiten programmierten Massenproduktionswirtschaft. Sie hat ein höheres Niveau von Bildung, Wohlstand,

Emanzipation wie nebenher gleich mitproduziert, auf dem sich aber nun – nolens volens – auch ganz anders arbeiten lässt.

Kein Wunder also, dass immer mehr Menschen – teils innerer, teils äußerer Not gehorchend – ihrer Firma ade sagen und selber eine werden. Beherzt betretene Pfade neuer Selbstständigkeit – vom klassischen Start-up nebst Businessplan bis zum Polit-Bankert der Ich-AG – und ihre millionenfache Erprobung auf Marktgängigkeit mögen die Richtung andeuten, in die wir mit unserer Arbeit weitermarschieren werden. Aber Vorsicht: An diesen Pfaden lauern die Wegelagerer des Ancien Arbeitsrégimes mit ihren Beitragskassen unter der Warntafel: »Achtung, Gefahr: Selbstausbeutung!!« Die Freiheit zu freiberuflicher Selbstbetätigung ist selbstredend der größte Feind der Profiteure von Unfreiheit, die neue, postmoderne Freiheitsbestrebungen der Einzelnen gleich in alte Unfreiheitskategorien umetikettieren müssen.

Das paradoxe Verhältnis des spätindustriellen Menschen zu seiner Arbeit kreist also nach wie vor um die Frage, um deren eindeutige Beantwortung sich auch schon Karl Marx gedrückt hatte: Befreiung *von* der Arbeit oder Befreiung *der* Arbeit? Im Klartext: Von irgendetwas muss der Mensch ja leben, aber wo steht geschrieben, dass er dafür arbeiten soll? Doch wenn er sich denn, wofür vieles spricht, gerne nützlich macht, um sich in einer Tätigkeit selbst zu erfahren und daran zu wachsen, dann aber bitte nur im Rahmen dessen, was die Erlöser-Agenturen der alten Industriewelt ihren Schützlingen zubilligen. Arbeitgeberverbände übrigens inklusive.

Wo sich der Ausbeuter aus Fleisch und Blut in den globalen Kapitalmarktströmen virtualisiert hat, da begegnet das sich verwirklichende Individuum in der Inkarnation der Ich-AG seiner ausbeuterischen Kehrseite. Schizophrener geht's nimmer. So wird denn auch Marx' frühindustrielle Gretchenfrage gerne im postindustriellen Gewand als »Bürgergeld für alle« oder »arbeitsunabhängiges Grundeinkommen« debattiert: Befreiung von der Arbeit mittels Arbeitskraftstilllegungsprämie. Das alles dient indessen zu nichts anderem, als den Menschen von der Entdeckung und Entfesselung seiner Fähigkeiten und Möglichkeiten abzuhalten – im Interesse der Existenz- und Arbeitsplatzsicherung der Profiteure des alten Systems. Wer partout nicht arbeiten will – bitte! Wer aber Arbeit kennt und sich drückt, der ist verrückt.

Schluss mit lustig, jetzt drehen wir auf, jetzt wird richtig gearbeitet! Zum Beispiel so, wie auf dem boomenden Schwarzmarkt, auf dem Millionen Menschen nicht immer nur fröhlich pfeifend ihrer etwas anders entlohnten Arbeit nachgehen. Fröhlich stimmt höchstens, dass der Lohn eins zu eins in den Geldbeutel hinüberwandert. Allen Jeremiaden zum Trotz sind die Existenz und das Wachstum dieses Schwarzmarktes – auch – ein gutes Zeichen. Zeigt er doch, wie sich so findig wie mündig gewordene Menschen von Zwingformen der abgabenbelasteten Arbeit selbst befreien, von immer noch weit verbreiteten Erscheinungen fremdbestimmter und an Fron gemahnender, öder Routinearbeit wie von Regulierungswahn und enteignender Abgabenfron staatlichen Arbeitsmarktfeudalismus. Adieu! Arbeit ist, wenn jeder tut, was er will, gegen gutes Geld, versteht sich. Aber das ist erst der Anfang. Wir sind, was wir tun, und wir leben unsere Arbeit, die nicht länger Fron ist.

Der 40-jährige Harry S., der seit 19 Jahren »beim Daimler« in Sindelfingen schafft und heute die wenigen Maybach-Luxuslimousinen nach Kundenwunsch lackiert, er sagt, er liebt seine selbstbestimmte, na ja: fast Handarbeit für die paar hundert Edelkarossen im Jahr, die das Werk verlassen. Fron? »Na, so a Schmarrn!« Aber wer da schon wieder Fronhürden aufgebaut hat, war das DaimlerChrysler-Topmanagement: Pausen abschaffen, Zuschläge streichen, sonst würde man Mercedes C- und E- und S-Klasse künftig woanders produzieren. Den Maybach betraf es nicht, aber Harry war dennoch sauer: »Des is ja wie beim alten Taylor.« Er meint: Ein Management, das seine Arbeit nicht richtig erledigt hat, kommt mit frühindustriellen Vorstellungen, die wieder mal alle stolze, spezialisierte Facharbeit über einen Kamm schert. Schweinerei!

Ein Autokonzern ist immer noch keine universitäre Wissensschmiede. Keine Werbeagentur, die auch pausenlos kreativ arbeitet. Wir geben unsere Arbeit allen, die davon Freude, Nutzen und Mehrwert haben und werden also jede/r für sich »Arbeitgeber«. Und aus Verzicht auf Bevormundung, aus der Souveränität des Arbeitsbürgers, der inzwischen weiß, was er kann und was sie will, wächst neue Erkenntnis: Arbeit kommt von Arbeit.

Stoßen wir an diesem Max-Planck-Institut für Metallforschung auf Arbeiten über die stochastische Resonanz vom Hintergrundrauschen, mit dem wir die nächste Eiszeit berechnen können (wir befinden uns kurz vor der Halbzeit im obwaltenden 100 000-Jahre-Zyklus zwischen der letzten und der nächsten), fangen wir in dieser Werbeagentur die originellsten Ideen für die Sympathiekampagne einer nicht mehr für satisfaktionsfähig gehaltenen Partei ein (»Freiheit heißt Verantwortung«). Was sehen wir? Menschen, die fasziniert bis besessen an einer Aufgabe werkeln, die Anstrengung und Qual über manchmal viele Nächte hindurch bedeutet, aber deren erfolgreiche Lösung auch Freude und neues Selbstwertgefühl bedeutet. Nur Forscher und Werber und Maybach-Lackierer könnten an den Goodies der Wissensarbeitsgesellschaft nagen? Ach was! Unsere Putzfrau, inzwischen 66 Jahre alt, hat ein monetär gesehen ziemlich ekliges Schicksal hinter sich: Insolvenz des letzten Arbeitgebers, Scheidung, Schulden. Sie könnte sich längst auf Sozialhilfe zurückgezogen haben. Tut sie aber nicht. Sie pflegt unser Häuschen mit Liebe und Zuneigung, und die Wohnungen einiger unserer Freunde auch. Sie liebt uns und wir lieben sie erst recht, weil sie nicht nur alle zwei Wochen herrlichen Glanz in der Hütte verbreitet, sondern den auch noch gern. Sie ist klug und belesen und hat noch andere Jobs. Aber sie ernährt sich nicht nur mit diesen Putzjobs, sie nährt auch gleichzeitig ihre Würde mit einem für breites Dafürhalten entwürdigenden Job. Sie aber sagt: Ich freue mich jedes Mal, wenn ich zu Ihnen komme; Ihr Haus ist wie ein Schlösschen, und ich mag, es sauber zu halten.

So viel unterschiedliche Arbeit, aber immer weniger Fron.

Was glauben Sie, was wir in dieses Buch gesteckt haben? Fronarbeit, die uns ein gewisser Buchverlag aufgenötigt hat?

Ach nein!

Der gründliche Grübler Marx ahnte nicht mal, welcher Individualisierungs- und Bildungsschub durch die Entfesselung des Kapitalismus ausgelöst werden würde. An dessen Ende ist die »Befreiung *der* Arbeit« in Sichtweite gerückt, und die Vergesellschaftung der Produktionsmittel schreitet munter weiter fort, seit die Wissensökonomie den Inhalt der einzelnen Köpfe zum wichtigsten Werkzeug erklärt hat. Auch wenn in deutschen Köpfen aus nostalgischen Nachwehen frühen Wirtschaftswunderstolzes ökonomisch nur das ernst genommen wird, was qualmt, stinkt und/oder einen Höllenlärm macht.

200 Jahre Massenbildung haben die Menschen schlauer werden lassen. Vom PISA-Verlierer im Bildungsverhinderungssystem Schule bis zum inneren Kündigungsschreiber im konzernierten Arbeitsverhinderungskorsett – ihre Strategie heißt Verweigerung und ihre implizite Botschaft lautet, dass sie auf ihre Indienstnahme durch postfeudalistische Potentaten pfeifen, seien es die der Kultusbürokratie oder der stalinistisch organisierten Unternehmenshierarchie. Jetzt bräuchten sie nur noch jemanden, der sie sich selbst gründlich zu erforschen hilft, wo ihre ganz eigenen Fähigkeiten, Interessen und Möglichkeiten liegen, durch deren Entwicklung sie unschlagbar werden. Und unersetzbar im neuen System Arbeit, in dem der Beruf zum Gelderwerb werden kann, was er in der industriellen Epoche außerhalb von privilegierten Nischen kaum war: Berufung, Quelle von Befriedigung und Lebenssinn.

In der Wissensökonomie geraten Qualifikation, Kommunikation und Motivation zu den entscheidenden Produktivitätsvorteilen, die den Unterschied im Ergebnis der Arbeit ausmachen. Da wird Geschick, Originalität und Schnelligkeit der Wissensarbeiter zum Wettbewerbsvorteil. Da verschwimmen die Grenzen von Arbeit und Freizeit, da ist jeder und jede hier wie dort mehr und mehr beschäftigt – vor allem mit Informationen. Das ist die Befreiung *der* Arbeit, nämlich aus dem Zwangskorsett ihrer funktionalen Zuweisung und ihrer industriellen Kontrolle, sie verlangt nach intensiver Selbstbefragung der Menschen, wo ihre besonderen Neigungen und Stärken liegen, mit denen sie sich eine Marktnische zur Existenzsicherung erschließen können. Selbstmanagement statt weiterhin die Opferrolle für anderer Leute Missmanagement ertragen!

So sehen wir vier in eine und stehen wir vier schon in einer Arbeitswelt, in der es über kurz oder lang keine vorgefertigten Berufsbilder, keine wohl definierten Laufbahnen, keine klaren Stellenbeschreibungen, keine festen Arbeitszeiten und vorgegebenen Ruhestandseintritte mehr gibt, keine Organigramme, Lebensstellungen und keine detaillierten Tarifverträge mehr. Das Individuum wird alles selbst aushandeln. Es ist so frei, und kann es auch.

Arbeit ist das ganze Leben. Viele von uns – wir vier eingeschlossen – dürfen uns aber schon mal überlegen, wie und mit wem wir unseren 90. Geburtstag feiern wollen. Wir zahllose Kinderlose werden weniger, wir werden älter, und wir werden arbeiten, was das Zeug hält und was der Markt hergibt. Nicht nur, weil wir es wollen, sondern auch können – und nicht zuletzt auch müssen. Oder wollen wir Midlifer uns etwa 40 Jahre lang von Kindern völlig fremder Menschen per Rentenkasse durchfüttern lassen? Funktioniert eh nicht, wie wir wissen. Also heißt es: weiterarbeiten, wenn uns denn unsere ignoranten Arbeit- und Auftraggeber nicht reflexhaft in den Vorruhestand schicken. In 20 Jahren aber – so lange haben sie noch Zeit – werden sie den Teufel tun, vier brillante Kopfarbeiter aufs Altenteil zu befördern. Und wenn sie's täten: Es stünden genügend Dürstende nach frischen Ideen aus ergrauten Köpfen am Wegesrand, um das letzte Strandgut aus dem Ignorantenmeer ins Netz zu hieven und ihm meistbietend: Arbeit anzubieten. Aber wer lässt sich in 20 Jahren noch kaufen?

Schon heute ist sie sichtbar ins Zentrum unserer Zeit gerückt. Es ist eine neue Schicht von Arbeitern, mal vorläufig als Wissensarbeiter apostrophiert. Ihre Tätigkeiten haben mit arbeitsteiliger Handlangerei und stechuhrdiktierter Plackerei nichts mehr zu tun. Die Wissensarbeiter als Prototyp der arbeitenden Menschen im Zeitalter der Digitalisierung – Programmierer, IT-Techniker, Webdesigner, Entwicklungsingenieure, Gesundheitsökonomen, Managementcoachs, mediale Welterklärer, Lebens- und Haushaltsbewältiger auf Honorarbasis – sie alle sind nicht Befehlsempfänger, sondern hoch qualifizierte, weitgehend autonom agierende und sehr kompetente »Arbeiter«. Ihre Ausbildung und ihr Einsatz ähneln denen von traditionell akademischen und selbstständigen Berufen wie Ärzten oder Anwälten und in vielerlei Hinsicht auch denen von Musikern, Malern und anderen Künstlern. Wie Anfang des 19. Jahrhunderts der Industriearbeiter beginnen diese Wissensarbeiter als »historisch aufstrebende Klasse« unsere Epoche weit über das Maß ihrer reinen Zahl hinaus zu prägen. Ihr Weltbild färbt gewissermaßen auf den Rest der arbeitenden Menschheit ab. So wie damals, als der Industriefacharbeiter das Leitbild des arbeitenden Menschen bestimmte.

Wir erleben gerade nichts Geringeres als die Geburt eines neuen Sozialcharakters. Ihn prägt die Erfahrung, dass sich eine vollständige Trennung zwischen (Privat-)Leben und Arbeit, zwischen der Weise, wie einer sein Geld verdient, und dem, was er als Privatperson sein will, schlicht nicht durchhalten lässt. Die Vorstellung, man könne seinen Beruf in 30, 35 oder 40 Wochenstunden einsperren, wie es Industriearbeitern und anderen entfremdet Tätigen möglich war und ist, gerät unter den Bedingungen der emanzipierten Postmoderne zur Absurdität. Wissen muss nicht nur stets neu erworben und aufgefrischt werden; es muss, um immer präsent, potent und profitabel zu sein, Teil der Persönlichkeit werden. Was dem Einzelnen aber nicht mehr äußerlich und fremd gegenübersteht, kann er kaum auf Knopfdruck an- und abschalten – weder zu bestimmten Uhrzeiten noch mit Beginn irgendeines beliebigen Lebensjahres.

Wissensarbeit heißt, dass wir Informationen zum Schweinefüttern haben, aber daraus eigenständig einzigartige, marktfähige Angebote erfinden. Wir müssen wissen, erfühlen, mitdenken, was Mitmenschen so gut brauchen könnten, dass sie dafür auch Geld bezahlen. Das verlangt mehr Gehirnschmalz, als es die alte Massenproduktionswirtschaft erforderte, die standardisierte Konsumgüter auf den Markt warf. Wiewohl deren margenträchtige, standardisierte Produktion auch Findigkeit und Fertigkeiten eines Henry Ford etwa erforderte. Aber heute wird jeder sein eigener Henry Ford werden müssen, um seine selbsterlernte, selbsterschaffene, unverwechselbare Fähigkeit in ein begehrtes Angebot ummünzen zu können. Ein findiger Unternehmer seiner eigenen Möglichkeiten also. Das kann vom regionalen Frühstücksservice mit ausgebuffter Schlemmerqualität bis zum Spezialmaschinenbauer reichen, der in seinem schwäbischen Maschinenbaubetrieb einen so genannten Marknagel zur Anregung körpereigenen Knochenwachstums ersonnen hat. Ein preisgekröntes Unternehmen namens Wittenstein in Igersheim hat diesen Marknagel erfunden, ein mittelständisches Unternehmen, von denen es in Baden-Württemberg unzählige gibt. In einem Land, wo der Pietismus die protestantische Arbeitsethik im Übrigen mit erfunden hat und wo unablässig Anstrengung, Erfindungen, Fleiß und Arbeitsamkeit in jedem Winkel des prosperierenden Bundeslands anzutreffen sind, das nun tatsächlich Arbeit durch Arbeit schafft.

Markt ist, wenn Menschen von anderen Menschen Erdachtes und Ertüfteltes verblüfft zur Kenntnis nehmen und dafür auch gerne gutes Geld geben nach dem Motto: Darauf hab ich ja nur gewartet! Das ist, nebenbei gesagt, nicht neu. Auf den früh- und vormittelalterlichen – und selbstredend ebenfalls globalisierten – Märkten dieser Welt haben findige, eroberungsfreudige Menschen schon sehr lange Produkte (Seide, Salz, Pfeffer, Tulpenzwiebeln, Myrrhe ...) und Dienstleistungen (Transport, Zollerleichterungen, Werbung) angeboten, um Käufern jenes »Aha«-Erlebnis zu verschaffen: Das hat mir gerade noch gefehlt! Es machte einen Unterschied, ob diese Güter und Dienste nun aus anderen Teilen der Welt herbeigeschafft oder vor Ort erdacht und produziert wurden. Aber heute macht das so gut wie überhaupt keinen Unterschied mehr.

Wer auch heute so, oder vielmehr: wieder so arbeitet, für den gibt es auch die industriell gefertigte Trennung zwischen Wohn- und Arbeitsplatz nicht mehr, für den bringt solche Arbeit auch massenhaft den mit der industriellen Produktion verloren gegangenen Zusammenhang zwischen Leben und Beruf zurück. »Komm nach Hause, arbeiten«, titelte die in Schlagzeilen-Originalität unnachahmliche *taz* einst.

Von einer fremdbestimmten Last wandelt sich Arbeit zu einem wesentlichen und befriedigenden Element der eigenen Existenz. Arbeit, die Lust am Tun und am Gegenstand sowie Anstrengung beim Suchen der je besonderen Lösung für den Kunden vereinigt, die ist lebens- und existenzbeherrschend. Aber nicht im Sinne von Schinden rund um die Uhr um eines mickrigen Lohnes willen, sondern sie ähnelt vielmehr einer viel älteren, vorindustriellen Tätigkeit. Wie ein Bauer stets rund um die Uhr und sein Leben lang Bauer blieb oder wie Schachgroßmeister und Forscher das Denken nicht um 17 Uhr einstellen, so wird der Alltag digitaler Wissensarbeiter von ihrer Arbeit und der steten Notwendigkeit zu geistiger Beweglichkeit erfüllt: kümmern, schauen, vordenken, auf Trab bleiben – und sich nach getaner, guter Arbeit, nach dem Sieg im Wettbewerb, zufrieden zurücklehnen. Bis zur nächsten Herausforderung.

Wieso soll einer solche Arbeit mit 58 Jahren über Nacht einstellen? Und seine Quelle persönlicher Befriedigung einem antiquierten Rentenmodell opfern? Die letzten Lebensjahre wie die Kleinkinder primär unter Gleichaltrigen vor dem Fernseher, mit Spielchen, Bastelarbeiten oder dem Jammern über körperliche Beschwerden zu verplempern dürfte vielen als immer weniger verlockend erscheinen. Die wachsende Minderheit arbeitender Alter von heute, erst recht aber von morgen, im Wesentlichen Angehörige von Wissensberufen, stellt insofern eine historische Vorhut dar. Eine solch weit gehende Integration der beruflichen in die private Existenz ist natürlich nur möglich und erträglich, weil sich in der digitalen Epoche eben der Charakter der Arbeit selbst verändert. Fremdbestimmung und Zermürbung durch das Diktat von Maschine, Fließband und schnarrendem Vorgesetztem, das Eingesperrtsein in autoritäre Befehlshierarchien, die lebenslängliche Festanstellung im stählernen Industriekäfig, die künstliche Trennung von Leben in Freizeit und Arbeit: Das alles nähert sich seinem historischen Ende.

Der Beruf zum Gelderwerb kann unter diesen Bedingungen werden, was er in der industriellen Epoche außerhalb von privilegierten Nischen kaum war: Berufung, Quelle von Befriedigung und Lebenssinn.

Weil die Fusion von Arbeits- und Spaßgesellschaft nun nur noch eines bedeutet: Tu das, was du am besten kannst und am meisten liebst – und tu es, solange es dir Spaß macht.

Nicht mehr und nicht weniger.

BILDUNG

VORHER

Herkunft, Bildung und finanzielle Ausstattung der Eltern bestimmen immer noch darüber, was aus unserem Nachwuchs wird. Überdies beherrscht der Bildungskanon des 19. Jahrhunderts die Lehrpläne. Der Staat verordnet unnützes und veraltetes Wissen.

NACHHER

Bildung fördert nicht nur die Lust, ein Ich zu sein. Sie ist der Schutzpanzer gegen die medial vermittelten Sinnlosigkeitsdrogen. Und sie ist die einzige Chance, sich in der entfesselten Arbeitsgesellschaft einen Marktnischenplatz in den vorderen Reihen zu sichern. Bildung verliert ihren Beschulungscharakter und regeneriert zum angeleiteten Autodidaktentum.

In Deutschland ist Bildung Staatsproduktion. Kein Wunder, dass aus den Lernfabriken im Wesentlichen Köpfe im Trabbi-Format von den Schulbänken rollen anstatt hochkarätiger Intelligenzgeschosse, nach denen sie sich auf allen Märkten der Welt die Finger lecken. Bildung in Deutschland ist kostenlos – und schon deswegen leider vielfach umsonst. Bildung in Deutschland ist das Herzensanliegen parteipolitischer Zuteiler sozialer Gerechtigkeit, denen der Schlachtruf »Gleiche Chancen für alle« aber inzwischen auf den Lippen verdorrt ist, seit sie erkennen mussten, dass sie damit nichts Geringeres schafften, als die schlechte, alte Klassengesellschaft ins 21. Jahrhundert hinüberzuretten. Respekt!

Von Picht bis PISA, von 1964 (»Bildungskatastrophe«) bis 2003 (Mittelmaßkatastrophe; OECD: »Auf dem Weg in eine alte Zeit«) – nichts dazugelernt. Die nivellierende bildungspolitische Gänseblümchenideologie, die Hochbegabung nicht kennt und der Eliten ein Gräuel sind, verwechselte lange Zeit ihre Blindheit für Unterschiede mit der Garantie für Produktgleichheit ihrer Bildungsindustrie. Plötzlich war es schwarz auf weiß in der OECD-Studie zum internationalen Schülervergleichstest nachzulesen, dass in Humboldts Heimat Herkunft, Bildung und finanzielle Ausstattung der Eltern nach wie vor das Bildungsschicksal des Nachwuchses bestimmen. Dessen weite und weniger begünstigte Teile dann auch dafür sorgten, dass das deutsche System im internationalen Vergleich weit abgeschlagen im unteren Mittelfeld landete. Deutsches Bildungswesen: Note Sechs, setzen!

Da sitzt es nun, peinlich berührt, in persona seiner kultusbürokratischen Apartheidsgaranten, der akribischen Dokumentare Tausender Lehrpläne und Curricula, der Hüter über den freien Zugang zu den industriegerechten Bildungsbedürfnisanstalten. Der freie Zugang kostet aber inzwischen 130 Milliarden Euro pro Jahr – angesichts des kläglichen Qualitätsergebnisses viel zu viel. Der Humankapital-Return aufs Steuerzahlerinvestment tendiert gegen null. Kindergarten, Grundschule, Hauptschule, Sonderschule, Realschule, Gymnasium, Fachhochschule, Hochschule ... ach herrlich bunte Vielfalt der Wissenseintrichterungsanstalten! Doch allesamt Selektionsagenturen nach dem Motto: »Jedem das Seine« (räusper!).

Und jetzt, Land der Dichter, Denker und Erfinder? Die sind seit mehr als 70 Jahren wie vom deutschen Erdboden verschluckt. Die Nachfahren der Alfred Adlers und Adornos, der von Brauns und der Brechts, der Heisenbergs und Horkheimers, der Zuses und der Zeppelins – es gibt sie nicht. Ausgewiesen, exiliert, vertrieben vom deutschen Boden wurde die Elite, mit dem Braindrain in den 30er-Nazi-Jahren des letzten Jahrhunderts sind sie auf Nimmerwiedersehen verschwunden. In Deutschland – Stichwort Trabbi – mümmelt sich der doofe Rest mühsam durch die geistige Grassteppe. Und glaubt allen Ernstes, dass sich Eliteuniversitäten mittels magischen Öffentliche-Hand-Auflegens im Sinne sozialdemokratischen Staatsfrömmlertums herbeiklonen ließen.

So werden wir also selbst nachschauen müssen, was in uns steckt und Bildung wieder in die eigenen Hände nehmen. Wo steht geschrieben, dass einer genau das lernen muss, was ein anderer lehrt? Ja klar, in den Bildungsgesamtplänen des 19. Jahrhunderts, deren Potentaten schlau erkannten, dass die sich formierende Industriewirtschaft Menschen mit gleichen Grundfertigkeiten brauchte: Lesen, Schreiben, Rechnen. Kettfäden zählen, geschriebene Arbeitsanweisungen verstehen sollten die angeheuerten Fabrikarbeiter schon können. Und weil das so vortrefflich funktionierte, wurden auch peu à peu die Universitäten auf einen starren Pflichtkanon abfragbaren Prüfungswissens, für jedes Fach fein ausziseliert, eingeschworen.

Ein Gutes hatte die ganze rigide Massenstandardbildung allerdings: Sie hat uns allesamt schlauer gemacht. Sie hat Kenntnisstandards und Denkvermögen produziert, durch die wir jetzt immerhin erkennen können, dass es uns am nötigen Rüstzeug für die Wissensgesellschaft mangelt. Nicht in routinierter Wiederholung, sondern in der Erzeugung des Neuen geschieht Wertschöpfung in der Wissensökonomie. Die braucht das In-den-Stand-Setzen jedes Einzelnen zu jener universalistischen Ausrichtung des Denkens und Handelns, die das Humboldt'sche Bildungsideal exklusiv den bürgerlichen Ständen versprach. Tatsächlich nimmt Humboldt in einer bildungspolitischen Schrift von 1809 einigermaßen lakonisch zur Kenntnis, dass die Dauer des Schulbesuchs des Einzelnen eben von der Finanzkraft der Eltern zur Zahlung des Schulgelds abhänge. In einem Jahrhundert, an dessen Ende noch Frauen als weder bildungs- noch wahlfähige menschliche Subspezies galten, ließ sich – zumal an dessen Beginn – Bildung hervorragend als Abgrenzungskriterium gegen die armen und besitzlosen Klassen funktionalisieren.

Zu Beginn des 21. Jahrhunderts ließe sich Bildung hingegen vortrefflich als Waffe im Kampf gegen Unmündigkeit, Fremdbestimmung und intellektueller Enteignung durch ignorante Vorgesetzte wie infantile und nicht satisfaktionsfähige Politiker einsetzen. Bildung ist Bürgerrecht und inzwischen erst recht Bürgerpflicht in der Postmoderne. Und wo ihm das verwehrt bleibt, da globalisiert der neue deutsche Bildungsbürger und wird als Flüchtling vor planloser, staatswirtschaftlicher Forschungsverhinderungspolitik (Gentechnik!) gerne erst mal in den USA kongenial aktiv.

Was also ist mit Lernen? Wir lernen nie aus, heißt es, wir müssen/sollen/dürfen jetzt lebenslang lernen. Aber was, und wie, und durch wen ermutigt?

Künftig also soll »old« Humboldt erst richtig zu großer Form auflaufen: Lernen befreit sich aus den starren Grenzen der staatlichen Bildungsinstitutionen – es wird zur lebenslangen Selbstverständlichkeit.

Gerade deshalb wird Bildung künftig mehr mit Eingliedern als mit Aussortieren zu tun haben, mehr mit Befähigen als mit Beeinträchtigen, mehr mit Lust als mit Frust. Wissen ist nicht länger das Hoheitsgebiet einer Elite und es ist weit mehr als ein Maximum an Informationen. Wissen entsteht dort, wo Informationen geteilt werden. Damit Ideen wachsen können, muss die Ressource Wissen jedermann zugänglich sein und frei durch ein dichtes Geflecht von Beziehungen fließen. Wissen heißt auch, über Handlungsfähigkeit zu verfügen und Dinge in Bewegung setzen zu können – wenn Bildungsinstitutionen diese Art von Wissen auf breiter Ebene vermitteln können, dann haben sie Zukunft.

Eine Gesellschaft muss sich fragen, welches Arsenal von Geschichten, Wertvorstellungen und also Wissen, aus dem sich Sinn generieren lässt, sie der jeweils nachrückenden Generation zumuten will. Das hat die Bundesrepublik seit zweieinhalb Jahrzehnten versäumt. Wenn wir den Weg von der Industrie- über die Informations- zur Wissensgesellschaft erfolgreich beschreiten wollen, ist eine erneute Debatte über den Bildungskanon überfällig. Gelehrt wird nicht mehr, was Lehrer in grauen Vorzeiten gelernt haben, sondern was die Neugier der Lernenden immer neu diktiert. Das Neue mit dem schon Gewussten zu verknüpfen, und daraus überraschende Lösungen zu kreieren – das ist Bildung der Zukunft. Das ist Bildung, die nicht nach Repetierfähigkeit fragt, sondern nach der Fähigkeit, Noch-nicht-Gewusstes zu entdecken und neues Wissen zu generieren. Die Gebildeten des 21. Jahrhunderts: alle kleine Einsteins, Zuses, Adornos. Jeder und jede hat das Zeug dazu, es sei denn, man hindert, wie in Deutschland, Kleinkinder aus völlig falscher Überforderungsfurcht energisch daran, das zu tun, was sie am liebsten tun: lernen. Deutsche Kindergärten: ein grandioses Biotop der Volksverdumpfung.

Das 19. Jahrhundert hat dem Bildungswesen von der Volksschule für alle über die Differenzierung der weiterführenden Schulen bis zur Reform der Hochschule und zur »Erfindung« der beruflichen und politischen Weiterbildung enorme Impulse gegeben. Im 20. Jahrhundert wurden diese Ideen abgearbeitet. Außer einer Verbreiterung der Bildungsangebote wurden aber kaum innovative Ideen entwickelt. Im Gegenteil: Das dreigliedrige Schulwesen hat alle gesellschaftlichen Revolutionen und Konterrevolutionen – 1918, 1933, 1945 und 1989 – nahezu unverändert überstanden, obwohl es in Struktur und Gedankenwelt unzweifelhaft einer feudalen Gesellschaftsordnung verhaftet geblieben ist. Im 21. Jahrhundert beginnen wir, die Defizite zu spüren, und sind in der Pflicht, neue Bildungsinvestitionen zu leisten, mit denen Qualitäten der Jahrhundertinvestition des 19. zu erreichen wären. Jetzt wird die nächste Stufe des Treibsatzes gezündet, der die Menschen die nächsthöhere Ebene der individuellen Emanzipation erklimmen lässt. Um nicht zu sagen: den noch gangbareren, breiteren Weg aus der selbst verschuldeten Unmündigkeit.

Humboldt würde sich heute feinsinnig lächelnd die Früchte betrachten, die sein humanistisches Bildungsideal, über Generationen liebevoll hochgehalten, inzwischen trägt. PISA hin, Hochschulmisere her – aber 200 Jahre Massenbildung haben die Menschen schlauer, informierter, mitsprachefähiger, anspruchsvoller und aufmüpfiger gemacht. Und, na ja: gebildeter. Den Menschen ein weiteres Stück aus Abhängigkeit und Unmündigkeit entfesselt, befähigt, sich seines eigenen Verstandes zu bedienen. Industrialisierung und Massenbildung waren die Motoren für einen weiteren Individualisierungsschub, geboren aus dem neuhumanistischen Bildungsideal. Bildung in der Informationsgesellschaft verlangt nicht nur eine Addition von Fertigkeiten und Kenntnissen, sondern strategische Qualifikationen, mit denen diese Fertigkeiten und Kenntnisse fruchtbar gemacht werden können. Das geht nur in einem schlauen Mix aus Fach-, Selbst- und Sozialkompetenz. Wer all diese Kompetenzen besitzt, den nannte man früher gelegentlich eine »allseits entwickelte Persönlichkeit«. Dass für eine DDR-Staatswirtschaftsdiktatur solche ganzheitlich gebildeten Menschen das Letzte waren, was sie im Interesse der Regimeerhaltung gebrauchen konnte, war natürlich auch jedem klar.

Aber eine Industriegesellschaft, die sich gerade zur Informationsgesellschaft wandelt und auf dem Weg zur Wissensgesellschaft ist, die braucht Menschen, denen Bildung zum existenziellen Bedürfnis geworden ist wie die tägliche Dusche. Die war vor 50 Jahren auch nicht selbstverständlich, wie wir wissen. Genauso wenig, wie einen in diesen alten Zeiten ein samstägliches Vollbad die ganze Woche über frisch hielt, genauso wenig passt heute noch die Vorstellung in die Welt, dass man am Anfang seines Berufslebens den ganzen Sprit tanken kann, den man über die gesamte, immer länger werdende, arbeitsintensive Zeitspanne benötigt.

Schafft also ein, zwei, drei, viele hundert Tankstellen in diesem Land! Hängt uns Zapfrüssel hin aus Wissensvermittlungsagenturen und Bildungsstätten, aus denen wir jederzeit Super Plus, Super, Normal oder Diesel tanken können – und stellt uns Tankwarte hin, die uns bei der Auswahl behilflich sein können, je nachdem, was unser Kopf gerade braucht.

Die Neugier stirbt zuletzt.

ERFOLG

VORHER

Erfolg war früher durch Leistung definiert. Wer sie dauerhaft erbrachte, wurde mit Eigenheim, Traumurlaub und feudalem Leben belohnt. Jedoch nur, wenn er sich als Duckmäuser an die gesellschaftlichen Normen anpasste. Heute hat man Erfolg auch ohne Leistung. Oben ist, wer sich erfolgreich inszeniert. Jeder hat eine Chance, der Dumme sogar häufig Glück. Damit haben wir den Gipfel der Selbstverarschung erreicht! Jeder will nichts tun, aber alles bekommen.

NACHHER

Erfolg ist die größtmögliche Übereinstimmung zwischen persönlichen Hoffnungen, Plänen und Zielen und der Möglichkeit, sie umzusetzen. Entdecker gesucht! Erfolg basiert auf der Vernetzung der eigenen Bedürfnisse mit gesellschaftlicher Zukunftsfähigkeit. Jeder tut, was er will – und das bekommt er auch.

Neulich am Flughafen Köln/Bonn. Die letzte Maschine nach München verspätet sich um eine Stunde. Eine freundliche Frauenstimme verkündet: »… laden wir Sie zu einem kleinen Umtrunk an die Bar ein, um Ihnen die Wartezeit zu verkürzen.« Einige Minuten später perlen Prosecco und Kölsch um die Wette. Die Gäste hingegen schäumen vor Wut. Eine blonde Mittvierzigerin spricht in ein Handy: »Ich weiß, mich kotzt diese Unpünktlichkeit genauso an.« Drei solariumgebräunte Männer in Nadelstreifen blättern durch die Getränkekarte und bestellen aus Rache den teueren Haussekt. Ein junger Schwarzanzug schnauzt den Kellner an: »Geht das nicht schneller mit den zwei Kölsch?«

Erfolgreiche Menschen beenden ihr Tagwerk. Doch der letzte Akt der Selbstbestätigung wird unfreiwillig hinausgezögert. Deshalb sind sie unruhig. Den ganzen Tag über waren sie auf den Punkt fit. Angespannt, fokussiert, konzentriert. Hatten alles im Griff. Und dann verspätet sich der Heimflug. Das ist nicht korrekt. Auf einem TV-Bildschirm über der Bar redet ein Fußballer: »Erfolg ist, wenn man seine Leistung auf den Punkt abrufen kann.«

Womit wir beim Thema sind: In jedem schlummert offenbar irgendeine Leistung, die darauf wartet, abgerufen zu werden. Dann bricht sie sich mit einem Urschrei Bahn und führt schnurstracks zum Erfolg. Den heimst man dann ein. Die anderen Leistungspakete warten unterdessen im inneren Abrufregal. Irgendwann wird wieder eines abgerufen und das Spiel beginnt von vorne.

Die positive Rückkoppelung, immer mehr Leistung abzurufen, um immer mehr Erfolg zu haben, ist eine der bedeutenden Errungenschaften der 60er- und 70er-Bundesrepublik. Damals war erfolgreich, wer bereit war, mehr Leistung abzurufen als andere. Der Handwerksmeister schuftete bis in die Nacht hinein, seine Frau putzte und kochte sich die Seele aus dem Leib und die Kinder freuten sich über den ersten Urlaub am Meer. Wer nach oben kommen wollte, musste einfach mehr als andere leisten. Erfolg war die Summe der Plackerei, der Lohn für den täglichen Frondienst. No limits! 40, 38,5 oder 35 Stunden pro Woche wurden als Beamtenslang verpönt. »Die halten eh nicht mehr aus.«

Es regierten Schwarzstift und Ausrufezeichen. Viel arbeiten, viel Geld scheffeln, viel Erfolg und alles gut! Am Monatsende zählte man zusammen und bunkerte die Überschüsse auf dem Sparbuch. Am Sonntag traf man sich mit der Verwandtschaft zu Schwarzwälder Kirsch. »Der Josef ist so tüchtig. Der wird's weit bringen.« Alle sonnten sich im Erfolg und in der Aussicht darauf. An der Belohnung zweifelte kaum einer. Eigenheim, Mittelklassewagen, Eierkocher und Perserteppich.

Wer darauf keine Lust hatte, legte sich unter anderem ins Freibad und wartete, bis der Tag zu Ende ging. Eine große Kohorte nicht erfolgreicher und nicht leistungsbereiter Mitmenschen döste vor sich hin. Ihr Motto: Nur ein Leben jenseits von Erfolg und Leistung ist Garant für eine authentische Existenz. Nur nicht so werden wie Lieschen und Herbert Müller. Hin und wieder rief man dann doch etwas Leistung ab und verkaufte sie stundenweise weiter. Regale einräumen, Autoersatzteile ausfahren, Parkwächter spielen. Viele glaubten an die große Freiheit. Bedingung: kein Erfolg.

Dann kam Helmut Kohl. Mit ihm endete die Lässigkeit des Nichterfolgreichseins. Die Erfolgreichen bekamen Zuwachs. Sie spuckten in die Hände und zogen die Hosenträger stramm. Nichts wie raus aus der Schmuddelecke. Diesen paar Hanseln traten alsbald weitere 25 Millionen Nichterfolgreiche zur Seite, die zuvor von Osten her über die Grenze geschielt hatten. Der Erfolg war ihnen jahrzehntelang geklaut worden. Von einer Diebesbande namens SED. Bis die Unverwöhnten die Schnauze voll hatten. Immer nur Leistung abrufen und den Erfolg an der Garderobe des Systems abgeben, das geht auf Dauer nicht gut und vor allen Dingen auf die Nerven. Mit den Neuankömmlingen aus Freibädern und Ostzone wuchs die kritische Masse der Erfolgreichen weiter an.

Und so gab es bald zu viele Menschen im wieder vereinigten Land, die Erfolg haben wollten. Das Problem: Die Belohnungsstrategie für alle geriet ins Wanken. Egal, wie viel die Menschen zu leisten bereit waren, es reichte nicht mehr, um alle mit Erfolg zu versorgen. Fatale Lage! Das straffe Band aus Leistung und Erfolg war eingerissen. Über Nacht wurden die ersten Geschichten bekannt, dass nicht mehr jeder Arbeitsberserker zwangsläufig mit Erfolg belohnt wurde. Es kam, wie es kommen musste. Leistung abzurufen reichte nicht mehr aus. Weil aber alle weiterhin Erfolg haben wollten, es davon aber zu wenig gab, musste eine künstliche Erfolgslandschaft inszeniert werden. Die Lösung: Man rief kurzerhand eine neue Ökonomie als Erfolgsversprechen aus – die New Economy.

Banken und Medien hatten die Erfolgslunte schnell gerochen. Einige originelle Unternehmensgründer sollten das klaffende Erfolgsloch stopfen. Rasch waren diese mit reichlich Bedeutung ausgestattet. Jetzt musste man nur noch im Volk verbreiten, dass jeder ganz schnell und ohne Leistung erfolgreich werden kann: Einfach die Aktien der Jungunternehmen kaufen, zurücklehnen und das Geld arbeiten lassen. Soll es doch die Leistung erbringen, die man selbst nicht mehr bereit war, abzurufen. Bald wuchsen sich die zarten

Pflänzlein der New Economy zu Mammutbäumen aus. Banken und Medien quatschten ohne Unterlass den Leuten die Hucke voll, in die Mammutbäume zu investieren, Aktien zu kaufen und reich zu werden, ohne dafür etwas zu tun. Den Erfolg sollte es fortan umsonst geben. Ohne Leistung und Mühsal. Ein Esel, wer da nicht zugreifen wollte. Übrig blieben schließlich Millionen von Eseln, die den Haderlumpen in Banken und Versicherungen vertraut hatten.

Es ist kein Zufall, dass nach »Erfolg durch Leistung« und »Erfolg ohne Leistung« ein neues Motto ausgerufen wird: »Erfolg statt Leistung«. Übersetzt: Man kann, muss aber nicht. Denn der Erfolg lauert jetzt immer und überall. Er kann einen sogar über Nacht anspringen. Muss aber nicht. Der Vorteil: Die Massen wiegen sich im Glauben, dass jeder schnell Erfolg haben kann, und verdrängen gleichzeitig ihre permanente Erfolglosigkeit. Ein seltsames Paradoxon: Man zieht sich ins Mittelmaß zurück und wartet dort auf den Durchbruch.

In den Medien wird die Aussicht darauf ständig genährt. Es gilt der Leitsatz: Jeder ist ein Sieger, weil er es in Windeseile werden kann. Wer nach oben will, muss nicht unbedingt mehr leisten, sondern sich einfach erfolgreicher inszenieren. Was wiederum auch die Aufgabe der Medien ist. Einige berühmte Moderatoren und Talkgäste bilden in diesem Spiel die Meisterklasse. Sie genießen höchste Anerkennung, ohne besondere Talente vorweisen zu können. Und sie beweisen, dass selbst die dümmsten Bauern den größten Erfolg haben können.

Erfolg bedarf also keiner Leistung mehr. Einer der neuen Erfolgsimperative lautet: Den eigenen Lebensentwurf so inszenieren, dass man auf gesellschaftlichem Terrain anerkannt und geliebt wird und sich selbst gleichzeitig als den Größten und Besten betrachtet. Erfolgreich ist derjenige, der die eigene Leere so lange mit Inszenierungskrempel füllen kann, bis er taub ist vor Fülle und Glück. Und so boomen die neuen Branchen der Erfolgsinszenierung: Wellness, Körperverherrlichung und Paradiestourismus. Malediven und Ayurvedatempel sind längst kolonialisiert von der breiten Masse.

In der Feudalisierung der eigenen Lebenswelt versichert sich der Erfolgreiche seiner Allmachtsfantasie, dazugehören zu können, wann immer er will. Diese Gewissheit ist seine eigentliche Beruhigungspille. Eben die Möglichkeit, die Möglichkeit zu haben. Es genügt letztlich, nur zu wissen, dass man eine Chance hat. Vom Prinzip her ähnelt das der jede Woche entfachten Lottomania. Der Lottoschein wird in der Selbstgewissheit abgegeben, am Montag nicht mehr zur grauen Masse zu gehören.

Das Problem: die permanente Demütigung, nicht zu den Gewinnern zu gehören. Und die permanente Bestrafung, keinen Erfolg zu haben. Denn mit der Selbstinszenierungswelle wächst auch die Selbstverarschungswelle. Man hofft auf den einen, kleinen Moment, im Fahrstuhl nach oben zu fahren. Um dann doch wieder nur im falschen Leben kleben zu bleiben. Die Vergeblichkeit, je erfolgreich zu werden, nagt an der Selbstzufriedenheit. Also wird kollektiv verdrängt. Kein Wunder, dass jeden Tag Millionen Menschen mit der Geschichte einschlafen, bald für immer zu den Erfolgreichen zu gehören. Und am nächsten Morgen in der mausgrauen Wirklichkeitsoptik aufwachen.

Während man auf den Aufzug nach oben wartet, behängt man die eigene Erfolglosigkeit mit güldenem Lametta aus der Konsumwelt. Es ist kein Wunder, dass Erfolg heute so unmittelbar mit dem Besitz bestimmter Markenwaren zusammenhängt. Das Puma-Shirt ist geil, weil ich als Puma ständig auf dem Sprung nach oben bin. Der BMW-Geländewagen ist geil, weil man aus der Commander-Position auf Volkswagen herabblicken kann. Die tägliche Selbstvergewisserung, erfolgreich zu sein, benötigt eine Zurschaustellung erfolgreicher Produkte.

Das Problem ist nur: Früher hat das Protzen wunderbar funktioniert, weil es gesellschaftliche Anerkennung nach sich zog. Prestige inklusive. Doch bald wird nur noch der Spießer Lametta tragen. Denn er glaubt als Letzter an den Fortbestand der alten Erfolgsgleichung: Wer sich anpasst, wird belohnt.

Vier meinen: Wer sich anpasst, wird bestraft! Schluss mit den Erfolgslügen! Schluss mit den Lebenslügen! Leistung, Last und Mühsal garantieren ebenso wenig Erfolg wie die permanente Selbsttäuschung, nur einen Katzensprung davon entfernt zu sein. Erfolg beginnt erstens damit, das tun zu können, was man will. Und endet zweitens in einer Gesellschaft, welche diese Freiheit a) ermöglicht und b) davon selbst profitieren kann. Das Motto lautet nicht mehr: Ich weiß, wie ich am besten abzocken und mühelos durchs Leben sprinten kann, sondern: Ich weiß, was ich für mich und andere tun kann. Was wiederum zwei lange Entdeckungspfade nach sich zieht: nämlich sich erstens selbst zu erkunden, um dann zweitens mit anderen gemeinsame Zukünfte zu erproben. Vier meinen: Die Beziehungsqualität zwischen Mensch und Gesellschaft muss gestärkt werden. Der Erfolg besteht nicht mehr im Selbstbewusstsein der Überlegenheit über andere, sondern in der Selbstbewusstheit der eigenen Person mit anderen.

Das ist der entscheidende Unterschied zu früher: Anpasser und Spießer wurden einst belohnt, weil sie sich an die lineare Erfolgsbiografie (Eigenheim, Mittelklassewagen, sichere Rente) angekettet hatten. Heute sucht man die Abnabelung von gesellschaftlichen Zwangsapparaten und den Weg zu sich selbst. Blöd ist nur, dass darauf kaum einer vorbereitet ist. Erfolg ist die größtmögliche Übereinstimmung zwischen persönlichen Hoffnungen, Plänen und Zielen und der Möglichkeit, sie umzusetzen. Mensch und Gesellschaft müssen wieder an ihr Selbstverständnis heran: Was will ich und was will die Gesellschaft? Die Phase dieser Wiederentdeckung von Mensch und Gesellschaft ist neu und hat gerade begonnen. Es ist eine Rückeroberung von verloren gegangenem Terrain. Von Fähigkeiten, die im Arbeitsalltag auf mittelmäßigen Posten abgebrannt sind. Von Wissen, das im bleiernen Arbeitsalltag zusammengeschrumpft ist. Von Lebensentwürfen, die von Sachzwängen und schwierigen Verhältnissen in Schach gehalten werden.

Und wie funktioniert das alles konkret? Indem man unter dem Dach des Gemeinsamen ein Höchstmaß an Individualität zulässt. Denn ein Mensch hat letztlich nur Erfolg, wenn er morgens aufsteht und abends zu Bett geht und in der Zwischenzeit genau das tut, was er tun will. Eine Gesellschaft definiert ihre Freiheit immer über den Selbstbestimmungsgrad ihrer Mitglieder. Menschen müssen sich frei entfalten dürfen. Das erfordert einerseits Menschen, die sich selbst erkunden und dabei erfahren, was sie wollen. Und es erfordert andererseits eine Gesellschaft, welche die Bedürfnisse ihrer Menschen in den Mittelpunkt ihres Tuns stellt.

Zwei Beispiele einer neuen Erfolgskultur: Unternehmen im Umgang mit ihren Kunden sowie Schulen im Umgang mit ihren Schülern.

1. Unternehmen erproben in Zukunft neue, kooperative Modelle im Umgang mit Kunden, Mitarbeitern, Partnern und Wettbewerbern. Sie begreifen, dass die Situation, die aus dem Zusammenspiel von neuen technischen Möglichkeiten und kulturellem Wandel erwachsen ist, eine neue Art des Kommunizierens und damit auch Wirtschaftens herausfordert.

   Erfolg ist nicht mehr, wie viel Profit man als Unternehmen aus der Beziehung zum Kunden ziehen kann, sondern welchen Mehrwert der Kunde aus der sich über Jahre entwickelnden Beziehung zum Unternehmen erzielen kann. Ein Unternehmen ist also künftig erfolgreich, wenn es die Kunden mehr zufrieden stellen kann als die Konkurrenz. Kunden möglichst über lange Zeiträume zufrieden zu stellen bringt überdies mehr, als sie schnell abzuschöpfen. Denn die Akquisition eines neuen Kunden kostet durchschnittlich fünfmal so viel wie die Pflege eines alten.

   Kundenökonomie läuft komplett andersherum. Der Markt wandelt sich vom Markt der selbstherrlichen Produktdistributoren zum Markt der cleveren und informierten Kunden, die sich aussuchen, mit wem sie Geschäfte tätigen. Nach Jahrzehnten beliebig austauschbarer Produkte, Mitarbeiter und Konsumenten ist nun das Zeitalter des austauschbaren Anbieters angebrochen. Der Kunde ist nicht mehr länger gutgläubiger Endverbraucher, er ist zum Geschäftspartner geworden.
2. Schulen fördern in Zukunft die Selbstentfaltungslinien ihrer Schüler. Sie begreifen, dass sie Kindern und Jugendlichen Lern- und Erfahrungsräume zur Verfügung stellen, in denen diese sich selbst entdecken können.

   Erfolg ist nicht mehr, wie viel Wissen man über den Nürnberger Trichter ins Gehirn drückt, sondern welchen Mehrwert der Schüler aus der sich über Jahre entwickelnden Beziehung zur Schule für seine Zukunft erzielen kann. Schüler lernen fürs Leben und nicht für eine Allgemeinbildung aus dem 19. Jahrhundert. Die Schule wandelt sich von der Kaserne selbstherrlicher Wisseneinpeitscher zur Schule der cleveren und informierten Schüler, die sich aussuchen, was sie lernen wollen. Nach Jahrzehnten verquaster und verstaubter Bildungsinhalte von oben ist nun das Zeitalter des »Lernens, was ich will«, angebrochen. Der Schüler ist nicht mehr länger das Ende der Wissensnahrungskette, er ist zum Selbstversorger geworden.

FORTSCHRITT

VORHER

In Deutschland paart sich locker sitzender Technikpessimismus mit blindem Antikapitalismus, um sich dann in kulturpessimistischer Depression zu entladen. Als ebenso blind erweist sich der Gegenpol, jenes Heer erfinderischer Zwerge, die in ihren technotopischen Heilsversprechen die Widerspruchsmöglichkeit des physischen Störfaktors Mensch gerne ausklammern.

NACHHER

Fortschritt ist, wenn das Neue freudig begrüßt, es von allen Seiten berochen und befingert werden kann, ohne als unbotmäßiger Angriff aufs Altgewohnte diskriminiert zu werden. Fortschritt dient nur dem Volk, also denen, die etwas mit neuen Einsichten, Erkenntnissen und Erfindungen anfangen können. Fortschritt ist, wenn alle intelligenter werden.

Seit der Mensch nur noch auf zwei Beinen statt auf allen Vieren auf der Erde herumläuft, kann er gar nicht anders als fort-schreiten. Andernfalls müssten wir bis heute vom Fortkriechen sprechen. Und hätten sehr vermutlich keine Probleme mit der kritischen Inaugenscheinnahme von Industrierobotern und Stammzellenforschung. Weil es die ja dann gar nicht gäbe.

Mit seinen zu zwei Armen mit Händen einerseits degenerierten, andererseits auf eine höhere Entwicklungsstufe gehobenen ehemaligen Beinwerkzeugen konnte der Mensch gar nicht anders, als die Welt zu be-greifen. Betasten, basteln, konstruieren – jede Menge neue Betätigungsfelder für Hände und Hirn. Steinaxt, Rad, Papier, Porzellan, Schießpulver, Buchdruck, Dampfmaschine, Elektromotor, Computer, Gentechnik, Nanotechnik. Wenn das kein

Fortschritt ist. Technischer Fortschritt. Fortschritt war und ist immer mit dem Ersinnen technischer Hilfsmittel verbunden, die menschliche Muskel- und Gehirnarbeit erleichterten.

Meist dämmerte es dem Homo sapiens erst im Nachhinein, welche Fortschrittsleistung ihm da eigentlich gelungen war.

Je mehr ihm ein- und zufiel – proteinreichere Ernährung, bessere Hygiene, Bevölkerungswachstum und massenhafte Bildung taten ihr Übriges –, desto häufiger gelangen ihm auch grenzwertige Konstruktionen, die man als selbstverliebte Ingenieuresoterik abhaken kann: Ein Handy etwa, mit dem wir fotografieren, surfen, das Flirtprofil der Schönen in Sichtweite neben der Marienkirche eruieren, Brot schneiden und wahrscheinlich auch noch Staubsaugen können. Selbst wer so etwas wollen könnte, scheiterte vorläufig noch an der komplexen Bedienungsanleitung solcher insiderischen Selbstbefriedigung der technischen Art. Haben wir doch schon leibhaftige Astronauten und gelernte Physiker erlebt, die vor der Bedienung einer Geschirrspülmaschine als zu kompliziert zurückschreckten. Ist verbürgt, aber nur eine Geschichte von vielen.

Menschliche Entwicklungsgeschichte ist ein evolutionärer Prozess, und die Instrumente für den evolutionären Antrieb zum Fort-Schritt hat sich der Mensch als einzige Spezies auf diesem Planeten selbst geschaffen. Wenn man mal vom geschickten Stöckcheneinsatz der Schimpansen beim Bohren nach Ameisen im Baumstumpf absieht. Trotzdem haben Schimpansen noch nie Ansätze zur Inaugenscheinnahme der Entwicklung eines Otto-Motors ahnen lassen.

Ach ja, Otto-Motor, Dr. von Muyden, Bibliothekar des kaiserlichen Patentamts anno 1888: »Auch hat Benz einen Benzinwagen gebaut, welcher auf der Münchner Ausstellung Aufsehen erregte. Diese Anwendung der Benzinmaschine dürfte indessen ebenso wenig zukunftsreich sein wie die des Dampfes für die Fortbewegung von Straßenfuhrwerken.«

Irren ist menschlich, und warum soll sich der Mensch nicht auch irren dürfen bei seiner unablässigen Produktion großer und kleiner Ideen, die anderen Menschen das Leben erleichtern?

Wir mögen es gerne leichter. Aber wir machen es uns gerne bis begeistert immer wieder so schwer. Zuallererst unseren Forschern. Gentechnik, die in die Kunst des Menschenklonens münden könnte: Um Himmels Willen, nein! Weg damit in amerikanische Forschungslabore! Kernkraft? Nein danke! Schon aber mehren sich die Stimmen namhafter Ökologen aus dem angloamerikanischen Raum, die händeringend darum bitten, diesen grünen Grundirrtum aus frühen Zeiten jugendbewegten Nichtwissens aufzugeben – zugunsten einer CO_2-sparenden Energiewirtschaft, in der Atomkraft eine Schlüsselrolle spielt. (Andererseits sind die Palmen am Nordseestrand als Folge der Klimaerwärmung bisher nur Computersimulation; Tschernobyl und Harrisburg aber reale Erfahrung.)

Solche paradoxen Wendungen können die Einwürfe der es immer nur gut meinenden Menschheitsretter manchmal nehmen, wenn sie denn, reifer und lebensklug geworden, die eigentlichen Gefahren für ihre Spezies zu erkennen vermögen: Dummheit, Borniertheit, Besserwisserei aus Unkenntnis, Angst, Mutlosigkeit ...

Das sind die größten Fortschrittsfeinde der Menschheit. Nicht, dass nicht auch das Mutterland des Fortschritts, die Vereinigten Staaten von Amerika, Fortschrittsfeinde beherbergte. Gab es doch da anno 1894 jene Petition von Abgeordneten an den amerikanischen Kongress, man möge das US-Patentamt schließen. Ganz einfach deswegen, weil nun alle erdenklichen Erfindungen der Menschheitsgeschichte vorgelegt worden und neue nicht erkennbar seien.

Gar nicht zu reden vom englischen Volksaufstand Mitte des 19. Jahrhunderts gegen die Einführung der eben erst erfundenen Eisenbahn: Die Geschwindigkeit der mit 40 Kilometer pro Stunde dahintuckernden Eisenrösser hielte kein darin sitzender Mensch aus. Auch die auf ihren Feldern stehenden Beobachter der Raserei könnte der plötzliche Tod wegen des Geschwindigkeitsschocks ereilen.

Noch heute werden englische Eisenbahnlinien deswegen mit hohem Heckenwerk vor den erschütternden und absolut gesundheitsabträglichen Einblicken verborgen.

Fortschritt ist, wenn man trotzdem weiter fortforscht. Was haben sie sich nicht bis in die späte Neuzeit über die Verbreitung gedruckter Bücher aufgeregt, in denen die nur Wenigen des Lesens Mächtigen selbstständig nachblättern konnten, um das bis dato wenige, kodifizierte Wissen zu inhalieren. Was für eine Gefahr für die kirchlich legitimierten Kurzhalter der Menschheit, denen eigenständiges Lesen und Nachdenken ihrer Schäflein nur Teufelswerk bedeuten konnte.

So ist es heute immer noch. Gentechnik, Biotechnik, Internet. Jene sind noch lange nicht ausgestorben, die ihre alten, liebgewordenen Werte stets vehement im Kampf gegen das Fortschreiten menschlicher Neugier und Wissenssehnsucht verteidigen wollen. Zum Beispiel die Zeitgenossen fortgeschritteneren Lebensalters, denen das Internet nach wie vor als Teufelswerk erscheint. Nehmen wir zur Illustration unseren Freund Heinz, Jahrgang 1919, dem die *Weltgeschichtlichen Betrachtungen* seines Jacob Burckhardt nahezu Bibel sind. Kein Wunder: Einer wie der deutsche Historiker Burckhardt, der sich Ende des 19. Jahrhunderts nicht nur mit dem Verlauf, sondern mit den inneren Triebkräften von Geschichte beschäftigte, war ein Bodenbereiter für den Fortschritt. Jegliche Grundlage für Fortschritt ist, alte Gewissheiten durch neue Einsichten erschüttern zu lassen. Die Lust am Erschütternlassen ist indessen nicht eines der ausgeprägtesten Merkmale von Menschsein. Aber sein Lerntrieb zwingt ihn immer wieder, sich solchen Erschütterungen aussetzen zu müssen.

War Burckhardt zu seiner Zeit unerhört fortschrittlich, so ist seinem neuzeitlichen Anhänger Heinz das Googeln im Internet eine verteufelte Angelegenheit. Ihm, aber keineswegs nur ihm, ist die Möglichkeit digitalen Ersetzens der menschlichen Gehirnspeicherkapazitäten suspekt. Aber wie Jacob Burckhardt eine bis dahin ungewöhnliche, neue Sichtweise von Geschichte eingeführt hat, so führen Vordenker von heute zu einer neuen, noch ungewohnten Sichtweise des Komforts, den die digitalen Speichermedien dem Menschen bieten: Er erlangt die Chance, wiederum bis dahin unmögliche Fertigkeiten auszubilden. Speichern von Wissen im eigenen Gehirn war damals. Wir haben uns abgeplagt mit Auswendiglernen und Belasten des Hirnspeichers. Wir können uns heute auf eine wiederum neu entdeckte, neu zu nutzende Fähigkeit des postmodernen Menschen freuen: Er kann, befreit von alten Anforderungen des Auswendiglernens, des Gehirnspeicherns, nur noch eines tun: Endlich intelligent werden. Was für ein Fortschritt!

Es war ein weiter Weg. Gemessen an den letzten 250 000 Jahren, da der Mensch im aufrechten Gang über die Erde getrabt ist, hat er wahre Sprünge im vorwärtsweisenden Fortschreiten getan. Das Fortschrittstempo hat sich in den letzten 500 Jahren seit Beginn der Aufklärung exponential erhöht, und schlauer geworden sind wir Kinder der technologieboominduzierten Industriegesellschaft allemal.

Wir könnten immerhin auch wissen, dass wir in der letzten, superkurzen Zeitspanne der letzten knapp 100 Jahre – ein Wimpernschlag nur in der Menschheitsgeschichte – so viele Erfindungen gemacht haben wie in den 10 000 Jahren unserer Sesshaftwerdung in Pfahlhütte und auf Scholle nicht. Lernen wir vielleicht endlich mal etwas daraus?

Lernziel Nummer eins: Stell dich nicht immer quer bei neuen Erfindungen und bahnbrechenden Ideen, welche die Menschheit voranbringen könnten. Wissen wir das so genau, dass Gentechnik des Teufels ist? Könnten wir nicht noch sehr viel mehr über uns lernen, wenn wir uns nach ein paar Kilometern über der Erde und später dem Mond nun dem Mars näherten? Ein Astronaut, der bei seinen wiederholten Spaceshuttle- und MIR-Expeditionen der Osteoporose sehr viel näher getreten ist, sagte: »Wir konnten und können Erkenntnisse gewinnen, die wir auf der Erde nie hätten herausfinden können.« Warum? Weil menschliche Knochen schon nach zwei Tagen in der Schwerelosigkeit sagen: Vielen Dank, man braucht uns hier nicht mehr, hinweg also mit dem alten Calcium. Was also kann man dagegen unternehmen? Auf diese Antwort warten Millionen Frauen in den Wechseljahren zum Beispiel, deren Knochen sich verhalten wie die von Astronauten.

Das ist nur ein winzig kleiner Ausschnitt von Forschungsvorhaben, die da einige wenige von uns Menschen in der Schwerelosigkeit auf der Agenda stehen hatten und haben. Eines Tages, sprach besagter Astronaut, der wie keiner von uns die Erde und ihre darauf Herumwirbelnden aus einer solchen Perspektive betrachten durfte, dieser Tage, wird sich die Menschheit noch glücklich schätzen, dass wir ihr neue Lebensräume zu eröffnen halfen. Dann, wenn es irdischerseits immer ungemütlicher werden könnte. Könnte. Wir wissen es nicht. Aber es wäre schön, wenn wir beizeiten gerüstet wären und über eine Exit-Option nachgedacht hätten.

Lernziel Nummer zwei: Aus der Technikgeschichte, einer Superglamourshow des menschlichen Erfindungsgeistes, haben wir gelernt, dass jegliche bahnbrechende Neuerung erst mal auf leidenschaftliche Abneigung stieß. Könnten wir vielleicht daraus etwas lernen? Ja, können wir. Erst mal annehmen, sich mit den Forschern und Tüftlern freuen über ihre in arbeitsamen Tagen und vor allem Nächten erzielten Ergebnisse ihrer Forscherleidenschaft. Welche Resultate menschliche Freude an der Verwirklichung einer Aufgabe zutage fördern kann, davon haben jüngste Durchbrüche zur Wiedereinführung der 40-Stunden-Woche in ausgewählten Konzernen noch nicht mal eine Ahnung vermittelt. Aber das kommt noch.

Lernziel Nummer drei: Wer immer zwei bis fünf bis mehr Schritte voranschreitet und sich also an der Spitze der Fortschrittsbewegung befindet, soll nicht gelähmt und demotiviert werden durch staatlich-ministerielle Schurigelei. Was versteht Herr/Frau BundesbildungsminsterIn – von LänderkultusministerInnen mal ganz zu schweigen – von Bildungs- und Forschungssehnsucht jener Einzelnen, die an Otto-Motoren herumdenken oder die menschliche DNA-Struktur entschlüsseln wollen? Und wenn sie, wie Mercedes und Bosch mit ihrer elektrohydraulischen Bremsanlage SBC auf vorläufig sinnlose Abwege ohne praktischen Nutzwert für den Alltagsautofahrer geraten – na und? Wer sagt, dass solche »Brake-by-Wire«-Technik, die Bremsbacken automatisch mit Scheibenwischern trockenreibt, nicht irgendwann mal Aha-Erfindungserlebnis bei einer künftig notwendigen Autotechnologie sein wird? Niemand.

Eben. Wer sind wir eigentlich, dass wir bezüglich der begrenzten Sichtweise unserer kurzen, irdischen Lebensspanne immer schon wissen, was »den Menschen« frommt und was nicht? Lachhaft!

Lernziel Nummer vier: Demut und Bescheidenheit. Nach wie vor keine Panik, was fortschrittstreibende Technologien anbetrifft, deren Verteufelung wir nach wie vor ebenso gerne betreiben wie unsere Vorvorvorfahren.

Angesichts der Tatsache, dass wir zwar immer älter werden (bis zu 100 Jahre Lebenserwartung sind in diesem Jahrhundert locker drin für die Hälfte der soeben geborenen Mädchen), könnten alternde Gesellschaften der Sache etwas entspannter ins Auge blicken.

Lebende sollen in unseren weltgeschichtlichen Betrachtungen schon wegen ihrer zeitgeistigen Kurzatmigkeit nicht zu Wort kommen. Spätestens übermorgen ist ihr Wort im Mund verdorrt oder sie sind von der Bühne abgetreten, auf der sie bis eben noch dem Publikum suggerierten, beim Lenken der weiteren Zeitläufte eine tragende Rolle zu spielen.

Die Toten dürfen noch etwas sagen. Etwa Jacob Burckhardt: »Jeder hält nämlich seine Zeit für die Erfüllung der Zeiten und nicht bloß für eine der vielen vorübergehenden Wellen. Hat er Ursache zu glauben, dass er ungefähr das ihm Erreichbare erreicht hat, so versteht sich diese Ansicht von selbst; wünscht er, dass es anders werde, so hofft er, auch dies in Bälde zu erleben und noch selber bewirken zu helfen.«

Dem ist erst einmal gar nichts hinzuzufügen, auch wir gestehen demütig, dass wir das Ende unserer belebten Welt nicht vorweg zu definieren vermögen und auch den Teufel tun, ein Endzeitszenario zu entwerfen. Aber vielleicht doch ein wenig? Möchten wir ein wenig zu bewirken helfen?

Sicher.

Und wenn wir annehmen, wie es manche fortschreitende Vordenker in ihren bonbonrosafarbenen Fortschrittsperspektiven schon heute für wenigstens nicht unmöglich halten, dass der Mensch nicht 70, und wenn's hoch kommt 80 Jahre, sondern 400 Jahre alt werden kann, dann mögen sich seine Perspektiven während seines noch sehr viel längeren irdischen Lebens mehr in Richtung Gelassenheit verschieben. Das schon wäre ein immenser Fortschritt.

Nichts ist unmöglich. Was wissen wir denn schon heute, was die Menschheit in 100, 200 Jahren an gegenwärtig utopisch anmutendem Fortschritt bewerkstelligt haben wird?

Eben.

Hoch lebe der Fortschrittsoptimismus! Wenn uns die letzten 200 Jahre Menschheitsgeschichte etwas gelehrt haben, dann könnte es tatsächlich darauf hinauslaufen, dass er im Bewusstsein seiner exponential gewachsenen Möglichkeiten im Stande sein könnte, »auch dies in Bälde zu erleben und noch selber bewirken zu helfen«.

Was denn sonst?

Jetzt, da er sich im Zeitalter der digitalen Informations-, also Gedächtnisspeicher befreit sieht von uralten, mühsamen Anstrengungen, Wissenswertes mnemotechnisch speichern zu müssen. Also die Festplatte seines Gehirns mit auswendig Gelerntem, mit Erinnerungen und Zitaten, mit Redewendungen und möglichen Fundstellen von gedrucktem Wissen mitsamt der eingerückten Fußnoten belasten zu müssen – jetzt erst hat er sich auch von solcher gedanklich-geistigen Mühsal befreit. Seit der Erfindung des Rades entledigte sich der Mensch bisher vor allem von den Plackereien der körperlichen Arbeit. Jetzt – und das markiert tatsächlich eine neue Wendung in der Menschheitsentwicklung – befreit er sich von der Notwendigkeit, rares Wissen horten oder mühsam auswendig lernen zu müssen.

Schutzlos ist er einem nach herkömmlichen Maßstäben furchtbaren Schicksal ausgeliefert: Frei von der Notwendigkeit, eine inzwischen unendlich erscheinende Informationsmenge in seinem begrenzt speicherfähigen Gehirn ablegen zu müssen, bleibt ihm nichts anders übrig, als: intelligent zu werden.

Wenn das kein Fortschritt ist! Und der Mensch kann diesen Fortschritt nicht nur in Bälde selber erleben, sondern tut ja schon alles Mögliche, um ihn zu bewirken.

Wie immer. In dieser Hinsicht können wir uns auf uns verlassen.

FREIHEIT

VORHER

Brüder zur Sonne zur Freiheit! Die Freiheit des Einzelnen zappelt im Käfig übergeordneter Ideale und ihrer Instanzen. Die Gralshüter des höheren Wohls bewachen den Käfig.

NACHHER

Die Freiheit nehm' ich mir! Die Gesellschaft lebt nur durch mich und meinen freien Willen, der selbst entscheidet, ob er sich einem höheren Ziel unterordnen möchte. Ziel ist die Loslösung vom Kollektivismus der Gutmenschen.

Freiheit bemisst sich nach Zentimetern. Übertritt ein Fremder jene 30-Zentimeter-Schwelle vor der eigenen Haut, wird das als Vorform eines körperlichen Übergriffs empfunden: Es sträuben sich die Nackenhaare, es sprudelt das Adrenalin, es wächst die Aggression – die unerwünschte Annäherung droht zu eskalieren. Der Mensch braucht diesen genetisch programmierten Sicherheitsabstand zum anderen, diesen Freiheitsraum, den nur willkommene Nahesteher ungestraft überschreiten dürfen – der Geliebte, die Mutter, das Kind sowieso. Zahnarzt, Fitnesstrainer und Friseur erhalten eine vorübergehende Sondererlaubnis, ein befristetes Visum für den Aufenthalt auf dem Planeten Ich.

Ansonsten ist er tabu.

Eigentlich.

Zum archaischen Wildbeutererbe des modernen Menschen gehört aber auch jenes, dass ihn alles, was verboten ist, scharf macht. Sich ungefragt in den körperlichen oder mentalen Freiheitszonen der eigenen Spezies zu schaffen zu machen, sich dort als Besatzer aufzuspielen, war und ist ewige Verlockung – zumindest seit der Post-Urhordenära, die mit dem erfolgreich abgeschlossenen Versuch des Vatermords begann.

Diese Erfahrung, dass das geht, den unliebsamen Rivalen gleich ganz auszuschalten, hat die Menschen im Laufe der Jahrtausende immer erfinderischer gemacht. Sie entwickelten eine enorme Instrumentenvielfalt in ihrem Trieb, die individuelle Gestaltungsfreiheit ihrer Mitmenschen so weit einzuschränken, dass die einen das freiwillig taten, was ihnen die anderen qua Beherrschungs- und Machtwillen aufzwangen. Mord und Totschlag und Sklaverei bis hin zu Völkermord und Krieg waren zwar über Jahrtausende schwer im Schwange, aber wir überspringen jetzt diese mindestens 736 Kapitel Menschheitsgeschichte der finstersten Art.

Fakt ist, dass der Mensch als unbegrenzt lernfähiges Wesen nach den letzten 250 000 Jahren, da er nicht nur erectus, sondern auch noch sapiens durch die Welt schreitet, ziemlich spät erst auch eines lernte: Töten ist blöd. Töten heißt ja, die Freiheit des Anderen von 100 auf null, wenn's sein muss in einer Sekunde herunterzuschrauben. Spannender ist es, ähnlich wie die Katze ihre Opfermaus auch noch nicht gleich tot beißt, auch mit seinesgleichen erst mal herumzuspielen.

Den Freiheitswillen und die Freiheitsfähigkeit des Einzelnen indes so weit einzuschränken, dass sich die Eingeengten im Käfig übergeordneter Ideale und ihrer Instanzen zappelnd erst so recht wohl fühlen, das allerdings ist eine typisch menschliche Spitzenleistung. Chapeau, homo sapiens sapiensis!

Sklaven, Katholiken, DDR-Bürger, zwangsverpflichtete Rentenkassenbeitragszahler, Leibeigene der staatlichen Steuerbehörden, die weiblichen leitenden Angestellten des Kleinfamilienhaushalts, betriebliche Exekutionskommandos gewerkschaftlicher Besserwisserei, sozialdemokratische Gleichheits- und Solidaritätsdogmatiker, gefühlsamputierte Shareholder-Value-Mehrer – sie alle sind der festen Überzeugung, dass sie selbst zu Recht ihr persönliches Freiheitsbedürfnis an der Pforte jener Institutionen abgegeben haben, die sich ungefragt als Gralshüter des höheren Wohls gerieren.

Deswegen müssen wir einen Zwischenstopp 1789 in Frankreich einlegen.

»Freiheit, Gleichheit, Brüderlichkeit.« Genial, dieser Schlachtruf. Erinnerten sich doch die sich aus kirchlicher Kurzhaltung befreienden Menschen ihres 30-Zentimeter-Sakrosanktums, mit dem alle frei und gleich geboren wurden. Willkommen Selbstbewusstsein und neue Schaffensfreiräume!

Leider kamen auch in diesem Fall sofort die üblichen Verdächtigen, die solche Ideale sogleich zu interpretieren wussten. Mehr noch, sie sofort zu Prinzipien des allgemein gesellschaftlichen Handelns machten und das taten, was sie schon lange beherrschten: diese Ideale in Gesetze zu gießen, an die sich gefälligst alle zu halten haben. Willkommen im Zeitalter des Terrors im Namen von Freiheit, Gleichheit und Brüderlichkeit!

Danton, Robespierre und der Wohlfahrtsausschuss haben Maßstäbe gesetzt, wie sich bis heute Tribunal und Tribalismus aufs Harmonischste die Hand reichen können. Den wieder entdeckten Freiheitswillen gleich mit dem ganzen Menschen abtöten – immer wieder greift homo homini lupus auf diese Option zurück, wenn es ihm an Ideen gebricht, andere zur freiwilligen Preisgabe ihrer Freiheitsräume zu bewegen. Das nun ist eine besondere, erst spät gereifte menschliche Kunstfertigkeit. Wem sie abgeht, der greift aufs Altbewährte zurück: Terror, Zwang, Diktatur, Gewalt, Krieg. Das Ideal der Freiheit wird zum Hammer, mit dem man andere zur Not auch totschlägt.

Sage bloß keiner, die aktuelle Weltlage in den ersten Jahren des 21. Jahrhunderts hätte sich auf den ersten Blick nennenswert weit entfernt von den Kinderschuhzeiten der Entdeckung, dass der Mensch tatsächlich gleich und frei geboren ist. Gerne nehmen bis heute Weltmächte oder solche, die sich dafür halten, das alte, verlässliche Instrument Krieg zur Hand, wenn es darum geht, die Ideale Freiheit und Demokratie zu verwirklichen. USA – Irak. Wird auch bald Geschichte sein. Nachwehen einer unrühmlichen Episode der Menschheitsentwicklung, die ja erst mit der Jungsteinzeit begann und von da an ihren kurzen, wenn auch gnadenlosen Verlauf nahm.

Sagen wir mal so: Dass der Mensch frei und gleich geboren wird, dessen konnte er sich erst in späteren Phasen seiner irdischen Existenz bewusst werden. Und damit eben auch des Umstands, dass es da offenbar immer welche gab, die sich die Einschränkung dieser Freiheit auf Totempfahl, Fahne und ins Parteiprogramm geschrieben haben.

Frei ist der Mensch erst dann, wenn er sich der Einschränkungen seiner Freiheit bewusst werden und sich in dieser Erkenntnis mit der Schwester der Freiheit vermählen kann: der Verantwortung.

Wir sind so weit.

Und haben unsere finale Destination erreicht. Wir sind und bleiben für den Rest unseres Zwischenaufenthalts in Deutschland, wo man sich schon immer gerne zum Knecht seiner Ideen und Ideale gemacht hat. Je höher die angesiedelt waren, desto knechtischer wurden sie exekutiert. Was schon kann Freiheit einem Land bedeuten, das zwar einen 30-jährigen Bauernkrieg führte – aber befreienden Revolutionen schon aus Gründen der kleinstaatlichen Zersplitterung stets so fern stand wie Mecklenburg der Milchstraße? Ein Land, dem schon Lenin unfreiheitliche Gesetzestreue derart bescheinigte, dass die Deutschen nicht ohne Lösen einer Bahnsteigkarte zur revolutionären Betätigung auf dem Gleiskörper schritten? Ein Land, das noch heute interpretatorisch hadert, ob es anno 1945 befreit oder besiegt worden sei.

Der erste befreiende Lichtblick fiel in jüngster Geschichte 1989 auf diese notorisch obrigkeitshörige Nation: »WIR sind das Volk!« Eben. Wer sonst?

Das markierte den Anfang vom Ende der liberalen Parteien, nicht nur der FDP, die von da an immer bedeutungs-, arbeits- und profilloser wurden. Sie befinden sich in bester Gesellschaft mit ihren sozialistisch-sozialdemokratischen Parteigeschwistern, die Gleichheit und Brüderlichkeit auf ihre nur noch schlapp im windfreien Raum hängenden Fahnen geschrieben haben. Die Stunde des Niedergangs schlägt ebenso den C-Parteien mit ihren konservativ-klerikalen Wurzeln, die für den Begriff Freiheit im anthropologischen wie spirituellen Sinne bis heute keine politpraktisch relevante Definition gefunden haben.

Wir sind am Kern der letzten und neuzeitlichen Ausformung der Menschheitsgeschichte angelangt, in der sich das Individuum zumindest unbewusst wieder an seine 30-Zentimeter-Sicherheitszone erinnert. Es weiß und kann mehr als seine äonenalten Vorfahren, es ist schlauer, gebildeter, resistenter, geistig und körperlich gesünder geworden. Es hat begriffen: Die Horde hat ausgedient, und ihr parteiorganisatorisches Derivat hat das freiheitsliebende Individuum auch längst aus dem Blick verloren.

Kein Wunder.

Wir stehen jetzt an der Schwelle, die den Übergang vom Kollektivismus zum Individualismus markiert. Das Schengen-Abkommen für die künftige Richtung der Menschheitsentwicklung sieht vor, dass jeder willkommen ist, diese Grenze voller Selbstliebe und im wohlverstandenen Eigeninteresse zu überschreiten. Freiheit heißt Einsicht in die Notwendigkeit, sich selbst kennen und lieben zu lernen. Diese Barriere vor der Selbsterkenntnis treibt immer noch viele in die Arme jener Instanzen, die Sicherheit und Zugehörigkeit verheißen, aber an der Pforte ihrer betonierten Bastionen als Eintrittsgebühr die selbstverschuldete Unmündigkeit, die Abgabe der freien Entscheidung im Namen des Gemeininteresses verlangen.

Wer sind wir denn? Sind wir nicht wer?

Jedem Menschen ist das Eigeninteresse als Gefühl, Affekt, Motiv angeboren. Er hat alle genetischen Anlagen, sich zu mögen und aus diesem Selbstwertgefühl heraus die schönsten, erfinderischsten, liebevollsten Neigungen zu sich und seiner Umgebung zu entwickeln, um jener und sich selbst den höchsten Mehrwert zu generieren. Wenn er sich traut und wenn man ihn lässt.

Wenn man ihn nicht lässt, sondern mit Paragraphen, Verordnungen, Zutrittsbeschränkungen, Solidaritätsappellen und anderen Schlechte-Gewissen-Verursachern schurigelt, wird er die unterdrückte Fähigkeit zum persönlichen Mühen und Streben zum eigenen Glück stets nur als Egoismus und Selbstsucht schmähen.

Also formulieren wir jetzt ein soziologisches Grundgesetz für den Entwicklungswandel, in dessen Mitte sich die Menschheit gerade, leicht überfordert, wiederfindet: Die Zeiten nähern sich ihrem Ende, da der Mensch dem Interesse der organisierten Gruppierung geopfert wurde. Die weitere Entwicklung in die Zukunft führt zur Befreiung des Individuums von allen jenen Institutionen, die angeblich im höheren Interesse des Einzelnen handeln, ihre Daseinsberechtigung aus der quasinatürlichen Unterordnung des Menschen unters Kollektiv begründen: Du bist nichts – das Land, die Partei, das Volk, die Kirche, die Gewerkschaft sind alles.

Von jetzt an läuft es andersherum, von jetzt an kommt erst einmal das

Individuum, dann der Staat und die Gesellschaft mit all ihren dienstfertigen Entmündigungseinrichtungen. Die natürliche Freiheit des Menschen ist kein Dogma, kein Abstraktum, keine gruppeneinigende Ideologie – sie ist natürlich.

Im Namen der Befreiung des Menschen von Sklaverei, Ausbeutung oder Fremdherrschaft ist im Laufe der Äonen letztlich nichts anderes herangezüchtet worden als die kollektive Angst vor der Freiheit. Millionen von Motoren des Handelns aus Selbstverantwortung sind stillgelegt worden im Namen der trügerischen, sicherheitsverheißenden Allzuständigkeitsanmaßung: Wir wissen, was gut für dich ist. Auf dem Marsch in immer neue Freiheitsräume – von unmittelbarer Sklaverei über absolutistischer Leibeigenschaft bis zu sozialistischer Befreiung vom Selbstinteresse und zur repräsentativen, also immer von anderen besorgten Demokratie – blieb regelmäßig einer auf der Strecke: der freie Mensch.

Bis heute muss er seinen Entscheidungswillen und sein verantwortungsbewusstes Selbstmanagement an der Konzernpforte des organisierten Managernarzissmus oder Patriarchenautismus abgeben oder wahlweise am Eingang der lebensblinden Arbeitslosenverwaltungsbürokratie. Aber er wehrt sich. Er erkennt sich. Was sind denn diese Instanzen- und Institutionenhüter anderes als nur andere Menschen, die bei näherem Hinsehen auch nicht ihrem freien Willen gehorchen, sondern dem Organisationszwang? Sozialdemokraten am Anfang des 21. Jahrhunderts können ein Lied davon singen, dass Diener überholter Ideologien keinen mehr hinterm Ofen hervorlocken – selbst der stets verlässliche Stammwähler in Dortmund probiert sich inzwischen als stahlharter Ich-AGler.

Es ist kein Wunder, dass allzu viele seiner ehemaligen Kumpel verlernt haben, das zu tun, was sinnvoll ist, und stattdessen jenen selbst reduzierten Tätigkeiten nachheulen, die einst belohnt wurden: mit jährlichen Tariferhöhungen, Steinkühler-Pausen und sonstigen Gimmicks der entwürdigenden Arbeit in Abhängigkeit von allen möglichen Kümmerern – nur nicht von eigenem Willen definiert. Welch Abgrund von Unfreiheit!

Das war gestern.

Schon mehren sich die selbst gesuchten Freiräume, in denen Formen der modernen Unfreiheit immer unmöglicher werden. Individualität übt sich, bricht auf in Richtung Bürgergesellschaft. Ich denke und ich will, also tue ich. Als Erstes nehme ich mal diese WTOs und SPDs und FDPs aufs Korn und sage ihnen: Gesunden kann die ganze Veranstaltung Gesellschaft – inklusive ihrer Ökonomie als Grundlage dieser Gesellschaft – nur durch mich und meinen freien Willen, der selbst entscheidet, ob er sich einem höheren Ziel unterordnen möchte. Das offenbart sich zuallerletzt in einem Parteiprogramm der alten Art, in dem – welcher Couleur auch immer – nur eines immer wieder niedergeschrieben wird: Das Individuum als einzigartiges, das einem kollektiven Zweck untergeordnet werden muss.

Und das dann ausgerechnet auch noch im Namen der Liberalität, der Freiheit, die sich diese Partei mit der Freiheit im Namen auf die Fahne geschrieben hat. Diese Partei, die FDP, ist zum lebendigen Widerspruch ihrer historischen Mission geworden: Kein Schwein braucht sie noch, außer vielleicht ein paar Gesundheitsmarktlobbyisten. Schal die Botschaft, schmal die Autorität, Souveränität, persönliche Performance derer, die eine große, urmenschliche Freiheitsidee zum politstrategischen Mitmischclub an den Schalthebeln der Macht haben verkommen lassen.

Jetzt aber wir! Wir sind wieder wer. Wir können es. Wir mixen uns unser eigenes Macht- und Freiheitsportfolio zusammen.

Er ist so weit. Der Mensch steht an der Schwelle zu einer höheren Intelligenz – auf die sich sein ganzes, verdammtes, irdisches Leben immer weiter zubewegt. Er ist nun so frei, so klarsichtig und gebildet fortzuschreiten, dass er sich jetzt auch frei machen kann von jenen Einschränkungen gutmenscheninduzierten Kollektivismus, was wir nur als Fortschritt feiern können.

Nehmen wir zum Schluss noch diese fortschrittsfreundliche Wendung als Beispiel.

Welche Sorge trugen Männer der letzten 4000 Jahre nicht für ihre an ihre Seite geholten oder gegebenen Frauen! Sie ließen sie den Herd und die Kinder hüten, sie sprachen ihnen jegliche Möglichkeit ab, sich intelligent, klug und eigenständig in der Welt bewegen zu können. Noch 1900 durften sich deutsche Ärzte »Ueber den physiologischen Schwachsinn des Weibes« auslassen, und noch 1910 fragen: »Sind Weiber Menschen?« – Natürlich waren sie es nicht! »Mulieres homines non sunt!«, so der Darlegungsversuch »auf Grund wissenschaftlicher Quellen«.

Fragen Sie mal junge Frauen heute, ob sie den Furor ihrer Mütter und Großmütter nachvollziehen können, der jene zu feministischen Befreiungsschlägen unter Wachhaltung der latenten Kastrationsgelüste motivierte. Wie? Was sollte das denn? Wir sind eh auf der Gewinnerinnenstraße: Besser ausgebildet, bessere Noten, an den Unis in der Mehrzahl, wir sind kanzlerabel und sogar wirtschaftsweise geworden. Was soll das Gejammere?

Eben. Es gibt nichts mehr zu jammern – schon gar nicht mehr für die gleichberechtigungsseligen FemifreiheitistInnen. Freiheit kommt leise, schleichend, unbemerkt. Dann ist sie plötzlich da – zum Greifen nah. Nach nicht mal 100 Jahren von 250 000. Was gibt's da noch zu barmen? Ein Fortschritt sondergleichen ist zu besichtigen, vor dem schon Cato dem Älteren vor 2 200 Jahren graute: »Wenn uns die Frauen gleichgestellt würden, wären sie uns überlegen.«

Genau das ist der Fall, dessen Eintritt in die Realität sich bereits abzeichnet. Was Frauen nur recht sein kann, ist dem anderen Geschlecht billig. Frei ist der Mensch, wenn er sich von den Brettern vom Kopf befreit hat, die gezimmert sind aus Klischees, Trugbildern, Vorurteilen über sich selbst und vor allem die anderen Angehörigen seiner Gattung.

Frauen sind keine Menschen? Von wegen! Wie schnell die Befreiung voranschreitet, ist solche mentale Selbstblockade erst mal beseitigt! Der Mensch ist von Natur aus böse und schlecht und braucht strenge Regeln, um seinesgleichen nicht über den Tisch zu ziehen? Von wegen! Ohne staatlich verordnete ökonomische Daumenschrauben spielt er am liebsten Win-Win-Spiele.

Wir sind aufgewacht, wir sind so frei, alles, was wir brauchen, tragen wir längst in uns: Liebe, Vertrauen, Sicherheit, Vernunft, Kooperationswillen.

Tief im Inneren, und nirgendwo sonst liegt es – das Reich der Freiheit.

FÜHRUNG

VORHER

Die Herrschaft der Willkür. Die Anführer akzeptieren keine Regeln und führen sich als Tyrannen auf. Sie haben nur ein Gespür für sich selbst.

NACHHER

Führen ist eine Sache, die nur jeder selbst erledigen kann. Mit verbindlichen Regeln, die für alle gelten, und klarer Kurssetzung.

Führen heißt Verantwortung übernehmen. Das hören wir oft. Doch wie ist es wirklich? Ein Anführer ist jemand, der etwas besser kann als andere, und zwar auf Zeit. Denn niemand kann alles immer besser. Früher sicherten Autorität und Gewalt die Existenz von Führern, die nicht eingestehen wollten, dass sie irrten und ihre Zeit abgelaufen war. Heute führen Anführer so, dass sie so tun, als ob es gar keine Führung gäbe. Weil alle alles können sollen, kann auch jeder etwas sagen. Damit ist bereits der Grundstein für die neue Herrschaft der Willkür gelegt: Denn wo es keine verbindlichen Regeln für viele gibt, die in einem Unternehmen oder einer Gemeinschaft zusammenarbeiten, hat jeder Recht. Weil die Anführer im Grunde ein wenig mehr Möglichkeiten haben als andere, suchen sie sich im Bedarfsfall aus, was richtig und falsch ist.

Wer ohne Regeln führt, ist ein Tyrann. Davon haben wir heute viele. Je verbindlicher sie lächeln, desto schlimmer sind sie. Die Zeiten sind scheinbar freier geworden, die Spielräume in Arbeit und Gesellschaft großzügiger. Wir sehen das auch. Nur: Die Spielräume haben sich auf beiden Seiten gelockert, bei den Geführten wie auch den Anführern. Denn wenn eine Gesellschaft selbstständiger und freier wird, dann heißt das nicht, dass damit die Arbeit für die Führer einfacher wird. Doch die sind einfach mit der Mode mitgegangen. Das Resultat ist, dass sie die wesentlichsten Teile ihres Jobs nicht mehr machen. Ein Haufen verwöhnter Schönwetterkapitäne gibt den Kurs vor, und der ist dementsprechend. Sie zeigen, dass ihnen jedes Gespür für alles fehlt – mit Ausnahme einer Sache: sich. Die Regeln nehmen sie nicht an. Die aber lauten: Verpflichtung, Orientierung und Klarheit.

Stichwort Verpflichtung. Die meisten Führungskräfte wurden, was sie sind, durch geschicktes internes Manövrieren. Die Regel, dass sich diejenigen am ehesten an der Spitze einer Organisation durchsetzen, welche die Regeln der Organisation am stärksten verinnerlicht haben, greift überall. Die 68er meinten, dass das nichts weiter wäre als ein Generationenproblem. Doch das ist Unsinn. Es gibt jede Menge junger Führungskräfte, deren Opportunismus, würde sich jener in Jahren messen lassen, weit jenseits aller möglichen Lebenserwartungen zum Stillstand käme.

Wer im System groß geworden ist, trägt es weiter, denn das hat die Führungskraft gelernt. Nur: Wo sich alles ändert, ist der, der die Stabilität verinnerlicht hat, der schlechteste Anführer von allen. Es fehlt ihm nämlich an der Verpflichtung, das Wohl der Menschen, die mit ihm arbeiten, zu erfüllen. Er stellt es regelmäßig hinter das Wohl des Systems zurück. Falsch gelernt ist auch gelernt. Verpflichtung bedeutet, dass man eine Sache nicht nur in seinem Sinne, sondern im Sinne der meisten, die an einer Sache arbeiten, erledigt. In der Praxis führt das zum ersten und größten Missverständnis von Führung überhaupt: Anpassung. Das Harmonisieren, das Anschmiegen, das jedem Rechtgeben, das heute in Gesellschaft, Politik, in fast jedem Unternehmen gang und gäbe ist, erweist sich bei der ersten Kontaktaufnahme mit der Realität als üble Heuchelei. Denn Interessen bestimmen Verpflichtungen. Und nur dort, wo diese Interessen offen ausgesprochen werden, kracht die nette Führungskraft nicht mit seinen Mitarbeitern zusammen.

Überhaupt: die Mitarbeiter, das Team. Viele Führungskräfte meinen, sie wären Teil davon. Auch das ist Unsinn. Team ist ein neudeutsches Wort, das nicht im Geringsten das widerspiegelt, was Amerikaner, die das Wort seit vielen Jahrzehnten verwenden, darunter verstehen. In Amerika ist ein Mitglied eines Teams jemand, der sich – ganz transparent und nicht durch eine große Klappe – verbindlich auf eine Leistung verpflichtet hat. Freund A hat also versprochen, bis Weihnachten den Job in genau der Qualität vorzulegen, die mit ihm die übrigen Kollegen aus dem Team vereinbarten. So etwas verdient den Namen Teamarbeit.

In Deutschland ist ein Team hingegen eine gesellschaftlich legitimierte Fluchtburg für faule oder charakterschwache Säcke. Immer dort, wo das Wort Team (außerhalb des Sports, wo wenigstens noch Leistungsmaßstäbe gelten) auftaucht, ist Gefahr im Verzug. Bei uns heißt es dann: Wenn Freund A seinen Job nicht erledigt, wird ihn schon Freund B tun. Doch der denkt nicht daran. Wenn jemand seinen Verpflichtungen nicht nachkommt, gehen alle Übrigen davon aus, dies gehöre zu ihren eben neu erworbenen Rechten.

Doch niemand hat Rechte, der nicht für sie arbeitet, sie nicht verteidigt und sie nicht immer wieder klar definiert: durch Tätigkeit.

Die Führungskraft aber schätzt das Team, weil es Raum lässt für Ränkespiele. Denn wo nicht Leistung, sondern Leistungsverhinderung die wichtigste Grundlage der gemeinsamen Arbeit ist, lassen sich auf vielfältige Art und Weise Ausreden aufstellen, wo eigentlich Resultate hingehören. Die Führungskraft ist in den meisten Fällen ein leitender Angestellter. Er empfindet die Welt im Grunde genommen so wie seine Untertanen, Pardon seine Teamkollegen, nur mit etwas mehr Netto und einem in der Regel etwas großzügiger ausgestatteten Büro. Doch auch das ist nicht mehr so sicher. Die Art und Weise, wie Manager, also leitende Angestellte, mit ihrer sozialen Rolle umgehen, ist bemerkenswert: Sie ziehen sich mehr als einmal auf den Standpunkt zurück, klare Entscheidungen nicht treffen zu können, weil diesen gruppendynamische Spannungen folgen würden.

Gruppendynamik ist die gängigste Ausrede, einer Verpflichtung zu entgehen, denn das Ergebnis der Gruppe ist stets Jein. Doch wie heißt es in der *Bibel* so schön: Deine Rede sei ja, ja oder nein, nein. Was nicht in der *Bibel* steht, ergänzen wir sinngemäß: Deine Rede sei ja, ja, nein, nein. Ansonsten gilt: Abtreten, Klappe halten.

Das gilt übrigens für beide Seiten: für die Anführer wie die Angeführten. Konventionen, Regeln legitimieren das. Doch daran fehlt es. Wer mit anderen tätig ist, braucht diese Regeln. Wo sie fehlen, ist nichts weiter als Planlosigkeit und Willkür am Werk. Regeln in Arbeits- und Lebensverhältnissen sind wie die Gesetze, die sich eine Gemeinschaft gibt. Sie sorgen dafür, dass jeder seiner Verpflichtung nachkommen kann. Und sie sorgen dafür, dass diese Verpflichtungen mit Rechten versehen werden. Regeln sind gerecht. Ohne Regeln gibt es keine Gerechtigkeit. Dann herrscht Willkür.

Und wie sie herrscht. Denn in vagen Teams, in denen es scheinbar kein Oben und kein Unten gibt, regieren die, die sich am geschmeidigsten dem System anpassen. Das sind in der Regel also diejenigen, die sich mit den meisten gutstellen. Und die, die sich mit allen gutstellen oder wenigstens mit den meisten, sind naturgemäß auch die, die am regellosesten sind. Misstraut daher allen Darlings!

Da sind wir schon beim Killer für die Verpflichtung: fehlende Regeln. Denn wer seine Mitmenschen verpflichten will, für sich selbst zu sorgen – und damit immer auch für die anderen –, der muss klipp und klar sagen, wie das vor sich gehen soll: Name, Adresse, Zeitpunkt – alles andere hören wir uns gar nicht mehr an. Ganz wichtig: Es muss auch Sanktionen geben. Denn einfach ein bisschen böse mit jemandem sein, der andere im Stich lässt, um sich dann wieder ein bisschen versöhnen zu können. Dies ist grundfalsch.

Wer auf der Grundlage von Regeln gegen diese Regeln wissentlich verstößt, muss seine Strafe erhalten. Und die kann in nichts anderem bestehen, als jenen, die unter den Folgen der nicht eingehaltenen Regeln zu leiden haben, ihren Schaden wieder gutzumachen. Der Verstoß gegen Regeln ist keine Frage der Moral und darf es nicht sein. Der Verstoß gegen Regeln braucht Gegenregeln, die wieder gutmachen. Und das konsequent – durch Verpflichtung.

Dies ist die einzige akzeptable Form der Resozialisierung – in der Arbeitsgruppe und sonst wo.

Führung schafft Orientierung – wenn sie nicht zur Kategorie der Willkür gehört, denn die sucht sich immer einen Weg, keine Orientierung zu schaffen. Diese Art von Führung ist immer plappermäulig, wortverliebt und selbstlobend, denn die starken Worte sollen ablenken davon, dass Regeln und mit ihnen ein Plan fehlen, wohin es geht. Menschen machen nichts einfach so. Menschen haben Ziele. Menschen wollen einen Sinn erkennen. Das ist die

Beschreibung von Orientierung. Sie mag gelegentlich ihre Richtung ändern, dass sie aber dauernd Zickzack fährt, ist nicht wahr.

Wo sie es tut und die Anführer es mit den sich schnell ändernden Zeiten entschuldigen, sind willkürliche Anführer am Werk.

Ein guter Anführer lässt sich und seine Leute nicht zum Treibgut der Geschichte werden.

Stärke heißt: Gegen die Natur des Zufälligen Kultur stellen. Das ist der Unterschied zwischen Leuchtturm und Glühwürmchen.

Sehen wir auf unser Land, erkennen wir, dass wir – nicht nur in der Politik – von Glühwürmchen geführt werden, die sich gelegentlich ein Leben als Leuchtturm vorstellen können, aber dazu reicht es nie.

Weshalb sollte die Zukunft, für alle wie für einige, trostlos und verloren sein? Warum werden die Probleme stets größer? Es liegt einzig und allein an der Fähigkeit, sich richtig – also verpflichtend – zu orientieren. Mehr Freiheit für alle bedeutet mehr Pflichten für alle.

Navigation konkret bedeutet, dass wir zuerst an die scheinbaren und wirklichen Probleme herangeführt werden müssen, um zu erkennen, wie sie beschaffen sind. Orientierung bedeutet, die Dinge zu verstehen, zu kennen – und sie aus diesem Wissen heraus verändern zu können. Interpretation, das Hauptmerkmal des Willkürlichen, taugt zu gar nichts. Sie ist eine bloße Ausrede, um mögliche Untiefen erst gar nicht ansteuern zu müssen.

Freunde, so läuft das nicht. Denn Kapitäne, die im wirren Zickzackkurs und nach gelegentlicher Champagnerlaune wieder in leichte Depression verfallend nur älter werden, braucht kein Mensch. Wer Chef sein will, soll sich auch so benehmen.

Und das Wichtigste von allem: ein klarer Kurs. Solange einige wenige gegen die Interessen vieler handeln, wird dieser Kurs stets verwaschen sein. Es wäre allerdings ein Irrtum, zu glauben, dass alle den Kurs bestimmen sollen. Nicht jeder ist Kapitän. Nicht jeder taugt zum Navigator. Was ist die Bedingung: ja, ja – nein, nein. Klarheit.

Führen ist eine Sache, die nur jeder selbst erledigen kann. Sonst ist die Alternative klar: ein Führer, auch im Schafspelz des Gutmenschen, der uns erledigt und verscharrt.

GELD

VORHER

Geld regiert die Welt. Geld bedeutet Macht, Reichtum, Wohlstand, Erfolg, Unabhängigkeit, Freiheit und Glück. Man muss arbeiten und Geld verdienen, um tun zu können, was man will. Alles pure Illusion.

NACHHER

Tu, was du magst, dann bekommst du, was du brauchst. Die Quelle für Freiheit, Glück, Sicherheit oder Unabhängigkeit ist und bleiben wir selbst. Wir selbst sind das Tauschmittel. Wir bestimmen über unser Leben. Mit und ohne Geld, wie es uns beliebt.

Geld regiert die Welt. Und unser Leben. Was Folgen hat. Denn die folgenschwere Gleichung lautet: Zu wenig Geld ist gleich Unglück. Und Schulden treiben den individuellen Panikregler nach oben. Über die korrespondierenden Kontoauszüge werden dann Schuldgefühle und schlechtes Gewissen aufgewirbelt. Die Magensäure staut sich. Das Herz wird kalt. Leere Geldbeutel deuten wie Zeigefinger auf Verlierer und Erfolglose. Armut ist schließlich das schlimmste Stigma bürgerlicher Selbstvergewisserung. Wohlgemerkt: materielle Armut. Denn wer geistig hinten geblieben ist, kann es in diesem Land weit bringen. Wie zahlreiche Moderatoren, Sportler und TV-Stars aufs Vortrefflichste beweisen. Zu wenig Geist steht dem Geldglück nicht unbedingt im Wege.

Warum aber regiert Geld die Welt und unser Leben? Ganz einfach, weil uns zwei irrige Vorstellungen die Sinne vernebeln. Die erste: Geld bedeutet Macht. Was man getrost als Illusion bezeichnen kann. Wer sagt denn, dass sich das Leben mit Hilfe von Geld besser kontrollieren lässt? Tut es auch nicht, wie Lottogewinner auf Anfrage gerne bestätigen. Sie haben nämlich blöderweise das Ziel bereits erreicht. Und damit keine Hoffnung mehr. Der brave Lottospieler hingegen hat noch Anlass zur Hoffnung. Er streckt sich nach mehr, ist motiviert und träumt vom besseren Leben.

Die zweite Vorstellung beruht auf der irrigen Annahme, dass man sein Schicksal nicht steuern oder kontrollieren kann, wenn man kein Geld besitzt. Armut besteht nämlich nicht unbedingt in Geldknappheit, sondern im Mangel, das tun zu können, was man tun will. Und Geld verhindert als Illusionsmaschine den Blick auf diese Selbsterkenntnis.

Womit wir schon im Zentrum der Lügengebäude rund um das liebe Geld angelangt sind. Geld suggeriert Reichtum, Wohlstand, Erfolg, Unabhängigkeit, Freiheit und Glück. Auf den ersten Blick. Dahinter verbergen sich jedoch immense Widersprüche. Nehmen wir zur Erläuterung einen weit verbreiteten Lehrsatz: Zum Glücklichsein braucht man eine gewisse Menge Geld. Ebenfalls nichts als Illusion. Das Problem ist nämlich: Immer wenn man die Geldmenge zur Verfügung hat, um ein Glücksversprechen einzulösen, braucht man noch mehr Geld, um dem nächsten Glücksversprechen nahe zu kommen.

Die Psychologen nennen das Barrs Gesetz. »Ein bestimmter Geldbetrag, den man für die Verwirklichung eines Ziels wie Glück oder Sorgenfreiheit für nötig hält, verdoppelt sich in dem Moment, wo man diesen Betrag endlich besitzt!« Dafür gibt es Gründe. Ein internationaler Banker hat das vortrefflich beschrieben: »Der Mindestbetrag leitet sich ab aus der Furcht vor künftigem Mangel. Diese Furcht wird durch Erreichen des Ziels (also des entsprechenden Geldbetrags) jedoch nicht gelindert, so dass man das Ziel heraufsetzt, in der Hoffnung, irgendwann schließlich frei zu sein von dieser Furcht.«

Das Paradoxon im Umgang mit Geld liegt folglich darin, dass man vordergründig immer mehr davon benötigt, aber sich gleichzeitig immer mehr von seiner persönlichen Menschwerdung entfernt. Ein Blick in deutsche Lande zeigt, was gemeint ist. Der Normaldeutsche schuftet von frühen Jahren bis ins hohe Alter, scheffelt Geld, erwirbt Immobilien und Autos – und am Ende hat er dann vergessen, was er eigentlich wollte. Die Verbindungsstücke zum Selbst sind gekappt. Die Folge: Er beginnt, sich im Alter erneut um den eigenen Lebensunterhalt zu sorgen. Und begibt sich dafür wieder ins Hamsterrad. Am Ende stirbt er, ohne je das helle Licht der Freiheit erblickt zu haben. Freiheit hat aber überhaupt nichts mit dem Umstand zu tun, ob Geld vorhanden ist oder nicht. »Freiheit ist ein Zustand der gegenwärtigen, nicht der zukünftigen Existenz.« Sagt einer, der es wissen muss. Die Konsequenz: Lebe jetzt, Vorsorge ist Illusion – womit der neue Werbeslogan zur Abschaffung von Lebensversicherungen feststeht.

Ähnlich verhält es sich mit der wunderbaren Kollektivlüge: Man muss arbeiten und Geld verdienen, um tun zu können, was man will. Dabei weiß jeder Hobbypsychologe, dass Geld besonders gerne dort hinwandert, wo radikale Selbstbestimmer am Werk sind. Die, die wirklich tun, was sie wollen, ziehen das Geld irgendwie magisch an. Oder andersherum: Wer nur malocht, seine Arbeitskraft verkauft und sich dafür entschädigen lässt, wer Arbeit nur als Entfremdung und Plackerei betrachtet, der wird beim großen Geldverteilen nie in der ersten Reihe sitzen. Die Devise lautet daher: Tu, was du magst, dann bekommst du, was du brauchst.

Was aber in diesem Land systematisch verhindert wird. Unter anderem mit den Illusionen und Projektionsflächen rund um das liebe Geld. Doch merke: Geld ist nur ein Spiel mit Illusionen, die Realität werden sollen. Ein Tauschmittel, das Wünsche erfüllen soll. Das Problem dabei ist die Unerfüllbarkeit. Jeder erfüllte Wunsch zieht tausend neue Wünsche nach sich. Jede Realität gewordene Illusion zieht tausend neue Illusionen nach sich. Die damit einhergehende Jagd nach Geld versperrt den Blick auf die eigenen Wünsche und Bedürfnisse. Vielfach kommt es zu einer Bewusstseinstrübung. Der Mensch jammert über seine aktive Teilnahme am Rattenrennen, will aber gleichzeitig als Erster durchs Ziel gehen. Hat er es geschafft, stellt er sich zum nächsten Rattenrennen auf. Am Ende verliert er sich, verliert den Kontakt zur eigenen Selbstverwirklichungslinie. Ist saft- und kraftlos. Ausgepowert.

Geld ist nur eine Projektionsfläche für die eigenen Gedanken. Es lenkt ab von der eigenen Persönlichkeit, vom eigenen Wesenskern. Die Jagd nach dem

Geld ist Ausdruck dieser persönlichen Beziehungsstörung. Der Ausweg: Es geht um die Wiederaneignung des individuellen Wesenskerns, um die Möglichkeit der Selbsterkundung als Sprungbrett zur Selbstverwirklichung. Denn die Quelle für Freiheit, Glück, Sicherheit oder Unabhängigkeit ist und bleibt man selbst. Wir selbst sind das Tauschmittel. Deshalb keine Sorge: Wer kein Geld hat, braucht sich nicht zu grämen. Oder anders ausgedrückt: Erst mit dieser Einstellung werden Sie Geld scheffeln, dass es Ihnen zu den Ohren herauskommt.

Und nicht vergessen: Wir regieren die Welt. Und bestimmen über unser Leben. Mit und ohne Geld, wie es uns beliebt.

GESUNDHEIT

VORHER

Gesundheit ist die Abwesenheit von Krankheit. Teuere Schulmedizin eliminiert Krankheitssymptome. Zu diesem Zweck wurde ein Selbstbedienungsladen etabliert, in dem ein Kartell von Symptomkurierern ständig neue Krankheiten erfindet, so dass lukrative Folgeaufträge garantiert sind.

NACHHER

Gesundheit ist die weitgehende Abwesenheit eines schmarotzerhaften Krankheitssystems, das auf Fehlfunktionen von Körpermaschinen fixiert ist. Im Mittelpunkt des Gesundheitswesens steht, was gesund erhält. Die Menschen haben sich die Oberhoheit über ihr Leben und ihren Körper zurückerobert. Der Arzt als Gesundheitsberater wird nur noch bezahlt, wenn man gesund bleibt. An einer Krankheit verdient er nichts mehr.

Na, wie geht's uns denn heute? Danke, es könnte schlechter gehen, man frettet sich halt so durch.

Schön, dass sich der Internist unseres Vertrauens noch einigermaßen über Wasser hält nach dem Kostendämpfungsmassaker der jüngsten Gesundheitsreform. Der wievielten eigentlich in den letzten 30 Jahren? Kann man eigentlich Gesundheit reformieren? Ist auch egal, aber da wir seit ebenso lang vergangenen Studienzeiten miteinander befreundet sind, wünschen wir nicht ihm konkret, sondern nur dem überflüssigen Teil der damaligen Ärzteschwemme ganz abstrakt den ökonomischen Exitus. Zu dieser Schwemme hat unser Freund bei Lichte betrachtet auch gehört. Und den ihn korrumpierenden Pharmazeuten möchten wir eigentlich gleich die Pest an den Hals hexen. Denen, die ihre Medikamente im deutschen Selbstbedienungssystem zum Siebenfachen des Preises losschlagen, den sie zum Beispiel in England dafür bekommen. Wie lange haben sich die Teilnehmer am so genannten, aber alles andere als marktwirtschaftlichen Gesetzen unterworfenen »Gesundheitsmarkt« an der Angst und Unwissenheit der Menschen gesund gestoßen nach dem Motto: Gelobt sei, was krank macht!

Das ist die sozialstaatlich organisierte Perversion eines urmenschlichen, über alle Zeiten fortlebenden Wunsches: Bleib gesund!

Pervertiert durch das gesellschaftliche Paradigma der bundesdeutschen Nachkriegsgesellschaft, das maximale Gleichheit bei minimalem Risiko zur kultischen Staatshandlung erhob. Geld spielte keine Rolle. Eine Zeit lang zumindest. Herrlich gedeihen und in strotzender Gesundheit heranwachsen konnte auf diesem paradigmatischen Boden ein System kollektiver Verantwortungslosigkeit, in dem jedes Problem und jedes Zipperlein sofort fürsorglicher Expertenhand überantwortet wurde. Es gab Zeiten, da wurden die Menschen mit Broschüren der zuständigen Sozial- und Gesundheitsministerien geradezu beworfen, in denen sie nachlesen konnten, dass sie um Himmels willen nur nicht versäumen dürften, ihre »berechtigten Ansprüche« anzumelden und in barer Münze oder generöser Zahnersatzleistung einzufordern. Vorbei, vorbei! Wie kränkelnd stehen sie alle heute da, die zum inzwischen allseits beklagten Missbrauch der Systeme schamlos aufriefen.

Es war alles andere als gesund, in Zeiten des überbordenden Wohllebens nicht wenigstens von zwölf Uhr bis Mittag ein wenig der Vorausschau gewidmet zu haben. Wir wundern uns also überhaupt nicht, dass alles so kam, wie es kommen musste. Aber dafür beschauen wir jetzt als mündige Nichtmediziner die Systemzusammenhänge in diesem Teil der deformierten Risikolosgesellschaft.

Beginnen wir bei Hippokrates. Vor rund 2 300 Jahren schon konnte er, frei von jeglicher wohlfahrtsstaatlichen Anspruchswolkenschieberei, eine sehr nahe liegende und zwischenzeitlich aus dem Auge geratene Frage formulieren: »Wir verstehen es wohl, einen gebrochenen Arm zu heilen. Aber könnten es nicht die schlechten Augen des Patienten sein, die ihn zum Stolpern und dann zum Stürzen brachten?«

So neu ist der wiederentdeckte Begriff des ganzheitlichen, systemischen Denkens also auch nicht, und der von der ganzheitlichen Gesundheit erst recht nicht. Halten wir zunächst fest: Hinter jedem manifest gewordenen Krankheitssymptom könnte mehr stecken als nur diese spezielle körperliche Beeinträchtigung.

Zur Ehrenrettung der traditionellen, wissenschaftlichen Medizin dürfen wir anführen, dass es seit Hippokrates und entgegen den Predigten des biblischen Salomon durchaus viel Neues unter der Sonne gegeben hat. Seit wir von der agrarischen in die Industriegesellschaft umgestiegen sind, seit wir mit Beginn der Aufklärung die letzten Primzahlen und die kleinsten Bausteinchen der irdischen Materie aufstöbern (was nur mit Infinitesimalrechnung, Chaosforschung, Spieltheorie und Computern zu bewerkstelligen ist), haben wir unendlich viele neue Erkenntnisse darüber gewonnen, dass tatsächlich auch der menschliche Körper bestimmte »Mechanismen« aufweist. Er braucht Nährstoffe und Mineralien, um »funktionieren« zu können. Er braucht – Herr Semmelweis lässt grüßen – bestimmte hygienische Voraussetzungen, um dem Angriff von Viren nicht schutzlos ausgeliefert zu sein, damit etwa Mutter und Baby nicht gleich im Kindbett sterben.

Der medizinisch-technische Fortschritt hat inzwischen Abermillionen Menschen länger leben lassen und das bei höherer Lebensqualität, er hat sie überleben lassen nach schweren, lebensbedrohlichen Unfällen, er hat ihnen bei chronischen Krankheiten Linderung verschaffen können durch entweder neuartige Medikamente, Organtransplantationen oder Dialyse. Das alles ist unbestritten, nützlich, human, und nicht zufällig auch Ursache der demografischen Alterung, der unsere frühindustrialisierten Gesellschaften unterliegen: Immer mehr Menschen werden immer gesünder immer älter. Alt = mangelhaft = pflegebedürftig = krank: Vergiss es! Wie werden wir einst mit der Wirklichkeit dieser Voraussage leben, dass 50 Prozent der heute geborenen Mädchen die besten Chancen haben, 100 Jahre alt zu werden? Das Programm läuft unter dem Titel: Später und gesünder sterben!

Wir werden es erproben und erfahren.

Wie aber leben wir fürs Erste mit der Wiederkehr der uralten Erkenntnis, dass wir auch eine Seele besitzen? (Wie unser Freund, der Internist, mit dieser

Erkenntnis weiterleben muss, das ist sein Problem – leider. Begleitet er doch seit rund 30 Jahren diesen besonderen »Fall« durchs späte Leben, der Kette raucht, jeden Tag seine mindestens vier »Viertele« trinkt, sich an Churchills Devise hält: Sport ist Mord und seinem Arzt seit Jahrzehnten stolz einen Blutdruck von durchschnittlich 210 zu 120 entgegenhält. Was der beim Arzt überhaupt sucht? Nichts. Der Arzt ist halt sein Sohn. Internists Vater ist jetzt 87 und sagt: Bub, was brauch ich einen Arzt, ich hab' meinen Gott. Der entscheidet, ob ich krank oder g'sund oder tot bin. Du nicht!)

Selbstredend können wir den Vater des Internisten nicht zur Benchmark der kränkelnden oder nur vermeintlich kränkelnden Massen erheben. Aber was lernen wir eigentlich aus solchen »Fällen«, die uns als irgendwie absonderlich bekannt werden? Vielleicht so viel, dass dieses vermeintlich Absonderliche am Ende doch eher der Normalfall ist?

Medicus curat, natura sanat – der Arzt kuriert, die Natur heilt. Auch eine jahrtausendealte Erkenntnis aus der Zeit, da man im Grunde nur wusste, dass man nichts wusste über die Zusammenhänge des Körpers, den man im Übrigen mehr als fleischgewordenen Anhang der Seele betrachtete. Aber auch damals haben Spontanheilungen oder für sicher gehaltene, dennoch ausgebliebene Krankheitssymptome die bereitstehenden Sanierer überrascht.

Gar nicht zu reden vom Placeboeffekt. Da werden Leidenden nach herkömmlichem Medizinerverständnis vollkommen unwirksame Kapseln mit – sagen wir: Backpulver darin – verabreicht. Oder, auch das ist verbürgt, untaugliche Kniegelenke – nein, nicht operiert, sondern nur die Haut darum herum aufgeschnitten und wieder zugenäht. Und was passiert? Die vorher Leidenden fühlen sich signifikant viel besser. Geheilt. Operiert. Repariert. Können wieder auf Berge klettern. Obwohl nichts passiert ist mit dem Knie – aber mit der Seele, der Überzeugung, dem Glauben, der immer auf vermeintlichem Wissen gründet. Ich weiß, dass mir geholfen wurde. Jetzt kann ich's.

Wer war das, der da geholfen hat?

Natura vielleicht? Das, was wir Selbstheilungskraft nennen? Aber wer hat uns unserer Selbstheilungskräfte beraubt?

In erster Linie der medizinisch-industrielle Komplex, in den wir inzwischen bis zu 20 Prozent des Bruttosozialprodukts pumpen, ohne dass die

Volksgesundheit im Übrigen entsprechend mitgewachsen wäre. Wer aber aus lauter Erleichterung über die abgenommene Verantwortung für den eigenen Körper ganz normale Akademiker in den Stand der Halbgötter zu erheben bereit ist, um dessen Gesundheitszustand muss man sich wirklich Sorgen machen.

Die Halbgötterdämmerung hat aber längst eingesetzt und einer neuen Eigenmächtigkeit Platz gemacht. Das Unbehagen an der »Schulmedizin« ist ein weiteres Symptom für die Erkenntnis der eigenen Individualität und des besseren Wissens um das, was gesund erhält oder krank macht. Rentnerinnen pfeifen ihrem Medikus heute was und fragen in der Apotheke nach homöopathischen Mitteln; die Herzinfarktrate notorisch gestresster Manager ist signifikant gesunken, seit die wissen, was sie ihrem Körper und ihrer Firma schuldig sind – mehr Bewegung und aufmerksamere Ernährung auf jeden Fall. Nicht immer sind Eigentherapien Ausfluss schierer Vernunft, aber immerhin Symptome gewachsenen Selbstbewusstseins. Und was letztlich seine segensreiche Wirkung aufs Immunsystem des Kranken entfaltet – der weiße Kittel des westlichen Arztes, der Schurz aus getrockneten Hühnerbeinen des Wunderheilers oder die verabreichte Pille – ganz genau wissen wir das bis heute nicht.

Was wir indessen langsam begreifen, ist der Umstand, dass unsere Leiblichkeit mehr umfasst als einen klaglos funktionierenden Körper. Die Dreieinigkeit von Körper, Seele und Geist, auf die modische Wohlfühlvokabel »Wellness« gebracht, bedeutet nicht weniger als die Wiederentdeckung der Macht über die eigene Gesundheit. Es geht mir gut, wenn ich weiß, was mir gut tut, aber dieses Guttun geht weit über morgendliches Ausdauertraining und großes Bogenschlagen um die Fast-Food-Braterei hinaus. Wellness ist zugleich der Wegweiser, der den alten Gesundheitsbegriff auf neues, gestaltbares Terrain führt. Nicht mehr Anweisungen und Verhaltensmaßregeln der Experten an den unmündigen Patienten stehen hier im Vordergrund, sondern das Wissen um ein ganzes Ensemble von Wohlfühlfaktoren, die für ein gutes, gesundes Leben wichtig sind: stabiles Selbstwertgefühl und eine intakte Umwelt, freundschaftliche Beziehungen zu anderen Menschen und eine befriedigende Arbeit, ein gutes Verhältnis zum eigenen Körper.

Auf solchem Nährboden wächst die bis vor kurzem an Ketzerei gemahnende Frage, wie viel Verantwortung jeder für seine Gesundheit selbst trägt. Krankheit verliert mehr und mehr ihren Charakter als unverschuldeter Schicksalsschlag, die Medizin bewegt sich hin zur Salutogenese, die fragt, was gesund erhält. So wird dereinst vom Arzt mehr erwartet werden dürfen als der erhobene Zeigefinger mit der Mahnung, abzunehmen und mit dem Rauchen aufzuhören. Er wird sich dann auch sehr schnell ins Zeug legen, sein Reparaturwerkzeug aus der Hand legen und nachschauen, was seinen Klienten jeweils an Wohlfühlprophylaxe frommt. Dann nämlich, wenn er wie einst im alten China als Leibmedikus nur noch dann Geld sieht, wenn seine Klienten gesund bleiben.

Bei aller Budgetdeckelungs- und Fallpauschalenpolitik heute ist dieser Gedanke weniger abwegig, als er scheint. Er ist in etwa so abwegig wie die Tatsache, dass eine Reihe niedergelassener Schulmediziner inzwischen mit so genannten Geist- oder Wunderheilern paktieren. Nicht zuletzt deswegen, weil sie mit ihrem in Multiple-Choice-Klausuren abgefragten Uni-Latein nun auch in vielen Fällen am Ende sind. Aber die Vernetzung der Gesundheitsanbieter hat gerade erst begonnen, und an deren Ende wird ein Bollwerk flächendeckender Krankheitsverhinderungsdienstleister stehen.

Vieles spricht dafür, dass wachsendes Gesundheitsbewusstsein den medizinischen Sektor transzendiert, und in vielen anderen Bereichen der Gesellschaft gesundheitsabträgliche Gewohnheiten aufstöbert. Wie heute kein Mensch mehr auf die Idee käme, sein Altöl einfach auf die nächste Wiese zu kippen, werden Mobbing am Arbeitsplatz oder autistische Unternehmensvorstände immer deutlicher als Ressourcenverschwender gebrandmarkt.

In einer Wissenswirtschaft machen nicht mehr Maschinen oder Computer, sondern die Kooperations- und Innovationsfähigkeit der Menschen den wettbewerbsentscheidenden Unterschied. Nicht von ungefähr hören wir seit Jahren dieses Raunen vom »Unternehmen als lebendigen Organismus«. So, wie auch wir uns weigern, unseren Körper als defektanfällige Maschine zu betrachten.Schon eine solche Vorstellung erscheint vielen ziemlich krank. Aber zu-mindest von den Vorstellungen unserer Krankheitsgeneratoren sind wir jetzt geheilt.

GLEICHHEIT

VORHER

Einfalt. Eine populistische Finte, mit der wir viele Jahre lang genarrt wurden. Unter dem Tarnmantel der Gleichheit geht es immer nur um die Rechthaberei des Einen.

NACHHER

Vielfalt. Alle Menschen haben unterschiedliche Talente und Fähigkeiten. Die Entscheidung über seine Selbstentfaltungslinie liegt bei jedem selbst. Gleichheit bedeutet nicht nur, auf ein überschaubares, verständliches Feld von Möglichkeiten zu stoßen. Sondern tritt erst ein, wenn wir sie auch wahrnehmen können.

Wenn irgendein Idiot auf seinem Fahrrad über eine dreispurige Stadtautobahn fährt, dann fragen wir uns: Warum macht er so etwas? Wahrscheinlich: Weil ihm irgendjemand eingeredet hat, dass er die gleichen Rechte hat wie all die Lastwagen und Autos, die da mit hundert Sachen fahren. Gleiche Rechte, das heißt in diesem Fall: Ich lasse mich platt fahren, denn ich habe Recht.

Physik spielt keine Rolle. Welche Rolle aber spielt die Realität? »Ich darf auch« – das bedeutet in unserem Beispiel: Ich darf auch, ohne es zu können. Und so wird Gerechtigkeit mit Anspruch verwechselt, einem Angehörigen der Familie der tumben Rechthaberei.

Sie gilt fast überall. Frauen, die Kinder kriegen, sind bereit, für eine Kinderbetreuung auch auf die Straße zu gehen. Kaum eine überlegt, ob sie vielleicht mit anderen Frauen gemeinsam eine Betreuung selbst organisieren kann.

Nicht die eigenen Bedingungen, sondern die vermeintlichen Gleichheitsrechte bestimmen, was Sache ist. Eine Einstellung, die sich etwa beim Versuch des Fahrradfahrers, sich mit dem Lastwagen zu emanzipieren, schnell als fataler Irrtum herausstellt.

Wenn Gleichheit in allen Lebenslagen gerecht wäre, das Buch der Dummheit wäre das Grundgesetz. So weit ist es aber noch nicht gekommen. Diese Gleichheit ist eine billige populistische Finte, mit der wir viele Jahre lang genarrt wurden. Durch die Geschichte der Parteien der Industriegesellschaft zieht sich eine lange Tradition der Gleichmacherei, also der Rechthaberei unter dem Tarnmantel der Gleichheit.

Der Ausgangspunkt des Missverständnisses ist eine gute Sache: Vor dem Recht, also den Gesetzen und Regeln einer Gemeinschaft, sollten alle Bürger gleich sein, ganz egal, was sie sonst noch waren – Fürsten, Bürger, Bauern oder Tagelöhner. Das ist recht und richtig. Aber gleich anschließend beginnt das Missverständnis. Wenn vor dem Recht, also dem, was der allmächtige Staat verkündet und auf dessen Einhaltung er pocht, alle gleich sind, dann müssen ja wohl auch die Bedingungen im wirklichen Leben gleich sein?

Nicht zufällig wird gleichzeitig intensiv über ein ganz wichtiges bürgerliches Grundrecht nachgedacht, das auf Eigentum und dessen Schutz. Warum gehört beides zusammen? Wie wäre es denn um die Gleichheit bestellt, fragen viele, wenn ein Millionär und ein Bettler, die sich beide eines Vergehens schuldig gemacht haben, vor Gericht mit derselben Strafe belegt werden würden: Der Millionär könnte die Strafe leicht bezahlen, der Sozialhilfeempfänger aber würde die geforderte Summe niemals aufbringen können. Der Millionär würde sich freikaufen, der arme Teufel untergehen. Gerecht wäre das nicht, und deshalb setzen Gerichte fast überall auf der Welt Geldstrafen nach den Einkommen und Vermögen der Verurteilten fest.

Gleichheit lässt sich allerdings nicht immer so schlicht und gerecht generieren. Denn es gibt bekanntlich unterschiedliche Talente und Fähigkeiten. Welche, die aus fast jeder Situation einen Schuh machen, und welche, die fast immer auf der Leitung stehen. Der potenzielle Ungleichheitskandidat, dem Unrecht widerfährt, ist also eher der, der sich nicht helfen kann. Erzieht eine Gesellschaft Menschen dazu, sich nicht selbst helfen, ihre Talente erfahren und anwenden zu können, nimmt sie ihren Bürgern die Möglichkeit auf Gerechtigkeit. Gegner der Chancen-Gerechtigkeit verweisen darauf, dass nie alle selbstständig im eigentlichen Sinne werden können, also in der Lage sind, sich selbst zu helfen, was nichts anderes heißt als: Chancen zu ergreifen und ihr Leben in den Griff zu kriegen. Sie haben mit dieser Einwendung sogar Recht – ihre Schlussfolgerungen aber, dass ohne materielle Gleichheit durch Umverteilung auch keine Gerechtigkeit entstehen kann, führt zur Katastrophe.

Die große Mehrheit kann sich helfen, selbst helfen. Die anderen bedürfen unserer Solidarität und uneingeschränkten Fürsorge. Dreht man aber, wie die Umverteilungsextremisten, den Spieß einfach um, werden die potenziellen Opfer von Ungerechtigkeit – vielleicht fünf, zehn Prozent einer Gesellschaft – zu ihrem Standard. Und niemand kann ohne den Staat leben. Auf der Grundlage dieser Idee begann sich einiges zu entwickeln – der moderne Staat, das Umverteilungssystem, aber zuvor und als dessen Grundlage die Doktrin der allumfassenden Gleichheit. Der Staat ist dazu da, diese Gleichheit zu schaffen: Den Reichen wird genommen, den Armen wird gegeben. Zuerst war der Adel dran – der sich jahrhundertelang an den Armen bereichert hatte. Dessen Boden und Grund wurde zusehends unter den Armen verteilt. Sicher blieben denen gelegentlich noch einige Pfründe. Im Großen und Ganzen aber war das Vermögen des Adels in den ersten Jahrzehnten des 20. Jahrhunderts umverteilt.

Die neuen Reichen waren interessanter: Unternehmer waren die Kinder der Revolution des Gleichheitsgedankens. Denn sie erkämpften in den Jahrzehnten zuvor die Freiheit des Eigentums, des Rechts, es vor willkürlichen Zugriffen des Adels und der Kirche, des alten Unrechtskumpans aller Fürsten, zu sichern. Deshalb waren die Unternehmer des 19. Jahrhunderts Revolutionäre, teils auf Barrikaden, aber noch mehr Erneuerer durch die Art und Weise, wie sie lebten. Sie bewiesen, dass die aufklärerischen Gedanken, die den Menschen vor der Natur und dem Recht als gleich sahen, aufgingen, wenn man sie nur ließe.

Jeder konnte eine Chance ergreifen. Wir behaupten nicht, von gleichen Bedingungen aus: Jahrzehnte kämpften Gewerkschaften um Mindestrechte für Arbeiter. Das war mal gerecht. Ein Jahrhundert später kämpfen sie für eine immer kleinere Gruppe von Besitzenden gegen die, die vom System ausgesperrt wurden. Das ist schlicht ungerecht. Wer innerhalb des Systems nach Gleichheit ruft, ist nicht besser als einst die Fürsten, die sich solidarisch aneinander banden, weil das Bürgertum an ihren Privilegien rüttelte.

Gleichheit, Freiheit und Brüderlichkeit sind voneinander nicht zu trennen, denn wer Gleichheit ohne Freiheit denkt, der vergisst die Solidarität. Nur wo jeder seine Chancen nutzen darf, ohne dass ein Staat oder Fürst ihm vorschreibt, was er zu tun oder zu lassen hat, kann auch Brüderlichkeit entstehen, die Einsicht darin, dass es sich unter Menschen, denen es nicht gut geht, schlechter lebt als unter seinesgleichen.

Für einen Staat ist das nicht genug. Denn seine Aufgabe ist es, Gleichheit formal und gegen Freiheit und Brüderlichkeit durchzusetzen – durch das Verteilen von materiellen Gütern. Der Schutz des Eigentums in der ersten Phase der Aufklärung war eine Revolution, bei der Zäune errichtet werden konnten, die das Eigentum schützten. In der staatlich verordneten Folgephase hingegen wurden die Ideale der persönlichen Freiheit, denn keine andere kann es geben, zum Abbruch freigegeben. Um die Kontinuität der Umverteilung aufrechtzuerhalten, war es nötig, den Leuten einen gewaltigen Bären aufzubinden: Ihr seid alle gleich, und zwar nicht nur vor dem Recht und der Natur, sondern auch materiell gesehen.

Dazu brauchte der Gleichmacherstaat eine Ideologie, die sich von dem abwandte, was ursprünglich gedacht war: Chancen und Möglichkeiten für die, die sie zu ergreifen vermögen. Der Mensch war nun nicht mehr eine Person, sondern Atom einer Gesellschaft. Diese Gesellschaft konnte naturgemäß nur gleich sein, gleichförmig. Extreme, nach unten wie nach oben, Millionäre wie Bettler, waren unerwünscht, wenngleich manchmal unvermeidlich. Im Großen und Ganzen entwickelte der Gleichmacherstaat ein Sammelsurium an Tricks und Lügen, die zur Schaffung der so genannten breiten Masse dienen sollten. Das gelang vorzüglich.

Das Mittelmaß war als wichtigster Baustein der Gesellschaft etabliert. Man war mit einem Mal außergewöhnlich, weil man Teil der breiten Masse war. Gleicher konnte man nicht werden. Sowjetbürger, Deutscher, Arier. Und still schwingt dann ein Echo nach, nach Jahrzehnten: neue Mitte. Doch die Mitte ist nichts weiter als ein fernes Ideal. Blaise Pascal, der französische Mathematiker und Philosoph, beklagte diesen Umstand bereits vor fast 400 Jahren: Was immer man in der Mitte auch aufrichten würde, es würde nichts helfen – das Leben spielt an den Rändern. Wie soll es dann Gleichheit geben? Und bedeutet der Verzicht auf die ideologische Rechthaberei, die bei den meisten Bürgern zur Norm erhoben wurde, nicht auch einen Verzicht auf soziale Gerechtigkeit?

Zurück zur Aufklärung, an den Ursprung: Gleichheit ist eine Ausgangssituation, also eine Möglichkeit. Es ist keine gerechte Gesellschaft vorstellbar, in der die Kinder unterschiedlicher Eltern nicht auch das gleiche Angebot durch ihre Gesellschaft erhalten. Dafür zu sorgen, dass alle es auch nutzen, ist allerdings nicht mehr ihre Sache. Es ist die Sache des Einzelnen, von der Grundschule bis zum Tod. Nicht ein Staat kann dafür sorgen, dass Chancengleichheit zu individuellem Glück führt, sondern nur der, der glücklich werden will – oder auch nicht. Wer sich nicht entscheidet, über den wird entschieden. So gesehen, ist dem Staat nicht der größte Vorwurf zu machen, sondern jenen, die Rechthaberei mit Gleichheit verwechseln.

Chancengleichheit kann nicht verordnet werden. Fünf Frauen in den Vorstand, wenn fünf Männer drinsitzen, das ist eher ein Beweis für die Rückschrittlichkeit der Quotisten. Klientenpolitik – das beliebte Spiel der Volksparteien, bei dem zugeneigte Wählergruppen durch scheinbar die Gleichheit fördernde Gesetze Privilegien erlangen? Auch das führt nur zum Unrecht. Es führt kein Weg dran vorbei: Kein Gott, kein Guru, kein Gesetz kann uns gleicher machen als wir selbst. Chancen sind keine Verordnung.

Was ist jetzt aber mit der Gleichmacherei? Ein historisches Auslaufmodell haben wir da – gut gemeint, schlecht gemacht, und nicht mehr lange auf der Welt. Allerdings serviert nicht die Vernunft die Rechthaberei ab? Einzig deshalb geschieht es, weil sich die alte Rechthaberei nicht mehr finanzieren lässt. Und weil zutage tritt, dass sie ungerecht ist, weil sie das Mittelmaß, das Monotone, das Einfältige zur Religion erhoben hat.

Die Welt ist komplizierter, und das mag abschrecken, aber gegen den Wahnsinn der Gleichheit ist eine vielschichtige, unterschiedliche Welt die beste mögliche Wahl. Wir wollen es uns nicht so einfach machen: Die Gesellschaft bricht in viele Lager und Interessen auf, ihre Atome, die Menschen, die sie tragen, werden sichtbar. Die Mitte, die alte wie die neue, ist längst für viele als Illusion enttarnt. So lässt sich kein verlässlicher Mainstream der sozialen Sicherheit ausmachen. Wer das Pech hat, als Monteur bei einem kleinen Unternehmen arbeitslos zu werden, erkennt das schneller als einer im gewerkschaftlich und staatlich verhätschelten Konzern. All diesen Menschen wird klar, dass ihr politisch ideologischer Standort, den sie ganz unbewusst wählten, für ihr vergangenes Glück zuständig ist. Ihnen selbst traut man gar nichts zu. Sind sie aus dem System draußen, vergisst man sie, denn sie haben den Platz der Mitte verlassen – nicht freiwillig, aber doch. Sie werden erkennen, dass sie selbst für sich verantwortlich sind und dass die ständige Beschwörung des »Normalen«, der »Mitte«, des »Großen und Ganzen« nur einem dient: dem Machterhalt des alten Regimes.

Es geht um Chancen und Möglichkeiten, und das waren immer schon sehr persönliche Angelegenheiten. Egal, ob in der Bildung oder in der Tätigkeit, im Leben irgendwo: Wer sich nicht entscheiden kann, über den wird entschieden werden. Gleichheit und Gerechtigkeit haben ein Ziel: Würde, Stolz, die wichtigsten Menschenrechte, auf denen Glück bauen kann. Davon kann gegenwärtig keine Rede sein. Gleichheit ist, auf ein überschaubares, verständliches Feld von Möglichkeiten zu stoßen. Sie tritt ein, wenn wir sie wahrnehmen. Wir erhalten sie nicht einfach so. Wir entscheiden.

GLÜCK

VORHER

Wir wissen, was Unglück ist, und sind nicht mal dann glücklich, wenn es ausbleibt. Man könnte auch sagen: Dumm sein und Arbeit haben, das ist Glück.

NACHHER

Wir wissen, was Glück sein kann, und sind nicht unglücklich, wenn es sich nicht immer gleich auf Zuruf einstellt. Man könnte auch sagen: Schlau sein und eine Arbeit daraus machen, das ist Glück.

Was für ein Glück! Schon 60 Jahre kriegsfreier Frieden in Westeuropa und also auch Deutschland. Im 44. Jahr dieses Kalte-Krieg-Friedens fiel die trennende Mauer zwischen den beiden deutschen Staaten, nicht zuletzt der sprengenden Kraft des Freiheitswillens geschuldet, den noch kein System auf Dauer ungestraft in diktatorischem Schach halten konnte. Himmelschreiendes Elend in Großstadtslums mitsamt kriminalitätsdurchseuchter No-Go-Areas haben wir trotz allem Innere-Sicherheit-Alarmismus auch nicht zu beklagen. Schlimme Naturkatastrophen kennen wir im Wesentlichen nur aus dem Fernsehen.

Welches die Auswirkungen zerstörerischer Taifune, Heuschreckenplagen oder Dürreheimsuchungen mit anschließenden Hungersnöten ganzer Dritte-Welt-Landstriche knapp und mundgerecht als Amuse-Gueule vor unseren reichlich gedeckten Abendbrottisch serviert. Wenn sich aber Rhein oder Oder hier und dort über ihre wohlabgemessenen Uferbetten hinaufwagen, oder Stürme namens Lothar hektarweise Schwarzwaldtannen umknicken, dann wähnen wir uns schon im Gruselkabinett der unverdienten Grausamkeiten, wie sie nur aus dem Füllhorn einer Unglücksgöttin herausströmen können. Hilf, Kanzler, hilf! Und er tut es.

Was für ein Glück! So wenig(e) Unglück(e) war(en) schon lange nicht mehr. Wer es wissen will, was Unglück ist, kann es wissen. Und wenn es nicht eintrifft, dieses Unglück, ist das schon mal Grund genug, sich zu freuen. Grund genug, glücklich zu sein? Ach nein!

Was für ein Unglück, dass wir es uns innerhalb dieser glücklichen Umstände eigentlich nur gemütlich gemacht haben, nicht wirklich glücklich zu sein. Dass wir gerne andere Leute als unser Glückes Schmiede engagieren: Arbeitgeber, Gewerkschaften, Kanzler, Rentenversicherungsanstalten, Hartmannbund, Liebespartner, Kinder ... : Macht uns endlich glücklich! Dass wir eigentlich im Großen und Ganzen sowieso schon ziemlich glücklich dran sind, macht uns nun wirklich nicht besonders glücklich. Im Gegenteil: Diese Form von Glück zu erkennen bedeutete ja, ein sehr deutsches Grundgefühl von Larmoyanz und sich irgendwie immer recht unglücklich zu fühlen relativieren zu müssen. Das zumindest. Den selbstverantworteten Teil des gefühlten Unglücks zu benennen und sich des eigenmächtig zu schaffenden Anteils am Glück zu vergewissern – das hieße es auf jeden Fall. Das wäre ja gelacht, wenn wir das nicht auch noch hinbekämen, wir Jammerweltmeister, die Glück gemeinhin mal grademal in Vokabeln wie »Lotto« oder »Las Vegas« zu buchstabieren geneigt sind. Aber »luck« macht nun mal nicht so »happy«, wie wir gerne sein möchten. Möchten wir ja eigentlich auch gar nicht. Leid läutert manchmal, aber es verschafft auch latente Lustgefühle.

Tu felix Germania – labora! Glücklich schätzen wir uns im kleinmaßstäblichen Rahmen vor allem, wenn wir leiden dürfen. Trübsinn füttert Trübsinn. Und die lateinische Wurzel des Wortes »Leiden« schließt bezeichnenderweise auch das Wort »Arbeiten« mit ein. Wir leiden einzeln an der ergatterten und zugewiesenen Arbeit, aber kollektiv noch mehr am Umstand, dass so viele keine Arbeit haben in diesem Lande, an der sie dann einzeln leiden könnten, wenn sie diese Arbeit denn hätten. Glückliches Unglücklichsein am unglückseligerweise Nichtvorhandensein des glücksverheißenden Zustands des Unglücklichmachens ... so irrwitzig kompliziert nimmt sich die ganze Breite des Glücks- und Unglücksportfolios aus.

Wenn also ganz glückliche, gelungene, äußere Umstände zum Normalzustand geworden sind, dann sucht man das wirklichere, wirklich ultimative Glück woanders. Das ist letztlich menschlich. Und darüber, über das Glück als stets greifbar nahes, aber doch nicht richtig begreifbares zu handeln, ist äußerst schwierig. Wir vier hier können unsere Glückshormone nur dadurch ermuntern, sich nach geglückter, also zufriedenstellender schreiberischer Bemühung auszuschütten, wenn wir es mit Heinrich von Kleist halten. Über die allmähliche Verfertigung der Gedanken beim Reden: »Ich glaube, dass mancher großer Redner, in dem Augenblick, da er den Mund aufmachte, noch nicht wusste, was er sagen würde. Aber die Überzeugung, dass er die ihm nötige Gedankenfülle schon aus den Umständen und der daraus resultierenden Erregung seines Gemüts schöpfen würde, machte ihn dreist genug, den Anfang, auf gutes Glück hin, zu setzen.«

Also: Auf gut Glück. Oder: Glück auf, Deutschland! Das Land ist doch zu retten, auch wenn es die Ökonomen der mathematisch-formalistischen Zunft schon zum Beginn dieses 21. Jahrhunderts als unrettbar verloren gegeben haben. Immer wieder werden sie in den Tiefen der wenigen, übrig gebliebenen Steinkohleflöze fündig, wo ein paar zehntausend Kumpel, mit 100 000 Euro pro Nase subventioniert, die Erinnerung an die Wirtschaftswundermaschine aufrechterhalten. Der Keilriemen dieser Maschine bestand aus Anstrengung und Schweiß, und wenn der riss, halfen die gewonnenen Weltmeisterschaften beim Fußball und das aus all dem resultierende Gefühl: Wir sind wieder wer. Und alle waren glücklich. Und? Ist das etwa nichts?

Sind wir noch wer? Heute, anno 04?

Wir leben, wie gesagt, in glücklichen Zeiten, eigentlich. Aber so richtig auskosten könnten wir das vielleicht nur, wenn sich uns jene Rückzugsmöglichkeit gen Glück im stillen Winkel eröffnete wie einst vor 150 Jahren. Diese Genügsamkeit in biedermeierlicher Selbstbescheidung – eine sehr deutsche Neigung, die Augen angesichts der Vorgänge jenseits des eigenen Nabels zu ignorieren – bietet aber auch keine Exit-Option. Schon gar nicht mehr, seit die Globalisierung noch die letzte private Nische mit ökonomistisch grellem Scheinwerferlicht ausleuchtet, ob da nicht irgendeine wachstumsrelevante Ressource ungenutzt brachliegt.

Ja, es liegt noch eine brach: Millionen Schmieden des eigenen Glückes modern spinnwebenübersät und seit Jahrzehnten nicht mehr gebraucht vor sich hin, taugen nicht mal mehr als Museumsstücke einstiger Erfinderkraft und Gründerpotenz. Sie sind einfach nicht mehr sichtbar.

Solches kellermodernde Übel beginnt damit, dass wir Deutsche nur ein einziges Wort besitzen. Glück also. Glück hat in Deutschland keine Tradition, und somit misstrauen wir ihm, wo auch immer wir glücklichen Umständen begegnen. Glück und Glas – wie leicht bricht daaas! Dieses Brechen von Daaas hat die deutsche Volksseele in das Wort »Weltschmerz« gegossen, das sich jeder Übersetzung in andere Sprachen entzieht. Ja klar, auch ein Weltschmerz Werther'scher Provenienz kann unglückselige Glücksverheißung bedeuten. Glücklich ist, wer vergisst ..., dass das Unglück immer hausgemacht ist.

Wie aber, wenn es uns nicht an den Grundlagen, sondern nur an den Begriffen für Glück mangelt? Weder können wir also wie die Angloamerikaner zwischen »luck« und »happiness« unterscheiden, sondern höchstens zwischen Glück im Spiel und Glück in der Liebe. Geschweige denn stehen uns wie im altindischen Sanskrit mehr als ein Dutzend Worte für verschiedene Weisen des Glücksempfindens zur Verfügung. Das Wort »Glück« fand erst Ende des 12. Jahrhunderts Eingang in die deutsche Sprache: Das mittelhochdeutsche »gelücke« bedeutete in etwa »passend«.

Aber passen tut's bis heute nie so recht – siehe oben. Dumm sein und Arbeit haben ist ein Glücksumstand, der viele zufrieden, aber nicht glücklich macht. Dumm zu sein, nicht genügend gelernt zu haben, dennoch irgendwo fest angestellt zu sein – nährt das nicht das schlechte Gewissen? Hier nährt die Arbeit nicht Freude, Flow und Selbstwertgefühl, die Grundvoraussetzung für postindustrielle Betätigung also.

Aber das Anrecht auf solche emotionalen Arbeitsbegleiter zu besitzen, das ist die Folge des aus Aufklärung gewachsenen Anspruchs des zivilisierten, demokratisch geschulten, gebildeten und seiner Menschenrechte bewussten Beschäftigten von heute. Auch dann, wenn sich selbst die fortgeschrittenen Unternehmen in den frühindustrialisierten, westlichen Wirtschaftsgesellschaften diesem Ideal in der Praxis nur asymptotisch annähern können.

Aber schlau sein und sich Arbeit damit machen, das ist eben deswegen das Glück, das greifbar nahe auf der Straße in die Zukunft liegt, die durch immer größere Freiheits- und damit Möglichkeitsräume gepflastert wird. Ein altes Versprechen der Aufklärung liegt am Rande dieser neuen Straßen, und es wartet nur darauf, eingesammelt zu werden: Jeder ist seines Glückes Schmied. Wir entstauben, entspinnweben, enthüllen die alten Glücksschmieden, die in den Kellern unserer sozialstaatsseits nur mit Ikea-Möbeln ausgestatteten Psychowohnungen geradezu auf Instandbesetzung warten.

Vielleicht können wir Deutsche schon deswegen von Glück sagen, dass unsere Aufklärung, unsere Parole für Moderne und Postmoderne eher dem Kant'schen Imperativ folgt: »Handele jederzeit so, dass die Maxime deines Handelns zugleich zum allgemeinen Gesetz erhoben werden könnte.« Und nicht der Doktrin der amerikanischen Verfassungsväter, die den »pursuit of happiness« zur verdammten Pflicht erhebt. Danach ist jeder dazu verdonnert, sein Glück zu suchen – und wenn er es nicht findet, dann wird es gefälligst »gemacht«. Es reicht schon, wenn wir anständig handeln. Aber daraus Glücksgefühle zu generieren, aus diesem tadelsfreien Handeln, das verlangt schon Fähigkeiten von Eigenverantwortung, Selbstdenken und Selbsttätigwerden.

Wir sollten nicht verkennen, wie sehr sich eine Indianerland-okkupierende Glück-mach-Ideologie unterscheidet von einer europäischen Glück-finde-Strategie. Letztere ist gründlicher im Inmichhineinschauen und geht nicht den Fata Morganas beim Hinausschauen aufs Weitebrachland auf den Leim. Wer lieber aus Neigung Anleitungen zum Unglücklichsein sucht, als sich dem Diktat zum Glücklichsein zu unterwerfen – na und? Eine Glücksdiktatur des Happyseins schreckt in weltmachtlicher Selbstüberschätzung auch nicht vor subversivsten Glückseligkeitsattentaten auf die entlaubten Wälder Nordvietnams, auf den hintersten Winkel des Nordiraks oder die unzugänglichste Felshöhle des Hindukusch zurück.

Solche Glücksvorstellung hat mehr den erobernden Stiefeltritt denn die individuelle, nur in Ballettschuhgröße erhältliche Schrittweise Richtung Glück im Blick. Mit anderen Worten: Wir vier hier finden den deutschen Glücksanspruch, der mehr im Suchen und Finden denn im Dogma des zum Glück Verdonnertseins besteht, nicht ohne Reiz.

Ob »luck« oder »happiness«: Wir sind schlau genug, gerade wegen der schwammig-vieldeutigen Begriffswelt des deutschen Wortes »Glück«, unser ganz eigenes, persönliches, individuelles herauszufischen. Jeder/jede ist seines/ihres Glückes Schmied – gerade weil wir nur dieses haben. Was nicht alles können wir aus diesem Wort für Möglichkeiten und Chancen generieren, die eben nirgendwo spezifiziert und von vornherein festgelegt worden sind?

Doch wir haben kollektives Glück schon einmal definiert, und als dessen Unterpfand besingen wir bei staatstragenden Anlässen Einigkeit und Recht und Freiheit. Nicht die schlechteste Wahl für ein auf fast ewig ungeeintes, dann großmannssüchtig wild gewordenes, als Strafe dafür gespaltenes Land. Und jetzt eines, das groß im Sinne von erwachsen geworden ist, seine Verantwortung erkannt hat im Ringen der europäischen Kräfte und der globalen Mächte: »Blüh im Glanze dieses Glückes, blühe deutsches Vaterland.«

Wenn sich die politische Klasse dieses Landes auch noch dazu durchringen könnte, die gewachsene Verantwortung auch ihren befürsorgten, 80 Millionen Bürgern zuzugestehen – es wäre nicht auszuhalten vor Glück. Es wird sich dann jeder/jede in den verstaubten, verspinnwebten Keller der eigenen Glücksschmiede hinunter begeben, ein Großreinemachen veranstalten, das sich gewaschen hat, und herausfinden, dass Glück genau dort nicht zu finden ist, wo wir es bisher gesucht haben: bei anderen, die ihre Glücksversprechen doch nie einhalten konnten. Wenn sie sie denn je abgegeben und wir sie ihnen nicht immer schon von vornherein unterstellt und abgerungen hätten.

Glück aber entspringt einem Zustand, den wir selbst gewählt haben. Das Glück lauert in all den Möglichkeitsräumen, die bisher unerhellt auf Entdeckung warteten. Die sie uns bisher vorenthielten, weil sie uns glücklich machen, aber nicht unabhängig glücklich sehen wollten.

Zum Glück braucht es manchmal nur eines kleinen Nasenstübers, um zum Glück zu finden, das in den meisten Fällen nicht mehr bedeutet als die Befreiung aus einer unglücklich(machend)en Lage. Wir haben, wie gesagt, die Wahl – wie Seligmans Hunde. Es ist die Wahl zwischen dumm bleiben und schlau werden, und kaum besser kann man die Option zwischen Unglücklichbleiben und Glücklichwerden nicht versinnbildlichen:

Der Psychologe Martin Seligman unternahm 1965 an der University of

Pennsylvania ein einfaches Experiment. Er teilte ein Dutzend Hunde in zwei Gruppen auf und setzte sie in Käfige, auf deren Boden harmlose, aber unangenehme elektrische Schläge durch Drähte erfolgten. Die Hunde der einen Gruppe konnten diese Schläge abschalten, indem sie mit der Schnauze gegen eine Platte stießen. Die andere Hundegruppe hingegen hatte keinen Einfluss auf das Geschehen.

Nach einigen Wochen vereinigte Seligman beide Hundegruppen in einem anderen Käfig, in dem diese Stromstöße in unregelmäßigen Abständen weiter erfolgten. Aber dieser Käfig hatte eine niedrige, für alle Hunde leicht zu überspringende Wand, über die sie sich auf sicheres, stromloses Gelände retten konnten. Was passierte? Die Hunde, die in der ersten Versuchsanordnung gelernt hatten, dass sie gegen die Elektroschocks etwas tun konnten – an die Platte stoßen –, sprangen auch über die niedrige Trennwand. Die anderen Hunde ergaben sich ihrem Schicksal. Sie blieben liegen, legten sich winselnd auf den Boden, ertrugen einen Schlag nach dem anderen. Sie blieben unglücklich und richteten sich in ihrem Unglück ein.

Sie haben nur gelernt, wie sich Hilflosigkeit anfühlt, sie haben sich in die alternativen, nahe liegenden Möglichkeitsräume nicht getraut – und niemals erfahren, was Glück heißt: Eine Entscheidung zu treffen, die einen Unterschied macht zu jener Routineerfahrung, dass immer andere Entscheidungen für mich treffen.

Das heißt nichts anders als: Voraussetzung für Glück ist die Einsicht in die eigene Verantwortung für eben dieses Glück.

KOMPLEXITÄT

VORHER

Vernetztes Denken? Politiker, Manager und Medienleute gaukeln uns eine übersichtliche Welt vor, bedienen die Sehnsucht nach Simplem, nach einfachen Wahrheiten. Sie manipulieren, indem sie unzulässig vereinfachen. Komplexität? Zu kompliziert, zu belastend.

NACHHER

Egal, wie komplex die Welt heute erscheint, morgen wird sie garantiert noch komplexer sein. Kein Grund zum Jammern, sondern ein gutes Zeichen für zunehmende Freiheit und Vernetzung auf der Welt. Komplexität? Ein Mehr an Möglichkeiten.

Nordkorea ist nicht komplex. Im Gegenteil, das Land zeichnet sich durch wunderbare klare und einfache Verhältnisse aus. Militärs und Parteikader haben das Volk fest im Griff. Über allen und allem steht der Diktator Kim Il Sung, der »Geliebte Führer«, und wer den nicht liebt, lebt lebensgefährlich. Demokratische Freiheiten: unbekannt. Weil Verteidiger bei Gericht nichts zu sagen haben, ist auch die Rechtslage übersichtlich. Die Medienlandschaft ist flurbereinigt, die Monokultur einer einzigen veröffentlichten Meinung erleichtert die Orientierung. Der Markt ist geplant und reguliert bis ins Detail, so dass keine Gefahr nichtlinearer Entwicklungen besteht, beispielsweise ein Wirtschaftsboom, ein Florieren, ein Börsenfieber. In der Folge kann auch der Konsum der Nordkoreaner als nichtkomplex gelten; in leeren Geschäften droht keine Qual der Wahl, Grasessen als höchste Stufe der Einfachheit. Aus Furcht vor Subversion ist die Bewegung in der Stadt eingeschränkt

(Fahrraderwerb genehmigungspflichtig), im Lande sowieso (Autokauf genehmigungspflichtig), die Vernetzung nach außen auf ein Minimum reduziert (Telefone und Internetzugang genehmigungspflichtig). Da kann man sich ganz auf sich selbst konzentrieren. Simplify your life, in der nordkoreanischen Übersetzung. Im Musterländle der Linearität wissen 49 Millionen Nordkoreaner immer genau, wo es langgeht.

Dagegen leiden die Bürger freier und entwickelter Staaten fürchterlich unter der stetig zunehmenden Komplexität. Alles so unübersichtlich. So viele Optionen. Die Macht der Freiheit lastet als Bürde auf uns. Müssen wir wieder machen, was wir wollen? Ewig dieser Entscheidungsdruck! Das Labyrinth der Meinungsvielfalt! Die neuen Leiden der Nichtlinearität! Die Folter des vernetzten Denkens! Kann nicht mal jemand ganz deutlich sagen, wo es langgeht?

Wir verzichten auf den freundlichen Hinweis: Wenn euch das alles zu viel wird, dann geht doch nach drüben. Nein, dieser Satz ist verbrannt. Sagen wir nicht. Wenn's auch noch so schwer fällt ... Fangen wir lieber einfach von vorne an. Nichtlinearität ist ein Kennzeichen komplexer Systeme. Definiert als Organisationsform, in der Phänomene und Lebewesen miteinander verbunden reagieren. Komplexität kommt von flectere = flechten. Freie Märkte sind komplex, Nahrungsnetze im Regenwald und am Korallenriff, das Internet, Gesundheitssysteme, Gehirne, Entwicklungshilfe. Charakteristisch sind ein hohes Maß an Selbstorganisation, die Unmöglichkeit der Kontrolle sowie eine Entwicklungsdynamik, die sich chaotisch auf- oder abschaukeln kann: Ursachen und Wirkungen stehen in einem nichtlinearen Verhältnis.

Wenn man untersuchen will, wie man verhindert, dass Komplexität entsteht, ist Nordkorea ein wunderbares Beispiel. Totalitäre Staaten versuchen, jegliche Form von Selbstorganisation zu unterdrücken. Ihr Programm lautet: totale Kontrolle. Umgekehrt ist die wichtigste Voraussetzung, damit sich verflochtene Systeme entfalten können: Freiheit.

Jeder von uns fühlt, wie die Komplexität unseres Lebens rasant zunimmt. Ein Attentat in New York kippt die Aktienkurse in Tokio. Ob die Rente sicher ist, hängt von der Ökosteuer ab, irgendwie. Eine Bankenkrise in Taiwan bringt die Bundesregierung in die Bredouille. Sahara-Staub düngt den südamerikanischen Regenwald. Durchgeknallte Balkan-Despoten bringen die UN ins Rotieren. Die Malediven sorgen sich über den Schadstoffausstoß der USA, weil Klimaänderungen im Indischen Ozean »Land unter« bedeuten können. Und so weiter. Alles ist mit allem verbunden, jeder mit jedem. In der Natur war das schon immer so.

In Politik, Wirtschaft und Gesellschaft erleben wir seit 15 bis 20 Jahren eine sich selbst beschleunigende Zunahme von globaler Verflechtung. Die wichtigsten Triebfedern: Zusammenbruch des Ostblocks und vieler totalitärer Staaten Anfang der 90er Jahre; wachsender Welthandel; stetige Digitalisierung von Techniken, die immer neue Verbindungen und Kombinationen unterschiedlichster Geräte und Systeme erlaubt; explosionsartige globale Vernetzung seit Mitte der 90er Jahre; Pluralismus der Lebensstile, Werte, Haltungen; intensiverer Austausch zwischen Kulturen und Religionen, unter anderem als Folge von steigender Mobilität und Kommunikation. Fazit 1: Die Welt ist freier und komplexer geworden. Fazit 2: Wer Freiheit will, sollte Komplexität nicht bejammern.

Aber genau das passiert. Je mehr eigentlich vernetztes Denken gefordert wäre, desto verzweifelter verlangt das Publikum nach einfachen Wahrheiten. Wahlbürger, Zeitungsleser, Konsumenten scheinen getrieben von der Sehnsucht nach Simplem. Sie pflegen, offen oder verkappt, eine Nostalgie der guten alten und vor allem übersichtlichen Zeiten. Nicht dass sie nicht vernetzt denken könnten: Sie werden nur nie gefordert. Eine Kultur klarer Kausalitäten hat sie eingelullt, eine Illusion geradliniger Gewissheiten, die gezielt genährt wurde, eine Tradition der Welterklärung von oben. Eine sehr lange Tradition. Bilder tauchen auf, Satzfetzen aus Jahrhunderten: Die Erde ist eine Scheibe. Gott sieht alles. Für Fürst und Vaterland. Befehl vom Führer. Die weiße Rasse ist allen anderen überlegen. Die Partei hat immer Recht. Ich Boss, du Arschloch. James Bond: Das Schlechte trägt schwarz, das Gute englische Maßanzüge. *Bild* dir eine Meinung, am besten unsere. Wenn die Ausländer nicht wären, hätten alle Deutschen Arbeit. Im Osten werden blühende Landschaften entstehen; allen wird es besser und keinem schlechter gehen. Koalition der Willigen gegen die Achse des Bösen.

Der kleine Streifzug zeigt: Geschichte ist auch eine Chronik der unzulässigen Vereinfachungen. Über die länger zurückliegenden lächelt man, doch die gerade aktuellen finden massenhaft Gläubige. Moderne Märchen mit einer einfachen Moral haben Hochkonjunktur. Man träumt sich in ein Paradies der einfachen Wahrheiten zurück, in dem die Äpfel rot, Schlangen teuflisch und Götter unfehlbar sind. Hier der Weckruf in die Runde: Aufwachen, ausgeträumt! Die Welt ist buntscheckig, vielfältig und mehrdimensional. Gewöhnt euch daran. So komplex sie heute sein mag, morgen wird sie garantiert noch komplexer sein. Darin liegt eine Riesenchance für mehr Freiheit. Nehmen wir die Herausforderung an! Zusammen mit Meinungsführern, die sich nicht länger als Regisseure des »Reduce to the False« verstehen, sondern als Elite des vernetzten Denkens mit gutem Beispiel vorangehen. Im Einzelnen:

1. Die Politiker. Die Mehrheit von ihnen ist – von Ausbildung und dogmatischer Ausrichtung her – so einfach gestrickt, dass sie systemische Gesetze gar nicht versteht. Zusammenhänge, Vernetzungen, Emergenzen, Wechselwirkungen. Und die wenigen unter ihnen, die kompetent mit Freiheit umgehen können, sind auch nicht zu beneiden, weil ein völlig verdorbenes Publikum eindimensionale Antworten von ihnen verlangt. Reporter recken ihre Mikrofone für die Analyse der globalen Sicherheitslage, am besten in einer Minute 30. Entschuldung der Dritten Welt, »schneller auf den Punkt« gebracht. Reform des Rentensystems, aber bitteschön schlagzeilentauglich. Das muss sich ändern. Gefordert sind Politiker, die in der Lage sind, zu analysieren, wie im gesellschaftlichen Gefüge Ursachen und Wirkungen teilweise unvorhersagbar aufeinander reagieren, und die sich trauen, das Wahlvolk auch mal mit komplexen Wahrheiten zu konfrontieren.
2. Journalisten können einen wichtigen Beitrag zu einer Kultur der Komplexität leisten. Derzeit fühlen sie sich gebeutelt und eingeschränkt durch die Finanzkrise der Tageszeitungen und Rundfunkanstalten. Für eine differenzierte Berichterstattung steht viel zu wenig Geld bereit. Gekürzte Budgets produzieren reduzierte Wahrheiten. Hier tut sich eine Marktlücke auf. Die Königsdisziplin für Medien mit Anspruch ist es, Zusammenhänge zu erklären und Wirkungsgefüge zu veranschaulichen. Außerdem sollten

sie, als Chronisten der Zeit und ein Teil des kollektiven Gedächtnisses der Gesellschaft, nachprüfen, welcher Entscheidungsträger wann was gesagt und getan hat – und was er heute im Widerspruch dazu sagt und tut. Das sorgt für Orientierung.

3. Manager und Unternehmer lernen, dass Firmen keine abgeschotteten Kästen mehr sind, aus denen keine Informationen hinaus dürfen und in die keiner hineinschauen darf. Die Black Box gehört in einer hoch vernetzten, demokratischen Welt zu den Auslaufmodellen. Unternehmen transformieren sich zu Netzwerken, die wiederum auf vielfache Weise mit anderen Systemen vernetzt sind: Zulieferern, Kunden, freien Entwicklungsbüros, Universitäten, gesellschaftlichen Gruppen. Wer »kompliziert« sagt, sieht ein Problem, wer »komplex« sagt, hat eine Chance erkannt.
4. Systemisches Denken kann man lernen. Eine dankbare Aufgabe für Erzieher und Lehrer, die verantwortlich dafür sind, Heranwachsende auf den Umgang mit der Macht der Freiheit vorzubereiten. Bücher, Strategie- und Rollenspiele, Unterrichtseinheiten, alles bereits vorhanden, man muss nur noch gewillt sein, sie anzuwenden. Schulen, bisher immer noch viel zu sehr mit dem Einpauken von Fakten beschäftigt, müssen sich in Trainingslager für vernetztes Denken umwandeln.

In den USA ist man da weiter. Wenn das Alte Europa nicht aufpasst, verschläft es eine Entwicklung, die drüben für Furore sorgt. Komplexitätsforschung ist dort bereits eine gefeierte Disziplin. Kybernetiker, Biologen, Wirtschaftswissenschaftler, Mathematiker, Chaosforscher und Vertreter weiterer Fakultäten arbeiten zusammen, um das Verhalten komplexer anpassungsfähiger Systeme zu analysieren.

Durch den Austausch über herkömmliche Grenzen hinweg entsteht die so genannte Dritte Kultur, eine Synthese von Erkenntnissen aus Natur- und Geisteswissenschaften. Sie geht davon aus, dass komplexe anpassungsfähige Systeme, die äußerlich so verschieden wie das Internet und das Nahrungsnetz eines Binnensees sind, grundlegende Ähnlichkeiten aufweisen. Grundprinzipien, nach denen sowohl Natur und Technik, Wirtschaft und Gesellschaft organisiert sind, treten sichtbar hervor. Die Einheit einer Wirklichkeit, die durch den traditionellen Wissenschaftsbetrieb künstlich in zwei Sphären getrennt worden war, rückt in greifbare Nähe.

Doch die Querdenkerei geht weit über akademische Gedankenspiele hinaus. Denkfabriken wie das Santa Fe Institute gelten mittlerweile als Mekka für Manager, Regierungsbeamte und Netzwerker aller Art, die das Wissen über komplexe Systeme in der Praxis nutzen wollen. In Seminaren lernen sie, die Systembeziehungen in ihren Organisationen zu analysieren und zu steuern. Es geht darum, die richtige Balance zu finden zwischen Ordnung und Chaos, zwischen Erzeugung und Reduktion von Komplexität, zwischen Führen und Freiräumen. Vor allem verlieren die Teilnehmer die Angst vor Überforderung.

Zu Recht stammen viele der Beispiele, die im Santa Fe Institute studiert werden, aus der Evolution. Dort hat man verstanden, dass wir am Beginn eines Zeitalters stehen, in dem die Technik immer mehr in die Biologie eingreift, gleichzeitig elektronisch gestützte Technologien biologischen Systemen immer ähnlicher werden. Insofern sind Blicke über traditionelle Fakultätsgrenzen hinweg das Gebot der Stunde. Die Evolution ist die wohl kreativste Komplexitätsmanagerin auf Erden. Sie versteht es, aus einfachsten Bausteinen – Genen, Atomen, Zellen – immer aufwändiger strukturierte Lebewesen zu erschaffen. Bakterien, Fische, Säugetiere, Menschen.

Und schließlich das Gehirn, die komplexeste lebendige Struktur überhaupt; dagegen ist sogar das deutsche Steuersystem simpel wie eine Amöbe. Die 100 Milliarden Nervenzellen des Hirns arbeiten ihre Aufgaben nicht wie ein Computer seriell ab, Schritt für Schritt. Weil massiv miteinander verbunden, können sie Signale parallel verarbeiten. Jedes Neuron sendet seine Signale direkt an rund 10 000 andere Zellen und empfängt welche von ihnen. Diese Architektur vollbringt das Wunder, dass jede Nervenzelle jede andere über maximal vier Umschaltungen anfunken kann. Ein Gehirn der kurzen Wege. Dadurch wird das Gehirn zum Paradebeispiel dafür, welche gigantischen Möglichkeiten sich eröffnen, wenn sich alles mit allem verbindet.

Ein guter Komplexitätsmanager lernt von der Evolution, wie man Win-Win-Situationen (Biologen würden sagen: Symbiosen) erzeugt; wie man Chaos und Ordnung ausbalanciert; dass in komplexen Systemen kleine Fehler wichtig sind, um sie gegen große Fehler zu immunisieren; dass es in der

Natur kein stabiles ökologisches Gleichgewicht gibt, stattdessen permanenten Wandel und kreative Zerstörung, bei der das eine stirbt, um dem anderen einen Platz zum Leben zu geben – genau wie in der Wirtschaft; dass die freie Wildbahn nicht von Konkurrenzkämpfen beherrscht wird, sondern Erfolg auch denjenigen winkt, die geschickt kooperieren.

Allianzen aller Art sind ein gutes Beispiel für die Chancen und Risiken von komplexen Systemen. Einerseits ist ein Zusammenschluss von Partnern aufwändiger zu managen, als wenn sich jeder allein durchwurschtelt (was Autoren am eigenen Leib erfahren, die mit anderen zusammen ein Buch schreiben). Andererseits entstehen durch solch kooperatives Verhalten auch Synergien, Einsparpotenziale, neue Tätigkeitsfelder, und im besten Fall ist das Ganze mehr als die Summe der einzelnen Teile.

Die Angst geht um, dass die Komplexität, die wir täglich und täglich mehr erzeugen, uns über den Kopf wächst. Und sie ist berechtigt. Die Kunst besteht darin, erwünschte Effekte zu nutzen und unerwünschte zu vermeiden. Sprich: Wir stürzen uns immer dann in dieses Knäuel von Knoten und Links namens Komplexität, wenn es den Zielen dient. Und lernen, Komplexität zu reduzieren, wenn sie uns überfordert. Unsere Gesellschaft ist dabei, dafür die angemessenen Kulturtechniken zu entwickeln. Das Spektrum reicht von intelligenten Filtersystemen, die uns gegen den täglich herabprasselnden Regen von Medieninformationen, Mails, beruflichen Anfragen und Freizeitangeboten abschirmen. Solche elektronischen Filtersysteme werden in Zukunft wichtige Schleusenwärter sein: Auf persönliche Vorlieben und Abneigungen gepolt, kontinuierlich trainiert, regeln sie Vernetztheit in einem Maß, das einem bekömmlich erscheint.

Neben schlauer Software gibt es aber auch ganz simple Kunstgriffe, um Komplexität auf das menschliche Maß zu bringen. Der eine heißt Vertrauen; wenn ich den Empfehlungen und Warnungen von Menschen folge, deren Werte ich kenne und teile, erspart mir das Denkarbeit und eine Menge schlechter Erfahrungen. Der andere lautet: Wenn es zu viel wird, einfach abschalten. Sich von den Netzen abkoppeln. Disconnect! Kokons gegen Komplexität! Uns retten im täglichen Gewusel, um uns herum nur aufgeklärte Formen der Isolation, temporär und selbstgewählt. Selbstbewusstes Ausklinken.

Und eine Art wissende Unwissenheit, die weiß: Ich kann mich nicht in jedem Thema auskennen, von A wie Alterung der Gesellschaft bis Z wie Zukunft der Weltraumfahrt, deshalb blende ich eine Vielzahl von Aspekten aus – und habe KEINE MEINUNG dazu. Avanti Ignoranti! Aber das bitte auch konsequent betreiben: Wenn man keine Ahnung hat, einfach mal Fresse halten! Gerade in der Politik wimmelt es von Dauerplauderern, die das Kunststück vollbringen, keine Meinung zu haben, diese aber wohlformuliert unters Volk zu bringen. Ganz einfach.

In Nordkorea wird vorexerziert, wie weit ein diktatorisches System bei der Entmündigung seiner Untertanen gehen kann. Reduktion von Komplexität, von oben verordnet. Ein Autokrat wie Kim Il Sung glaubt, das Land so regieren zu können, wie man Hebel und Regler einer Maschine betätigt. Die letzte Bastion der Linearität. Maschinen sind linear, aber Menschen sind komplex. Eines Tages wird der »Geliebte Führer« jedoch erfahren, wie mächtig Nichtlinearität wirken kann: Wenn die Nordkoreaner, wie einst die Ostdeutschen, das kreative Chaos entdecken und sein System über Nacht zur Implosion bringen.

LEISTUNG

VORHER

Viele sind müde und können nicht mehr richtig schlafen. Untertags wird alle Kraft und Energie darauf vergeudet, sich dort zu halten, wo man gerade ist. Leistung tut weh, man fühlt sich erschöpft.

NACHHER

Viele sind wieder ausgeschlafen. Leistung macht munter. Sie bedeutet, sich ein Ziel setzen zu dürfen und bei der Wahl der Mittel, es zu erreichen, die eigenen Kräfte zu mobilisieren. Der freie Mensch ist stolz auf seine Leistung.

Wohin man auch in der trostlosen Gesellschaft blickt, alle sehen so aus, als ob sie erst vor kurzem aufgestanden wären und sich am liebsten gleich wieder hinlegen würden. Das ist kein Wunder. Sie alle schlafen schlecht, die einen, weil sie nicht gerecht sind, die anderen, weil ihnen die Angst den Schlaf raubt, dritte wiederum sind vor lauter Müdigkeit nur mehr zu einem erschöpften Schlaf fähig. Ein ruhiges Gewissen hat keiner.

Seit vielen Jahren brechen die Schlaflosen auf, um mit aller Macht das Immer-mehr-vom-Gleichen zu erhalten. Es wurde Männern und Frauen in diesem Land als erste Religion verordnet. Weshalb viele in schöner Regelmäßigkeit feststellen, dass alle Bemühungen und Ängste nicht reichen. Die Nation seilt sich vom Gipfel unter größten Mühen ab, Meter für Meter, und immer, wenn ein kleines Stück Weg des Abstiegs geschafft ist, fängt sie an, mitten in der Steilwand ein festes Lager zu errichten. Nach dem Motto: So soll es bleiben, schlechter nicht werden. Vernünftiger jedoch wäre es, den unvermeidlichen Abstieg zügig zu beginnen oder sich quer zur Wand anderen

Gipfeln zuzuwenden. Doch damit ist nicht zu rechnen. Die Mühe ist eine deutsche Tugend, sie macht zuerst müde, dann bringt sie uns um.

Doch diese spezielle deutsche Abseiltechnik kostet enorm viel Kraft.

Sie führt nach unten, gewiss, allerdings im lähmenden Tempo. Alle Kraft, alle Energie wird darauf verwendet, sich dort zu halten, wo man gerade ist. Ob das praktisch ist, danach fragt keiner. Leistung muss sich lohnen, sagen die, die vom Staat geschröpft werden, der den Abseilplan erstellt hat. Ein paar Sätze über Physik können helfen: Leistung wird benötigt, um ein Arbeitsergebnis zu erreichen, etwa, um ein Seil zu bewegen. Mehr steckt nicht dahinter. Leistung wird durch Energie erzeugt. Das ist in der Physik so, das ist bei den Geschöpfen, die der Physik unterliegen, nicht anders. Doch wie sollen wir mehr leisten, wenn uns die Energie fehlt, von der zudem jedes Teil in den unentschlossenen Abstieg und in den verworrenen Sicherheitswahn fließt?

Schon lange fragen viele nicht mehr, ob sie da, wo sie sind, auch sein sollten: Niemand wollte mitten in der Wand in einem zerrupften Biwak hängen bleiben, mit zaudernden Bergführern oben und unten am Seil, die lähmend langsam die Veränderung begleiten.

Tief steckt dem Deutschen die protestantische Ethik in den Knochen. Gute Arbeit, das muss wehtun. Gottgefällig ist der, welcher sich zu Tode schuftet, ein anderes Ziel hat man nicht. Diese Ehre ist allerdings Irrsinn, als solche grundlegend erkannt, wenngleich nach wie vor das, was vielerorts mit Leistung verbunden wird. Wir finden Japaner witzig, die sich im Namen der Betriebsgemeinschaft zu Krüppeln arbeiten, sind aber im Vergleich zu ihnen die noch viel größeren Narren. Denn bei uns fehlt das Gefühl der Freude, etwas Besonderes zu leisten.

Es geht die Mär, es gäbe viele, die gar nichts zu leisten hätten oder nichts leisten wollen. In einer Kultur wie dieser ist das aber, bei Licht besehen, nicht vorstellbar. Die Fama vom Sozialschmarotzer, der die Hand aufhält, weil er Leistung für abträglich hält, wird auf die Opfer des falschen Leistungswahns, Arbeitslose und Sozialhilfeempfänger, ausgeweitet. Wer aus dem Biwak, das die verblödeten Führer an jeder kleinen Klippe errichten, fällt, ist ein Verräter.

Wer mit dem Leistungsbegriff so umgeht, wie diese Nation es heute noch tut, aus Opfern der eigenen Unfähigkeit und Dummheit stets Täter macht, der hat sich die Hölle, durch die das Land geht, redlich verdient.

Stolz ist der Deutsche auf seine Produktivität und auf seine Exporterfolge. Nur leider hat beides nichts mit Leistung zu tun. Denn die schiere Arbeit, das Schuften, erzeugt keine Ziele, macht keinen Sinn, und deshalb glauben viele heute auch nicht mehr an diesen alten Spuk, den die Herrschenden den Beherrschten immer schon erzählt haben. Die schlimmsten Bergführer sind die, die stur behaupten, dass sich ein Abstieg überhaupt nicht lohnt, selbst dann nicht, wenn längst das lange befürchtete Gewitter überm Gipfel tobt. An die Front – für wessen Ziele? Ans Fließband – für wen? Durchhalten in einem durch und durch widerwärtigen Job – denn draußen stehen viele Arbeitslose. Es ist immer die gleiche Geschichte. Leistung ist Druck, Zwang, das Produkt von Gewalt. Doch das ist nicht wahr.

Leistung ist ein Menschenrecht und keine Pflicht.

Leistung bedeutet, sich selbst ein Ziel setzen zu dürfen und bei der Wahl der Mittel, es zu erreichen, die eigenen Kräfte zu mobilisieren. Der freie Mensch ist munter, weil er stolz auf das ist, was er geschaffen hat und noch schaffen wird. Zwingen wir ihn in die Seilschaft, bleibt ein trauriges Häuflein Elend übrig. Leistung ist die Lösung aus dem Dilemma des langsamen Abstiegs. Sie bedeutet nicht, dass wir – verrückte Arbeitswütige kopierend – wie die Verrückten nochmals dieselbe Wand hochklettern, sondern uns Mühe geben, am schmalen Grat den Übergang zu einem Gebirge zu finden, das lohnender ist als das, welches wir bisher bestiegen haben. Leistung bringt also bessere Aussichten, und nur bessere Aussichten erzeugen Leistung.

Bessere Aussichten schaffen Energie, die sich für die gute Leistung nutzen lässt. Doch die Wand ist voller alter Seilschaften. Watch your step. Fast alle in den vergangenen 40 Jahren alternativ gedachten Ideen haben eine Katastrophe als Ziel, und die Deutschen sind wie immer die hartnäckigsten Katastrophenbeschwörer. Auch die Not ist ein Meister aus Deutschland. Wo sind die Freuden? Wo gibt es mal eine Sache, die keinen Haken hat, die man mit Schwung erledigt, weil sie Aussichten und Glück schafft? Na eben. Und das vergebliche Herumwandern um diese Dinge, die den Sinn des Lebens ausmachen, kostet viel Kraft. Vergeudet in trostlosen Büros mit neurotischen Menschen, die selbst nicht wissen, wo die Reise hingeht. Können sie auch nicht: Das Seil hängt schlaff durch, vom Gipfel durch Abstieg einige Meter entfernt. Es gibt nie einen Weg zurück. Dann staut sich mitten in der Wand alles. Eine riesige Traube Schläfer, halb eingenickter, trauriger Menschen.

Kinder, Tiere und unmündige Bürger bewegen sich keinen Meter, wenn man ihnen mit weiteren Problemen droht und ihnen in Aussicht stellt, was sie bereits hatten, bereits kennen, gesehen haben.

Damit haben sie auch Recht. Wer nicht in der Lage ist, ein Ziel zu definieren, ist leistungsfeindlich. Wer nicht in der Lage ist, eine Route zu bestimmen, und zwar, dass wir uns da auf keinen Fall missverstehen, nicht irgendeine Zickzackroute quer durch die Wand, sondern eine anständige, gerade, rasch wie sicher verlaufende Route, also, wer das nicht kann und zugleich glaubwürdig sagen kann: »Den Brocken da drüber, den nehmen wir uns vor, der lohnt sich«, der ist leistungsfeindlich und scheintot.

Der Weg zur Freiheit hat seine Tücken. Es ist riskant, einfach das Seil durchzuschneiden, zu viele hängen daran, die einen selbst nach unten ziehen würden. Es ist überdies schwierig, müde und ausgelaugt einfach neu aufzubrechen. Dieses Land braucht Abstand von seinen schlechten Gewohnheiten, einen langen Urlaub, der, so wie es aussieht, nicht gerade in Luxushotels verbracht wird, sondern eher auf der Straße, der aber lehrt, die alten Gewohnheiten zu vergessen. Den Deutschen ist eine Kur von sich selbst, ihrer selbstzerstörerischen Falschleistung zu wünschen, und gleichsam die Einsicht, dass sich, wer Neues leisten will, sich von alten Fehlern befreien muss. Vielleicht reißt das Seil – und einige bleiben erschrocken in der Wand zurück. Vielleicht sind sie es, die dann einen neuen Weg suchen. Was anderes bleibt ihnen nicht übrig. Besser wäre es jedoch, das Seil in die Hand zu nehmen.

MOBILITÄT

VORHER

Mobilität wird auf Verkehr reduziert. Verkehr wird von Technokraten und Planwirtschaftlern behandelt wie Müll: Möglichst vermeiden, vermindern, verlagern, am besten ganz verbieten und Urlaubsflüge nur noch alle paar Jahre genehmigen. Die Folge: Stillstand!

NACHHER

Mobilität bedeutet nicht, Kilometer zu fressen, sondern seine Ziele zu erreichen. Grenzen zu überwinden. Aufzubrechen, um sowohl physisch als auch geistig fortzukommen. Als Akt geografischer Emanzipation befreit sie von Schicksal und Standort. Globale Gesellschaft, Wirtschaft und Kultur brauchen ein hohes Maß an Mobilität, um ihre Vitalität zu erhalten.

Da haben wir eine Flotte PS-starker Autos, von denen die schnellsten knapp unter der Renntauglichkeit rangieren; ein System von Fluglinien, mit dem man theoretisch in zwei Stunden jede europäische Hauptstadt erreicht; elegante Fernzüge, die wie Pfeile über die Gleise und durch die Tunnels schießen – aber das bringt uns alles nicht weiter. Buchstäblich. Der Verkehr fließt nicht, oft nicht mal zäh, sondern verkehrt sich in sein Gegenteil, den Stillstand. So erleben wir täglich die narzisstische Kränkung einer hoch motorisierten Gesellschaft, die genau weiß, wie es laufen könnte, aber mit ansehen muss, dass nichts geht. Rien ne va plus. Eine verfehlte Politik macht aus Bahnfahrern Mobilitätsbehinderte und aus Autofahrern Immobilienbesitzer. Die größten Verkehrssünder der Republik haben keine Punkte in Flensburg, sondern Parlamentssitze in Berlin.

Die Liste ihrer Ordnungswidrigkeiten ist lang: Seit Jahrzehnten spielt die Verkehrspolitik die Systeme Straße, Schiene und Luft gegeneinander aus, statt sie intelligent miteinander zu vernetzen; Autos wurden verteufelt und die Bahn wurde mit Erwartungen als ökologischer Heilsbringer überfrachtet; Prestigeprojekte waren wichtiger als flächendeckende Modernisierung der Bahnnetze; die Ökosteuer dient nicht zum Umsteuern, sondern zur Sanierung der Rentenkassen. Egal, wer in Bonn oder Berlin gerade am Ruder war und ist: Er hat nicht verstanden, wie existenziell wichtig funktionierende Verkehrssysteme für Wirtschaft, Wohlstand und Vitalität unserer Gesellschaft sind. Mittlerweile hält die Mehrheit im Lande Verkehr und Chaos für identisch, weitere beliebte Worttandems lauten Verkehrsstörung, -stau, -desaster, -kollaps. Allerorten wächst der Widerstand gegen neue Infrastrukturprojekte, unter anderem, weil die Politik es nicht versteht, deren Frommen und Nutzen zu erklären. Die Grundstimmung im Lande lautet: Lasst fahren. Alle. Hoffnung.

Um wenigstens rhetorisch aus der Sackgasse zu kommen, nehmen Politiker, Planer und sonstige Plattredner eine kleine Umdeklarierung vor. Sie sprechen nicht mehr von Verkehr, sondern von Mobilität. Das klingt nicht nur besser, sondern soll, so der Hintergedanke, auch politische Reibungsflächen reduzieren. Während uns beim Wort Verkehr nur noch Satirisches einfällt (»Stehst du noch, oder fährst du schon?«), kann unsere Gesellschaft von Mobilität nicht genug kriegen. Das eine die Hölle, das andere ein Versprechen aufs Paradies. Das eine ein alter lahmer Gaul, das andere ein heißblütiges Paradepferd. Insofern hat so eine perfide Rosstäuschung natürlich ihren Reiz.

Allerdings auch ihren Preis! Sie verschleiert, worüber eigentlich zu reden wäre: über die Motive von Mobilität, über menschliche Beweggründe, über die Ursachen unserer Umtriebigkeit. Der Drang zum Ortswechsel gehört zu den unveränderlichen Eigenschaften des Menschen. Mobilität bedeutet weit mehr als Verkehr. Fortbewegung ist ein Erfolgsprinzip unserer Evolution. Sie hat uns zu einer Reise getrieben, die im Ursprungsland aller Hominiden begann, in Ostafrika; hat uns begleitet bei einer großen Wanderung, in deren Verlauf Menschen fast den ganzen Planeten besiedelten; hat uns Jäger und

Sammler und Nomaden sein lassen; hat uns geholfen, Dörfer und Städte zu gründen und von außen zu versorgen; hat Industrialisierung und Globalisierung ermöglicht. Einen Standort verlassen zu können, um einen anderen zu erreichen, der womöglich bessere Bedingungen bietet, ist ein Schritt zu mehr Autonomie, ein Akt geografischer Emanzipation. Will man einen Menschen bestrafen, immobilisiert man ihn. Umgekehrt war Reisefreiheit eine zentrale Forderung bei den Leipziger Montagsdemonstrationen. Sie skandierten »Visafrei bis Shanghai« und kippten ein Regime, das sie einsperren wollte.

Mobilität ist die lange Reise des Menschen zu sich selbst. Was wir unterwegs gesehen haben, hat sich als archaische und zutiefst emotionale Erfahrung in unserem Wesen eingebrannt.

Statt also über Verkehr(smittel, -träger, -stau, -kollaps, -chaos, ...) zu reden, fragen wir: Wie viel Mobilität brauchen wir, wie viel vertragen wir? Wie hoch ist der Preis der Reise? Wo möchten wir weg, wo ankommen? Ziele sind entscheidender als Infrastruktur, Antriebe bedeutungsvoller als Treibstoffe, Werte wichtiger als Vehikel. Auf diesem Hintergrund muss, auch wenn es weh tut, ganz deutlich gesagt werden: Es beschäftigen sich die falschen Leute mit Mobilität. Lasst ab, ihr Ingenieure, Stadtplaner, Maschinenbauer und Verkehrsminister, kümmert euch um anderes, unseretwegen um Verkehr – aber bitte, bitte, sprecht nicht über Mobilität! Davon haben die meisten von euch leider keine Ahnung! Stattdessen erbitten wir Beiträge von Kennern der menschlichen Seele und Lebensstilbeobachtern, von Erforschern des aufrechten Ganges und Kulturbewanderten, von Globalisierungstreibern und ihren Kritikern, von Exodusexperten und neuen Nomaden, von Meistern der Migration und Hedonisten des erweiterten Horizonts. Sie alle besitzen die Kompetenz, über Mobilität und Menschen und Motive zu sprechen. Der Rest: Bitte zuhören und stillsitzen!

Betrachten wir doch mal in aller Ruhe, woher unsere Unruhe rührt. Den allermeisten Erdenbürgern ist heutzutage bewusst, dass sie diesen Planeten mit Milliarden anderer Menschen teilen. Die Medien entführen uns auf andere Kontinente, in andere Kulturen. So erfahren wir vom Leben der anderen da draußen, von der Fremde und Exotik. Dahin zieht es uns. Wir wollen die Erfahrung der Ferne, um unsere Sinne zu schärfen. Die Begegnung mit dem

Fremden ist wie ein Spiegel, in dem wir uns erkennen, weil wir uns neu betrachten. Authentische Eindrücke und ungefilterte Nachrichten über da draußen sind nur vor Ort zu bekommen; denn die Medien locken und verführen nicht nur, sie verzerren und manipulieren auch.

Wir gehören zu der ersten Generation, die in dem Bewusstsein aufgewachsen ist, nicht nur Brite oder Deutscher, nicht New Yorker oder Tokioter zu sein, sondern auch Bewohner des Planeten Erde. Die blaue Kugel mag groß erscheinen, wenn man sie umsegelt, aber winzig klein, wenn man eine E-Mail über die gleiche Distanz schickt. Was wir auch tun oder unterlassen: Die globale Dimension dessen haben wir immer im Hinterkopf. Viel zitiert und missbraucht wurde in diesem Zusammenhang der Satz von Blaise Pascal, wonach das Unglück des Menschen daher rühre, dass er nicht in einem Zimmer stillsitzen kann. Quatsch! Daher rührt im Gegenteil sein Glück. Die Hoffnung. Die Chance, sich zu verbessern und voranzukommen. (Wobei es natürlich keine Reise ohne Risiko gibt – na und?)

Tele-Kommunikation, das mediale Fern-Gespräch über Länder und Grenzen hinweg, ist prima. Aber sie bietet, in ihrer eingeschränkten Sinnlichkeit, mit der stetigen Gefahr der Mehrdeutigkeit, keinen Ersatz für die eigene, physische Reise und persönliche Begegnung. Globalität ist mittlerweile politisch, technologisch und wirtschaftlich eine vollendete Tatsache, und Globalität braucht Reisen. Ein gemeinsames, globales Ethos über soziale und ökologische Fragen, eine Weltinnenpolitik, ein gerechter Welthandel – all diese ehrgeizigen Vorhaben erfordern Mobilität. Wollen wir der Globalisierung ein humanes Gesicht geben, müssen wir uns treffen, uns in die Augen sehen, miteinander reden, vielleicht heftig diskutieren, einen Konsens finden, uns vertrauen. Wir müssen uns bewegen, und dies im doppelten Wortsinn. Das Weitere können wir dann gerne mit E-Mails regeln.

Destination Erde. Für dieses Projekt lohnt es sich, Straßen und Brücken zu bauen, Fluglinien zu betreiben, Lokomotiven aufs Gleis zu setzen, Schiffe zu wassern, Energie zu verfeuern. So weit, so konsensfähig. Sogar ökologische Chefideologen vom Dienst, sonst voller Sorge um die Rohstoffvorräte des Globus, würden bis hierher mitgehen und Mobilität als Notwendigkeit zugeben.

Aber dann. Verkehr. In der Freizeit. Urlaubsreisen. In die Ferne. Das braucht doch keiner. Die Hälfte aller zurückgelegten Kilometer: in der freien Zeit ohne Sinn und Zweck verfahren. Einzig für Sport, Spiel, Spannung. Verschwendete Energie. An diesem Punkt ist Schluss mit lustig. Befindet die Mehrheitsfraktion der so genannten Mobilitätsexperten. Weil sie nichts verstanden haben.

Ihr Denkfehler liegt darin, nur solche Formen von Fortbewegung als berechtigt anzuerkennen, die rational begründet sind. Verkehr müsse vernünftig sein, so lautet die Prämisse, dann dürfe er stattfinden. Mit dem nichtrationalen Rest würde man gerne umgehen wie mit Restmüll: möglichst vermeiden. Was sich nicht vermeiden lässt, möglichst vermindern. Was sich nicht vermindern lässt, wird entsorgt. Nun gibt es zwar Plätze zur Deponierung von Verkehrsmüll, aber keine Endlagerstätten für die als Müllverkehr diskreditierte Freizeitmobilität.

Gott sei Dank nicht! Die Welt wäre nicht so bunt und lebendig, wie wir sie uns wünschen, würden wir nicht unseren Gefühlen buchstäblich freien Lauf lassen. Emotionale Gründe für Mobilität sind mindestens genauso wichtig wie rationale. »E-motion« bedeutet bewegt sein. Rühren wir uns also. Geistige Beweglichkeit eingeschlossen.

Denn was treiben die meisten Menschen eigentlich in ihrer freien Zeit? Kultur tanken. Freundschaften pflegen. Neugier befriedigen. Auf Partnersuche gehen. Unbekanntes entdecken. Hobbys nachgehen. Es geht um zutiefst menschliche Regungen und um zivilisatorische Segnungen. Es geht um Kontakt. Liebe. Wissen über die Welt. Spaß. Die Suche nach Glück. Das lässt sich nicht in Durchflussprofilen, Engpässen, Verkehrsströmen und deren Eindämmung ausdrücken, in dieser ganzen hydraulischen Rhetorik, die Verkehrsdiskussionen dominiert. Freiheit ist keine mathematische Funktion, Sehnsucht keine Sinuskurve.

Das Recht auf Ortswechsel lassen wir nicht in die Hände von Regulierungsfanatikern fallen. Die spinnen solche krausen Ideen aus wie jene, die Bundesbürger dürften nur noch alle paar Jahre in die Ferne reisen. (Den Verkündern selbst tut das nicht weh, weil sie von einem Kongress zum anderen fliegen, um das Flugverbot zu propagieren.) Oder der Vorschlag, man solle für jeden Menschen bei der Geburt ein Kilometerkonto anlegen; hat er sein Kontingent erschöpft, wird er quasi stillgelegt. (Wobei offen blieb, ob man dabei auch an letale Lösungen denkt.) Solche Konzepte erinnern immer ein bisschen an die Zeit der Lebensmittelkarten: Eine höhere Instanz portioniert das Leben und teilt es zu. Und das Volk steht Schlange.

Bei alledem steht außer Frage, dass Mobilität so umweltfreundlich wie möglich organisiert werden muss. Vehikel, welcher Art sie auch zukünftig sein mögen, sollten sparsam, leicht und leise sein. Rohstoffe werden nicht verschwendet, sondern möglichst effizient genutzt. Wo und wenn möglich, baut der Verkehr auf erneuerbare Energien. Das sind schon allein Fragen der Intelligenz, damit der Ehre, letztlich Selbstverständlichkeiten und deshalb hier nur kurz fürs Protokoll.

Aber genauso besteht kein Zweifel, dass Mobilität ein Elixier unserer Gesellschaft ist, ein Motor der Wirtschaft, ein Treibstoff für die kulturelle und soziale Globalisierung. Wer Mobilität unterbindet, lähmt die Gesellschaft. Er schnürt ihr die Luft ab, die sie braucht, um weiter zu gehen, sich zu entwickeln, fortzuschreiten.

Eines der gerne verbreiteten Märchen zur Mobilität geht so: Wenn ein Bürger eines reichen Landes viel pendelt, oft umzieht, mehrmals pro Jahr in Urlaub fährt, eine Geschäftsreise nach der anderen unternimmt – dann ist das ein Zeichen von Wohlstand und bitte zu bewundern. Wenn ein Bürger eines armen Landes beschließt, seine Heimat zu verlassen, wenn er aufbricht, weil er sich woanders bessere Chancen verspricht – dann ist er eine Transitexistenz und deshalb zu bedauern. Mit dem Hinweis auf Heimatverlust und drohende Entwurzelung hat der westliche Wohlstandsbürger, by the way, ein moralisch einwandfreies Argument gefunden, den Landungssteg einzuziehen und lauthals »Das Boot ist voll« zu rufen. Die sollen doch bleiben, wo sie herkommen, das sei ja auch viiiiieeeel besser für sie! Manchmal weiß man nicht, welche Haltung eigentlich die schäbigere ist: die offene Fremdenfeindlichkeit oder die herablassende Arroganz niedergelassener Besitzstandswahrer, die jede Form von Migration als Armutstreck verunglimpfen, als Zug der Lemminge, die sich in ihr Unglück stürzen. Dahinter steckt die alte Angst der Sesshaften vor den Nomaden. Tiefe Verunsicherung, die von jedem ausgeht, der einen alternativen Lebensstil pflegt. Neid auf den Mut des Migranten.

Natürlich ist es jedem zu gönnen, dass er dort bleiben kann, wo er leben möchte, an dem Ort, den er seine Heimat nennt, in einem Umfeld, wo seine ethnischen, kulturellen und familiären Wurzeln liegen. Aber dann gibt es welche, die entscheiden sich für das Wagnis der Reise. Verdienen nicht diejenigen, die so viel hinter sich lassen, um das bessere Leben woanders zu suchen, besondere Anerkennung? Sie wandern vom Land in die Stadt, von Indien nach Südafrika, von Weißrussland nach Polen, von Polen nach Deutschland, von Puerto Rico nach Großbritannien. Das ist ein Akt der Autonomie, eine persönliche Unabhängigkeitserklärung von Pionieren und Glückssuchern.

Es waren Einwanderer aus aller Welt, die neue Nationen wie Brasilien oder die Vereinigten Staaten von Amerika aufgebaut haben. Es sind mutige Vorreiter wie die indischen Programmierer und Computerexperten, die das Silicon Valley erblühen ließen. Das taten sie zunächst für sich, für das eigene Fortkommen. In der Folge beflügelten sie aber auch die Gesellschaft daheim in ihrer Entwicklungsdynamik, in Form von Aufträgen nach und Firmengründungen in Indien. Es sind oft die Besten, die aufbrechen, mutige, kreative, anpassungswillige Menschen. Vorposten der Zukunft. Viele beweisen Charaktereigenschaften, die denen eines guten Unternehmers entsprechen.

Statt Migration zu verdammen, sollten wir deren Kräfte nutzen, statt Migranten auszugrenzen, sollten wir uns von ihren Stärken inspirieren lassen. Eine der beeindruckendsten liegt darin, Grenzen nicht zu akzeptieren, sondern zu überwinden.

Auch in dieser Hinsicht bedeutet Mobilität weit mehr als Verkehr. *Er* läuft in festen Bahnen, *sie* wechselt permanent die Spur. *Er* gelangt schnell an seine Kapazitätslimits, *sie* will Limits überwinden. *Er* dient als Medium und Mittel zum Zweck, *sie* definiert sich über Ziele und die Fähigkeit, sie zu erreichen. Im besten Fall finden die beiden zueinander und werden ein glückliches Paar, das sich harmonisch ergänzt. In anderen Fällen jedoch lassen sie sich ganz voneinander trennen. Ein gutes Beispiel liefert die urbane Mobilität. Immer mehr Städter organisieren ihren Alltag in Nahwelten – Freunde und Verwandte, Läden und Kinos, Sport- und Arbeitsstätten – zu Fuß. Sie erreichen ihre Ziele, effizient, schnell, bequem. Sie sind die modernen Helden der Mobilität – ohne nennenswerte Verkehrsleistung. Und umgekehrt: Wer viele Kilometer zurücklegt, ist nicht unbedingt ein besonders mobiler Mensch. Lange und viele Wege können schlicht ein Zeichen für schlechte eigene Organisation sein. Oder für strukturelle Zwänge, die von außen kommen.

Einer dieser Zwänge ist die perverse Funktionstrennung, die einst als Kennzeichen der modernen Stadt galt. Ein überaus erfolgreiches Konzept, wenn man Verbreitungsradius und Zerstörungskraft als Erfolgsindikatoren wertet. Jeder menschlichen Regung – Wohnen, Schlafen, Sport, Ausgehen, Einkaufen, Arbeiten, Geschäfte erledigen – wurde ein eigener Platz im städtischen Gefüge zugewiesen, das hielt man für besonders effizient, weil arbeitsteilig. In Zeiten der Industrialisierung war es sicher sinnvoll, eine Arbeitersiedlung ein Stück weg von den rauchenden Schornsteinen zu bauen. Aber dann gerieten Architekten und Stadtplaner förmlich in einen Rausch des Teilens und Zerschneidens. Die Funktionstrennung hinterließ breite Schneisen der Zerstörung, tote Innenstädte und zersiedeltes Umland, sie zog jede Menge künstliche Grenzen – und genau die gilt es wieder einzureißen.

Wir wollen nicht länger als Kilometerknechte zwischen den Koordinaten unseres Alltags hin und her hetzen. Hassen es, Benzin, Zeit, Nerven und Geld zu verschwenden. Wollen nicht gezwungen werden, Verkehrsteilnehmer zu werden, nur weil wir essen, sporteln, arbeiten und einkaufen wollen. Beim Kartenspielen würde man an dieser Stelle sagen: Bitte mischen, aber gründlich! Die künstlichen Trennungen müssen weg. Wir fühlen uns wohl an Orten, die auf engem Raum die ganze Vielfalt des Lebens vereinigen. Sie müssen wieder zu organischen Gebilden zusammenwachsen, zu Städten der kurzen Wege werden. Das ist keine abgehobene Vision. Vielmehr nehmen die neuen Lebensstile, welche die Postmoderne hervorbringt, diese Entwicklung bereits vorweg. Wohnen und Arbeiten am gleichen Platz werden erprobt, auf die eigenen Bedürfnisse maßgeschneiderte Lösungen entwickelt, das Leben wird in fließenden Übergängen zwischen Kinderbetreuung, Arbeiten und Freizeit organisiert. Dieser Mix verlangt nach neuen städtebaulichen Konzepten. Er braucht einen urbanen Bewegungsraum der Nähe und der gelungenen Synthesen.

Überhaupt werden die aufregenden Entwicklungen der nächsten Dekaden nicht in neuen Weltrekorden der Massenmobilität bestehen, sondern vielmehr in interessanten Individualisierungen. Vehikel, die genau nach meinen Bedürfnissen und eigenen Designideen produziert werden; mein eigener Weg von A nach B, den mir ein freundlicher Mobility Broker austüftelt; Strom kommt aus der Garage, wo das Auto mit der Brennstoffzelle steht. (Jawohl, es wird, einer Regierungspolitik des Abdrängens und Bremsens zum Trotz, auch Autos weiterhin geben: Der Staat denkt, der Mensch lenkt.) Verkehrssysteme, die nicht mehr zentral gesteuert werden, sondern wie selbstorganisierte Schwärme aussehen, wo jedes Vehikel gleichzeitig autonom und vernetzt ist. In dieser Zukunft einer individualisierten Mobilität wird man darüber lachen, wie sich die Öffentlichkeit einst an Debatten über öffentlicher Personennahverkehr versus motorisierter Individualverkehr abgearbeitet hat.

Eine postmoderne Relativitätstheorie ist im Werden, die jedem von uns seine eigene Raumzeit und seinen eigenen Zeitraum gewährt. Autonome Bewegung der anderen Art. Wir entscheiden selbst, wo unser Tempolimit liegt. Wie schnell oder wie langsam. Wo lang und bis wohin. Die aktuellen Dogmen, resultierend aus Freizeitstress und den maßlosen Forderungen des Arbeitsmarktes an »den mobilen Menschen«, provozieren Gegenreaktionen. Viele lehnen sich auf gegen das Diktat einer 7-Tage-24-Stunden-Dienstbarkeit, wollen nicht mehr flexibel sein im Sinne von: beugbar, biegbar und verfügbar. Diese oberflächliche Ruhelosigkeit, dieses »Wichtig-und-immer-unterwegs« sind ziemlich zweifelhafte Statussymbole, zudem völlig überholt. Sie stammen aus der Zeit, als nur Reiche reisten. Heute erkennt man einen wohlhabenden Menschen daran, dass er reisen kann, aber nicht muss.

Miles anymore! Unser Lebensstil sucht nach einer Mobilität mit Maß, ringt um eine neue Balance zwischen Entfesselung und Verwurzelung, zwischen alter Heimat und neuen Heimaten, zwischen virtueller Bewegung und sinnlichem Kontakt, zwischen Geburtsbindungen und Wahlverwandtschaften. Wir entscheiden selber über Stop oder Go. Ob wir das Glück in der Ferne suchen oder uns das Gute nahe liegt. Nächste Station: Hoffnung!

Den Rest kann unseretwegen gerne der Bundesverkehrswegeplan regeln.

NACHHALTIGKEIT

VORHER

Ursprünglich ein netteres Wort für ökosoziale Martkwirtschaft. Verluderte in den 90er Jahren zu einem bürokratischen Konzept, das Heerscharen von Beauftragten und Experten zu Lohn und Ehren verhalf, Normalbürgern aber ein Rätsel blieb. Ungute Verbindung von Zukunftsangst und Verzichtsethik. Garantiert humorfrei.

NACHHER

Wir vertrauen einer Gegenwart, die Umweltschonung längst zum gesellschaftlichen Mainstream gemacht hat. Und einer Zukunft, in der unsere Kreativität neue Probleme mit neuen Erfindungen beantworten wird. An die Stelle von Verzicht tritt die Tat. Wir handeln nach der Maxime: Hinterlasse die Welt besser, als du sie vorgefunden hast.

Nicht die Ahnen – unsere Nachkommen begleiten uns auf Schritt und Tritt. Fahren wir Auto statt U-Bahn, sitzen sie unsichtbar auf der Rückbank und drohen mit dem Zeigefinger. Vergessen wir mal, den Müll zu trennen, schütteln sie traurig den Kopf. Fliegen wir im Urlaub nach Mallorca, halten sie in der Abflughalle eine Mahnwache für die verheizten Energievorräte der Erde. Hauptsächlich sind sie damit beschäftigt, zu missbilligen, sie tragen T-Shirts mit der Aufschrift: »Auf unsere Kosten!« Als Gewissensgeister eskortieren sie uns durch den Alltag: die zukünftigen Generationen. Sie sind präsent. Nicht nur in unseren Köpfen. Sie dürfen in keiner politischen Erklärung zur Lage der Umwelt fehlen, sie bevölkern Konferenzen und Talkshows, in denen die üblichen Verdächtigen ihr Gutmenschentum prostituieren.

In Wirklichkeit weiß kein Mensch genau, was die »zukünftigen Generationen« von uns wollen.

Welche Rohstoffe sollen wir ihnen aufbewahren? Welche Technologien hätten sie gerne übernommen? Welche sollen wir stoppen? Das Konzept der Nachhaltigkeit, wie bisher diskutiert, war als neuer Generationenvertrag gedacht. Umwelt, Gesellschaft und Wirtschaft sollen miteinander in Einklang gebracht werden, so die Erklärung des Erdgipfels 1992 in Rio de Janeiro. Und zwar auf eine Weise, dass es auch unseren Nachkommen noch möglich ist, ihre eigenen Bedürfnisse zu befriedigen. So weit, so gut. Doch dann entstand die Nachhaltigkeitsindustrie. Institute schossen aus dem Boden, Gremien wurden gegründet, in Unternehmensberichten wurde »ökologisch« in »nachhaltig« umgeschrieben. In fröhlichem Einvernehmen beschloss die Branche: Eine Kennzahl muss her. Messen muss man das. Ausrechnen, wer in welcher Form zukunftsfähig sei. Gerecht kriegt dann jeder seine Portion Leben zugeteilt.

Prämisse des Unterfangens ist, im Detail zu wissen, welche Wünsche die »künftigen Generationen« haben werden und auf welche Weise sie diese realisieren möchten. Das Ganze soll in einem großen Kontrakt festgehalten werden; da die Zukunftsmenschen schlecht selbst unterschreiben können, weil ungeboren, signieren die Nachhaltigkeitspropheten für sie gleich »im Auftrag« mit.

Doch dieser Vertrag ist sittenwidrig! Er beruht auf einer überholten Sicht der Zukunft. Und er hat fatale Folgen für die Gegenwart.

Konsequenz Nummer eins: Die Nachhaltigkeitsindustrie versucht sich als Pseudowissenschaft. Selbst ernannte Experten rechnen uns bis auf zwei Stellen hinter dem Komma aus, wie viele Liter Wasser, Atemzüge Luft, Gallonen Erdöl und Quadratmeter Boden uns zustehen. Oder der geniale Vorschlag, bei jedem Menschen bei Geburt ein Kilometerkonto einzurichten; sobald er seine Meilen abgeflogen hat, muss er zu Hause bleiben. Wer mehr verbraucht, lebt auf Kosten ..., siehe oben.

Konsequenz Nummer zwei: eine babylonische Begriffsverwirrung der Extraklasse. Jemand hat mal geschätzt, dass weltweit rund 800 verschiedene Definitionen von Nachhaltigkeit kursieren. Dieses riesige Angebot im Supermarkt der Meinungen hat den Vorteil, dass sich jeder genau jene Variante herausgreifen kann, die ihm am besten in den Kram passt. Konzernchefs sagen Nachhaltigkeit und meinen Shareholder-Value. Mittelständler beschwören Nachhaltigkeit und meinen damit, dass es ihre Firma hoffentlich noch in 100 Jahren gibt. Ein früherer CSU-Landrat meinte gar, die CSU sei deshalb am nachhaltigsten, weil sie schon so lange erfolgreich Politik betriebe. Naturschützer meinen die Nutzung biologischer Ressourcen, ohne Raubbau zu treiben.

So verschwindet ein Konzept, das einst als der große Versöhner zwischen wirtschaftlichen, sozialen und ökologischen Interessen angetreten war, in einem Nebel unterschiedlichster Ausdeutungen. Alle reden mit, keiner weiß was Genaues. Das erleichtert ein entschiedenes Eintreten für Nachhaltigkeit natürlich ungemein. (Oma übrigens sagte »nachhaltig«, wenn ihre Suppe besonders sättigend war; diese Definition wurde in ihrer Präzision nie wieder erreicht.)

Einer der wichtigsten Gründe zu fragen, wie zukunftsfähig gegenwärtige Lebensstile sind, liegt in der unbestreitbaren Endlichkeit natürlicher Ressourcen. Erdöl und Erdgas, Kohle und Kupfer liegen nun mal in erschöpflichen Vorräten in der Erde. Also fragt man zu Recht, wie sie am allerbesten genutzt werden. Die Antwort führender Nachhaltigkeitspropheten lautet: »Am besten gar nicht!« Wir sollen die Energiereserven hüten und für später aufheben. Dazu ein Gedankenspiel: Aus der Sicht unserer Eltern und Großeltern sind ja wir Heutigen die »zukünftigen Generationen«. Was hätten sie uns aufbewahren sollen: Ein mit Urwäldern bedecktes Mitteleuropa? Steinkohle? Kautschuk? Dampflokomotiven? Egal wie, sie hätten sich vermutlich falsch entschieden. Durch Rodung entstand in unseren Breiten ein weit artenreicherer Lebensraum als vorher, Steinkohle zählt zu den pervers-subventionierten Saurier-Industrien und Kautschuk wurde durch synthetisches Gummi überflüssig. Wie können sich die Sustainability-Seminaristen eigentlich so verdammt sicher sein, zu wissen, was in 50 oder 100 Jahren gebraucht wird? »Life is what happens while we are making other plans.«

Die Szenarien von den erschöpften Ressourcen lassen außer Acht, dass es Homo sapiens bisher immer wieder gelang, als Reaktion auf Mangelsituationen technologische Durchbrüche zu erzielen. Diese Erfahrung ging als

Merksatz: »Not macht erfinderisch«, ins kollektive Bewusstsein ein. Die Apokalyptiker verdrängen diese historische Erkenntnis, weil sie nicht in jene düsteren Szenarien passt, die angeblich nötig sind, um das träge Volk zur Umkehr zu nötigen.

Wir sind in einem ganz sicher: Die menschliche Kreativität wird den Alarmisten kaum den Gefallen tun, ausgerechnet im Jahr 2005 ihre Arbeit einzustellen.

Stattdessen tun wir Postpessimisten alles, um dem Erfindergeist den Boden zu bereiten. Größtmögliche Vielfalt ist erwünscht. Die biologische Evolution liefert die Blaupause dafür, verfolgt sie doch schon immer eine Multioptionsstrategie. Als besonders erfolgreich haben sich solche Entwicklungen erwiesen, die möglichst zahlreiche Stränge, Äste und Varianten am Leben erhielten – schließlich weiß man ja nie, was Ausgangspunkt für den jeweils nächsten Schritt sein könnte. Sinn des Spiels ist, dass das Spiel weitergeht.

Übertragen auf unser Ziel Zukunftsfähigkeit: In Wissenschaft wie in Gesellschaft vermeiden wir einseitige Festlegungen, öffnen Freiräume für Selbstorganisation und spontane Hervorbringungen, sorgen für Vielfalt und achten die Eigenheiten von Minderheiten. Nachhaltigkeit erfordert Denken auf Vorrat. Nicht selten waren es in der Vergangenheit die unbeachteten Nebenstränge, die Aktionen am Rande, die sich später als der weiter führende Entwicklungsstrang entpuppten. Eine Gesellschaft, die entschieden ihre kreativen Kräfte stärkt, geht nachhaltig in die richtige Richtung.

Lassen wir uns nicht auf Nebengleise locken. Drei Jahrzehnte lang wurden wir mit vergifteten Flüssen, dicker Luft, sterbenden Wäldern und verstrahlten Landschaften schockiert. Den Horror gab man uns täglich. Und morgen mehr davon. Was war wirklich los? Unbestreitbar war man in der Ära der Industrialisierung mies mit der Umwelt umgesprungen. Und ganz eindeutig war solche Zerstörung ein GAU, sprich: der Ausdruck von Größter Anzunehmender Unfähigkeit. Aber heute zeigt sich auch, dass wir viele Gefahren falsch eingeschätzt haben. Flüsse kann man reinigen, wie an Elbe und Rhein bewiesen. Unsere Wälder, die schon so lange sterben, grünen nicht nur zur Sommerzeit. Und der Himmel über der Ruhr ist schon lange wieder blau.

Dagegen dringt langsam, viel zu langsam ins Bewusstsein, dass der verwerflichste Frevel wider die Nachhaltigkeit ein anderer war: das Auftürmen eines Schuldenbergs in historischer Höhe! Spätestens seit Wirtschaftswunderzeiten leben die Deutschen weit über ihre Verhältnisse. Mit über 1,2 Billionen Euro steht der deutsche Staat derzeit in der Kreide. Und lässt weiter, ohne mit der Wimper zu zucken, jedes Jahr anschreiben. Jede Regierung schaufelt noch mehr Neuverschuldung oben drauf. Und kein Gipfelkreuz in Sicht.

Diesen Berg abzutragen, wird unsere Nachkommen, biblisch gesprochen, bis ins siebte Glied beschäftigen. Er raubt ihnen Spielräume für politische Gestaltung, macht unbeweglich bei der ökologischen Gestaltung, behindert die Förderung von Forschung und Technik. Er ist überall im Weg.

Der Berg ruft. Aufhören.

Tragen wir ihn ab, schleifen wir dieses Zukunftshindernis, dann ist uns der Dank derer gewiss, die nachkommen.

In jeder Podiumsdiskussion über die Frage: »Haben wir überhaupt eine Zukunft – wenn ja, warum nicht?«, tauchen irgendwann die Chinesen auf. Man kann die Uhr danach stellen. Die Nachbarn im Fernen Osten werden als Joker gezogen, wenn dem Apokalypse-Fanclub nichts anderes mehr einfällt. Ihr finales Argument lautet: Zwei Milliarden Menschen und mehr, die einen westlichen Lebensstil annehmen, werden dem Planeten gründlich den Garaus bereiten. Die verheizen unser aller Erdöl in Nullkommanix, und das Klima fahren sie dabei an die Wand. Nach uns die gelbe Sintflut! (Die große Zahl sakraler Formulierungen reflektiert die Tatsache, dass die Dogmen der Nachhaltigkeitsgemeinde mittlerweile als Religionsersatz fungieren.)

Doch: Weder Chinesen noch Inder sollen auf Kühlschränke und Fernseher verzichten, nur damit sich deutsche Abiturienten des Jahres 2050 einen Zweitwagen leisten können. Schwarzafrikaner müssen nicht Jäger, Sammler oder Nomaden bleiben, damit die Sprösslinge der Reichen ungebremst Großwildsafaris buchen können. Den Armen Entwicklung zu verweigern, damit die Erde nicht aus der Achse kippt: Auch diese Version eines Gesellschaftsvertrags ist unmoralisch. Und dumm dazu.

In den armen Ländern werden die Dogmen der Nachhaltigkeitspropheten voller Argwohn aufgenommen, die Menschen streben nach Wirtschaftswachstum, Wohlstand, höherer Lebensqualität. Umwelt ist ihre wichtigste

Sorge nicht – und dennoch wird sie am Ende profitieren. Zwar ist ein steigender Standard zunächst mit ökologischer Mehrbelastung verbunden; doch ab einem bestimmten Niveau sinkt der Druck auf die Umwelt dramatisch, wie Erfahrungen zeigen. Unter anderem deshalb, weil das Bevölkerungswachstum mit steigendem Wohlstand abnimmt. Und weil Menschen nicht mehr zum Raubbau gezwungen werden. Beispiel Regenwald: Die schlimmsten Rodungen werden nicht von Holzhändlern verursacht, sondern von Landlosen, die Hektar für Hektar den Urwald abbrennen, um ein kleines Stück Land zu bebauen. Armut, nicht Entwicklung, ist der schlimmste Feind der Nachhaltigkeit.

Also setzen wir auf Entwicklung. Auf Zuversicht anstelle von Angst. Intelligenten Genuss ziehen wir dem Verzicht vor. Anpacken halten wir für besser als Bleibenlassen. Sensibilität erscheint uns wirksamer als »Nachhaltigkeitskoeffizienten«. Mit einer tatendurstigen, konstruktiven Einstellung gestalten wir die Zukunft, erschließen die lustvolle Dimension von Nachhaltigkeit, die bisher brachlag. Damit gewinnen wir auch die Jungen, die nächste Generation, die Morgenmenschen. Sie sehnen eine Vision von Fortschritt herbei, die ihnen das Vertrauen gibt, dass das Spiel des Lebens weitergeht. Dass wir uns entscheiden können, ob wir beleidigt auf der Ersatzbank sitzen oder uns auf dem Spielfeld tummeln. DASS WIR ETWAS TUN KÖNNEN.

Sensibilität. Zu jedem Freiraum gehört ein Verantwortungsraum. Wir halten es für ein hoffnungsvolles Zeichen, dass wir, als Angehörige einer gesellschaftlichen Elite, ein globales Denken kultivieren. Wir wissen, dass alles mit allem und jeder mit jedem verbunden ist. Wir mischen mit beim Projekt Weltvernetzung. Ob wir nun fair gehandelten Kaffee kaufen, die Nachrichten aus Amerika oder Asien verfolgen oder ein Internetprojekt in Ghana unterstützen: Im Hinterkopf haben wir immer die Blaue Kugel, dieses Astronautenbild von der Erde als Ganzes. Klein, fruchtbar, fragil. Keine politischen Grenzen erkennbar. Wir sind die erste Generation, die mit dieser Ikone aufgewachsen ist. Das Bild aus dem All ist im Alltag allgegenwärtig, es dient als Leitbild für weltweit aktive Konzerne und Greenpeace gleichermaßen, für Internetprovider, Fernsehsender und Kirchen. Es ist das universelle Symbol der globalen Ära: Schaut mal, unser Heimatplanet. Der ist uns nicht egal.

Zuversicht. Neue Technologien und soziale Erfindungen brauchen nicht mehr so lange wie zu Zeiten Marco Polos, um von Kontinent zu Kontinent zu gelangen. Sie werden in Echtzeit hin und her gebeamt. Übrigens auch von den viel geschmähten transnationalen Konzernen. Die wilden Anfangszeiten der Globalisierung sind vorbei. Ein Konzern, der seine Produktionsstätten rund um den Erdball verteilt, kann heute nicht mehr anders, als überall ähnliche Umwelt- und Sozialstandards anzulegen. Und zwar vergleichsweise hohe, denn die meisten Transnationalen haben ihren Sitz in westlichen Industrienationen mit fortgeschrittenem Bewusstsein. Die Konzerne stehen unter Beobachtung. Auch Medien und Nichtregierungsorganisationen haben sich mittlerweile global vernetzt. Eine Verfehlung auf der einen Erdhalbkugel kann auf der anderen Boykotte auslösen, von schmerzhaft bis lebensgefährlich. Gut informierte Verbraucher erweisen sich als wirksames Druckmittel.

Anpacken. In der Wirtschaft wird es, wie in der Vergangenheit, zu Effizienzsprüngen kommen. Wasserstoff, neue Verbundmaterialien, computergesteuerte Produktion, Nanotechnologie. Aber vor allem durch Technologien, die wir heute noch nicht einmal erahnen. Denn das ist eine prägende Erfahrung unserer Generation: Die Prognosen sind nicht eingetreten, und was eintrat, wurde nicht prognostiziert.

Wer von uns hätte, als er Anfang der 80er Jahre seinen ersten PC erwarb, etwas darüber sagen können, wie das Internet wenige Jahre später Wirtschaft und Gesellschaft umkrempeln würde? Eben. Es gibt keinen triftigen Grund, warum technologische Innovationen nicht auch in Zukunft einiges umwälzen werden, warum die Herstellung von Gütern nicht effizienter und sauberer werden sollte, um den Faktor vier oder zehn oder mehr. Mit der Gefahr wächst das Rettende auch. Das sehen die Alarmisten natürlich anders. In ihren Horrorszenarien reservieren sie jede Menge Platz für ganz schreckliche Zufälle, ignorieren aber erfolgreich das emergente Entstehen von Technik, die uns weiterbringt.

Wir halten nichts von buchhalterischen Maßzahlen, die angeblich mathematisch exakt angeben, wer oder was zukunftsfähig ist. Nachhaltigkeit ist ein Appell zur Tat. Dabei bleibt uns selbst überlassen, ob wir nun Bäume pflanzen, den Serengeti-Nationalpark durch Eintrittsgelder unterstützen oder recyceln wie die Weltmeister.

Wir lassen uns dabei von der Mentalität der Hacker inspirieren. Ein Hacker nimmt die Dinge, die er vorfindet, nicht als gegeben an, sondern prinzipiell als verbesserbar. Software ebenso wie Computer, Handys oder Roboter. Er setzt seinen ganzen Ehrgeiz darin, Systeme zu knacken, um sie zu stärken. Hacker sind nachhaltig. Wir glauben: Der spannendste Hack aller Zeiten wird der Blaue Planet. Dabei folgen wir einem denkbar einfachen Algorithmus: Hinterlasse die Welt besser, als du sie vorgefunden hast!

Das kapiert jeder.

NATUR

VORHER

Überall Mythen in Tüten: Indianer lebten in schönster Harmonie mit der Natur und waren sanft, edel und gut; Landschaft ist schön, wenn unberührt; Afrikaner müssen Elefanten genauso klasse finden wie wir; für Delphine gibt es nichts Größeres, als ihre Good Vibrations mit im Meer planschenden Esoterikern auszutauschen. Die Menschen werden zur tödlichen Plage des Planeten. Der D-Day naht, sagen Naturschützer, Zeugen Jehovas und Profi-pessimisten.

NACHHER

Homo sapiens ist aus der Natur hervorgegangen, und seine Werke bauen auf Natur auf: Städte, Autobahnen, Internet. Die Devise »Bloß nichts anrühren!« hat ausgedient. Wir nutzen Pflanzen, Tiere und Landschaften für unsere Zwecke. Und schützen sie. Vor allem, weil es sich lohnt. Wir übernehmen deshalb Verantwortung für die Umwelt. Denn: Eigentum verpflichtet.

Voilà, die Serengeti! Grasland erstreckt sich bis zum Horizont. Vereinzelt stehen Bäume mit ausladenden Ästen, die kleineren Tieren Deckung bieten vor Angriffen aus der Luft. Wasserläufe schlängeln sich durchs Grün, das restliche Land ist nicht zu nass. Hier und da ein Hügel, von dem man einen guten Überblick über die Savanne gewinnt. Viele beschleicht an dieser Stelle ein diffuses Gefühl von Heimat. Gar nicht so falsch! Schließlich ist Homo sapiens, sind wir hier groß geworden. Und die meisten Menschen, egal ob Afrikaner, Asiaten oder Europäer, sagen angesichts der fruchtbaren Weiden einfach nur: Wow, wunderschön!

Überraschung: Wir sind gar nicht in Afrika, wir sind im Central Park zu New York. Beziehungsweise im Englischen Garten von München. Beziehungsweise im Berliner Tiergarten. All diese Parks sehen ziemlich genau so aus wie die Serengeti. Und wir stehen darin und sagen: Wow, wunderschön!

Ein archaisches Gefühl für die Ästhetik von Landschaften hat sich erhalten, das, so meinen die Anthropologen, auf einem sehr einfachen Zusammenhang beruht: Wir finden schön, was uns nutzt. Die Savanne bot den Hominiden alles, was sie zum Leben brauchten. Trinkwasser, Schattenbäume in großer Zahl, aber dennoch eine gute Sicht, jede Menge Fleisch (sprechen wir die unappetitlichen Details offen an: meist als Aas). In dankbarer Erinnerung verewigen wir unsere ostafrikanischen Wurzeln in Gestalt von Stadtparks und Landschaftsgärten.

Dieser Befund steht in krassem Gegensatz zu jener Volksweisheit, die puristische Ökos in Umlauf gebracht haben: Nur unberührte Natur ist! Nur unberührte Natur ist wirklich!! Nur unberührte Natur ist wirklich schön!!!

Der Mensch dagegen. Er stört. Er berührt die Natur, und schwups, ist sie auch schon verdorben. *Trifft ein fremder Planet die Erde und fragt: Na, wie geht's? – Schlecht, antwortet die Erde. – Wieso? – Ach, ich hab Homo sapiens.* – Haha, darüber lachen Baumumarmer, Froschretter und Walküsser, sprich jene Zeitgenossen, die Tiere für die besseren Menschen halten. Vertreter der eigenen Spezies dagegen gelten ihnen als eine Art Krebsgeschwür auf zwei Beinen, das sich metastasenhaft über den Globus ausbreitet. Ganz sicher werde es dem Patienten Erde und damit der eigenen Gattung den Garaus bereiten. Man könnte diese Art von Natur-»Verständnis«, diese und wahrlich menschenverachtende Ignoranz getrost als Lachnummer abtun – gäbe es nicht mittlerweile unglaublich viele, die den Schwachsinn nachplappern.

Woher rührt eigentlich dieser Kult der Jungfräulichkeit? Dieses Pochen auf Unberührtheit? Ist das was Sexuelles? Hey, entspannt euch mal!

Nehmt euch ein Beispiel an den Amerikanern. Jedes Jahr besuchen mehrere Millionen den berühmten Yosemite National Park in Kalifornien. Besonders beliebt sind die artenreichen Blumenwiesen in dem Tal rund ums Besucherzentrum. Visite in der Wildnis? Denkste! Von freundlichen Rangern erfährt man, dass einst die Mohawk-Indianer gezielt Brände legten – Feuer ist ein viel drastischerer Eingriff als manches forstliche Kettensägenmassaker –, um den dichten Wald zu roden. Auf den gewonnenen Flächen betrieben sie Ackerbau. *So* entstand die bunte Pracht im Nationalpark.

Nicht anders hierzulande. Lüneburger Heide (wo Löns Naturschönheit bedichtete), Wattenmeer (heute großflächig geschützt), Alpen (das Vorzeigebiotop Europas): Drei Beispiele vor der Haustür, wie faszinierend und vielfältig berührte Natur sein kann. Förster, Fischer und Landwirte hatten dort Hand angelegt. Siehe da: Die Besucherscharen sind begeistert. Und vergessen, überwältigt von der Illusion von Wildnis, einen Moment lang ihr Mantra, wonach die Natur gut und der Mensch schlecht sei.

Wir bestreiten energisch, dass Menschen milliardenfache Irrläufer der Evolution sind. Oder ein Betriebsunfall bei der Entstehung von Arten. Oder der Super-GAU der Erdgeschichte.

Der Mensch ist aus der Natur hervorgegangen. Hat sie überstiegen, transzendiert. Und voll integriert. Und das, was er hervorbringt, ebenfalls. Seine Straßen, Städte und Strümpfe, Kanäle und Kaffeemaschinen, Zoos und Zuckerdosen – alles Natur! Nicht mehr pur, okay, aber von Lebewesen dieser Erde aus Rohstoffen derselben hergestellt. Das Internet – alles Natur! Seine Computer und Kabel sind aus Sand, Erdöl, Kupfer und Silizium hergestellt, betrieben wird es von Angehörigen der Spezies Homo sapiens, das Muster seiner Links und Knoten ähnelt dem von Gehirnzellen und Nahrungsnetzen im Regenwald. Es gibt keinen Grund, Natur und Mensch gegeneinander auszuspielen, und ist unglaublich zynisch, uns als Art komplett zu diskreditieren.

Zu den ideologischen Reinheitsritualen von Esoterikern und Tiefenökologen gehört die Vorstellung, Menschen dürften Tiere nicht töten. Das seien Mitgeschöpfe, womöglich beseelt, auf jeden Fall unberührbar. *The Untouchables*, in der Version für den Discovery Chanel. Dieses Tabu wird in zwei Härtegraden gehandelt: Stufe eins ist das Verbot jeder Form von Jagd; Stufe zwei verbietet sogar, Haustiere zu schlachten. Witzigerweise werden solche krausen Ideen von Leuten verbreitet, die schon lange den direkten Kontakt zur Natur verloren haben. Satte Städter, weit weg von Landleben und Landwirtschaft, die eine Hausschlachtung allenfalls aus der »Sendung mit der

Maus« kennen und für die ein Nahrungsnotstand allenfalls darin besteht, dass der Supermarkt geschlossen hat.

Wenn Vegetarier und Hardcore-Veganer ihre Mägen mit einseitigem Salatkonsum – Menschen vertragen Mischkost am besten – in gärende Komposthaufen verwandeln, ist das ihr zweifelhaftes Privatvergnügen. Wenn jedoch Naturschützer in den reichen Ländern des Nordens den armen Ländern vorschreiben wollen, die Jagd einzustellen, dann wird es anmaßend peinlich. Das ist Imperialismus, grün gewandet. Also: Ein großer Teil der Menschheit ist auf Eiweiß und Nährstoffe angewiesen, die Fleisch und Fisch liefern. Davon stammt, zum Beispiel in Asien und Afrika, wiederum ein Großteil von wilden Tieren. Da die ihre Haut nicht von Natur aus zu Markte tragen, muss man sie töten. Schuss, aus.

Können die Moderateren unter den Naturschützern bis hierher noch zustimmen, gehen sie spätestens in die Ketten, wenn es um die Trophäenjagd geht. Einen Hirschen oder Löwen oder Büffel zu schießen, nur um sich Geweihe oder Felle ins Wohnzimmer zu hängen, sei nicht nur pervers, sondern verdamme die bejagten Tierarten zum Aussterben.

Falsch! Fast alle Länder haben mittlerweile strenge Bestimmungen zum Schutz gefährdeter Arten erlassen, die auch funktionieren. Organisierte Großwildjagd gehört nicht zu den relevanten Aussterbegründen. Im Gegenteil zählen die horrenden Gebühren, die reiche Großwildjäger in Ländern wie Simbabwe oder Botswana entrichten müssen, zu den wichtigsten Geldquellen für den Naturschutz. Abschussquoten werden so festgelegt, dass die Bestände nicht dezimiert werden. Jagdgebühren dienen auch dazu, Bauern dafür zu entschädigen, dass ihre Äcker von Wildtieren leer gefressen oder zertrampelt werden. Eine Elefantenherde kann in wenigen Minuten eine ganze Jahresernte in den Boden stampfen. Wie sagt man so schön: Beim Feld hört die Freundschaft auf!

Wer will, dass es weiterhin Elefanten gibt, sollte einwilligen, dass einige von ihnen geschossen werden. Für Entwicklungsländer lautet die Alternative: »Use it – or loose it«, Arten, die wir nicht nachhaltig nutzen, verlieren wir. Natur schützt man nicht mit blutendem Herzen, sondern mit klarem Verstand.

Deshalb brauchen wir auch mehr Markt im Ökomanagement. Bislang herrscht immer noch allenthalben planwirtschaftliches Denken. Reservatsgrenzen festlegen, Verwaltung installieren, Ranger bewaffnen, Wilderer verfolgen: Fertig ist der neue Nationalpark! Doch weltweit zeigt sich, dass dieses Vorgehen zu kurz greift. Rund um die Reservate wächst die Bevölkerung und damit der Druck, das Land bewirtschaften zu wollen, statt es reichen, weißen Naturliebhabern als Freilandzoo zu überlassen. Die Mehrheit der Afrikaner auf dem Land führt einen harten Überlebenskampf; Hippos und Büffel zu lieben, einfach nur so, käme ihnen reichlich abwegig vor.

Langfristig sind wilde Tiere nur dann zu schützen, wenn sie sich für die Einheimischen in irgendeiner Form »lohnen«. Naturschutz muss eine konkurrenzfähige Nutzungsform werden. Marktwirtschaftliche Ideen bringen Schwung in eine erstarrte Szene: Warum soll nicht mal eine Firma wie Disney, die seit Jahrzehnten erfolgreich Themenparks betreibt, in Ruanda das Gebiet der letzten Berggorillas managen? Die Weltfirma verbürgt sich mit ihrem Ruf für das Überleben der äußerst bedrohten Dschungelriesen; als Profis für Besucherlenkung wissen die Manager, wie viele Touristen man am besten in welche Bereiche des Parks lässt; die umliegenden Dörfer werden prozentual an den Eintrittsgebühren beteiligt. Für diese Konstruktion spricht außerdem, dass Disney als Organisation wahrscheinlich länger lebt als eine Regierung von Ruanda.

Überall dort, wo man der lokalen Bevölkerung Eigentumsrechte an den Tieren und Pflanzen auf ihrem Territorium eingeräumt hat, etwa in Form kontrollierter Abschussquoten, haben sich die Bestände erholt. Zebras wurden zu Goldeseln, Elefanten zu wandelnden Sparkonten. Gibt man dem Homo oeconomicus den richtigen Rahmen, erweist er sich als idealer Naturbewahrer. Er schont das Kapital und lebt von den Zinsen. Eigentum verpflichtet nicht nur: Es motiviert auch.

Zur guten Haushaltsführung gehört, die wahre Lage der Natur zu kennen. Doch wo kritisches Bewusstsein gefragt wäre, um echte Gefahren von vermeintlichen zu unterscheiden, betreiben Medien (im Verein mit auf Spenden schielenden Umweltorganisationen) weiterhin eine heimliche Meisterschaft im Miesmachen. Schlug uns beispielsweise vom Titel einer großen süddeutschen Tageszeitung die Zeile entgegen: »Die Erde stirbt.« Subjekt, Prädikat, Punkt. Exitus für die Erde. Ohne Fragezeichen. Die finale Schlagzeile. Würde man solche »Nachrichten« ernst nehmen und sich danach richten, müsste man ja als Erstes sein Abo kündigen: Nach dem Doomsday liest niemand mehr Zeitung.

Mit genauen Zeitangaben für das Ende haperte es allerdings in dem Bericht. Eigentlich ging es auch nicht darum, dass die Erde stirbt (physikalisch betrachtet, eh relativ schwierig), sondern nur um eine Konferenz. Irgendwo hatten sich Artenschützer getroffen und mit den sattsam bekannten und durch Wiederholung kaum wahrer werdenden Aussterbezahlen um mediale Aufmerksamkeit gehechelt. Je nach Dreistigkeit wird behauptet, jeden Tag stürben 30 oder 70 oder 120 Arten unwiderruflich aus. Beweise dafür gibt es bislang keine, nur Hochrechnungen, die innerhalb der Wissenschaftlergemeinde heftig umstritten sind. Das Publikum reagiert auf solche Auswüchse von Alarmismus – gar nicht mehr. Es ist stumpf geworden durch die täglichen Todesnachrichten aus der Natur.

»Na ja, manchmal übertreiben wir natürlich«, gibt die Public-Relations-Beauftragte einer namhaften Naturschutzorganisation zu; aus verständlichen Gründen möchte sie nicht genannt werden. »Aber das dient doch letztlich der Sache. Nur so bewegen wir etwas, können wir Aufmerksamkeit erlangen und Arten retten.« Wir halten dagegen: durchsichtige moralische Rückzugsgeplänkel! Damit reklamieren Umweltbewegte nichts weniger für sich als eine Befreiung vom Wahrheitsgebot, das für jeden gilt, der etwas veröffentlicht. Der Zweck heiligt eben nicht die Mittel. Wer neunmal fälschlicherweise »Feuer« schreit, dem glaubt beim zehnten Mal, wenn's wirklich brenzlig wird, keiner mehr. Die Verbände müssen begreifen, dass sie ihre Glaubwürdigkeit verspielen, wenn sie lax beziehungsweise instrumentell mit Fakten umgehen. Wir möchten gerne Greenpeace mehr vertrauen können als Shell – was spätestens seit Brent Spar nicht mehr der Fall ist. Damals diskreditierten sich die Regenbogenkrieger selbst, als sie falsche, vielfach zu hohe Angaben über Giftstoffe in der Bohrinsel verbreiteten.

Ein internationales Tribunal sollte mal alle Verbrechen gegen die Menschheit untersuchen, die das Kassandra-Kartell in den vergangenen 40 Jahren begangen hat. Hauptpunkte der Anklage: »Entmutigung ganzer Generationen junger Menschen«, denen die Zuversicht genommen wird, dass sich ein Engagement für die Natur überhaupt noch lohnt; des weiteren »Fälschen von Fakten und die Verbreitung gefälschter Fakten«, »hundertfaches Auslösen blinden Alarms«. Außerdem ist zu verhandeln wegen »Beihilfe zum ökologischen Raubbau«, weil Gesellschaft und Politik durch reißerische Spendenkampagnen (»Der afrikanische Elefant stirbt aus« und ähnliche Absurditäten) von den wahren Problemen abgelenkt wurden.

Und davon gibt es wahrlich genug. Kümmern wir uns um die hoch bedrohten Pandas und Berggorillas, um ostafrikanische Spitzmaulnashörner und chinesische Flussdelphine. Sorgen wir dafür, dass Tiger und ostafrikanische Spitzmaulnashörner nicht mehr zugunsten »traditioneller chinesischer Medizin« gewildert werden, deren durchgeknallte Anhänger Grippe und Impotenz mit Pülverchen aus getrockneten Penissen und geriebenen Hörnern kurieren wollen. Wir könnten »freien Handel« beim Wort nehmen und Europas Grenzen für Agrarimporte aus Entwicklungsländern öffnen. Das wäre angewandter Naturschutz der wirksamsten Art. Armut – und nicht etwa Entwicklung und mehr Wohlstand – ist der eigentliche Feind der Natur.

Neben der einen Fraktion unter den Ökologen, die schlicht leugnet, dass der Mensch Teil der Natur sei, gibt es eine andere, die uns gnädigerweise zwar dazuzählt, aber, man glaubt es kaum, uns auf die gleiche Stufe mit allen anderen Tieren stellt! Der Mensch – nur eine unter 17 Millionen Tierarten. Nicht besser als Schaben, nicht schlechter als Kaninchen, nicht anders als Quallen. Egalitarismus in Reinform: Alle Geschöpfe Gottes sind gleich, keines ist gleicher. Für solche Einlassungen bekommt man bei Podiumsdiskussion auf Kirchentagen feierlichen Szenenapplaus.

Ab damit in den Mythenzertrümmerer! Mag ja sein, dass wir nicht die »Krone der Schöpfung« sind. Aber Ameisen haben nun mal keine Autos erfunden, Regenwürmer nicht die Landwirtschaft, Heringe sind nicht dafür bekannt, Umwelt- und Kirchentage zu organisieren, und Löwen verteilen keine Sozialhilfe. Homo sapiens ist ohne Zweifel eine der einflussreichsten Tierarten auf dem Planeten Erde. Und diese herausragende Rolle ist es auch, die uns eine besondere Verantwortung zuteilt. Wären wir nur eines von vielen

Säugetieren: Warum sollten wir uns Gedanken darüber machen, ob nach uns die Sintflut oder die große Dürre oder gar nichts kommt?

Was uns von Schwester Schimpanse und Bruder Bonobo unterscheidet, ist unsere Intelligenz. Sie ist zwar unter unseren Artgenossen sehr ungleich verteilt, gilt aber grundsätzlich als erneuerbare Ressource. Wer sie reichlich anzapft, dem vervielfacht sie sich. Das Gehirn ist das Biotop der Gedanken und damit einer der vielfältigsten und faszinierendsten Naturräume der Erde. Intelligenz als nachwachsender Rohstoff: Das müsste euch doch gefallen, liebe Umweltbewegte, Tierliebhaber und Naturschützer. Baut eure Strategien auf Analyse und Vernunft, nicht auf moderne Mythen und Märchen. Dann gewinnt ihr – statt esoterischen Bauchrednern – die besten Köpfe für eure Sache.

NETZE

VORHER

Wer hip und modern klingen will, tauft alte Hierarchien kurzerhand in Netze um. Selbst der letzte Vorstandsvorsitzende, ausgestattet mit feudaler Macht und Herrlichkeit, der aber gerne zur Generation @ gezählt würde, stilisiert sich als Netzwerker. Doch hinter den klingenden Wortkulissen regieren die alten Bekannten »Command & Control« hemmungsloser denn je.

NACHHER

Mündige Menschen organisieren sich selbst. Verbinden sich für Projekte, mit Engagement und Spaß. Weben intelligente Maschen. Knüpfen Netze ohne Zentrum. Vertrauen ist darin wichtiger als Kontrolle. Alle Macht geht von den Vernetzten aus. Hier kommt die Fünfte Gewalt: das Netz. Wir. Alle.

Nicht, dass Netze neu wären. Zu allen Zeiten hat es die Selbstorganisation von Menschen gegeben, den Zusammenschluss der vielen, die verteilt flexibel verbunden agieren. Doch gegen das andere Modell, die Hierarchie, zogen Netzwerkkulturen oft den Kürzeren. Befehl und Kontrolle haben, zumindest kurzfristig, den Vorteil, dass sie Menschen und Ressourcen auf ein Ziel hin konzentrieren können. Ob nun Krieg oder Ernte, Gigantobauwerk oder Gottesdienst: Auf Anweisung von oben setzen sich Massen in Bewegung. Netze dagegen haben, gerade wegen der verteilten Struktur, einen hohen Kommunikationsbedarf. Sie waren über lange Epochen einfach zu ineffizient.

Das hat sich in junger und jüngster Zeit dramatisch geändert. Erst durch Telegraf und Telefon, Eisenbahn, Auto und Flugzeug, dann durch CB-Funk, Internet, E-Mail, Beeper, Mobiltelefone, SMS, Chatrooms. Bis dahin waren

Netze wie ein wunderschönes Vehikel, dem der Motor fehlte. Doch dann lieferte die explosionsartige Verbreitung neuer Kommunikationsmittel, die das Gespräch der vielen mit den vielen ermöglichen, endlich den richtigen Antrieb. Die Ära der Netze ist gekommen. Jetzt können sie ihre Stärken voll entfalten. Können zeigen, dass sie anpassungsfähiger und flexibler sind als die monolithischen Strukturen, welche die Industrialisierung hervorgebracht hat, schneller als vielstufige Hierarchien, demokratischer als zentralistische Systeme.

Man kann Netze nicht sehen. Zunächst handelt es sich um ein Gedankenkonstrukt, um Metapher und Modell. Dennoch werden sie alle Bereiche von Wirtschaft, Gesellschaft und Politik durchdringen und umformen. Das Netz als Organisationsform ist die angemessene Antwort auf die globalisierte, dynamische Wandelwelt und fördert ihrerseits Globalisierung und Dynamik. Ein Prozess, der sich selbst verstärkt und beschleunigt.

Interessant ist nun, wie heftig das Establishment reagiert. Ein Arzt würde darin den Kampf eines Körpers mit einem fiesen Virus erkennen.

Ein Kampf in Etappen. Phase eins: Versuch der totalen Abstoßung. Abschotten, dicht machen, ausgrenzen. Die herrschenden Eliten fühlen sich zutiefst verunsichert, mehr noch: existenziell bedroht. Und das sogar zu Recht. Wer Wohlstand und Macht einem netten Plätzchen in der Zentrale, einem Posten ganz oben verdankt, dem gelten Strukturen, in denen es kein Zentrum und kein Oben gibt, als natürliche Feinde. War nicht der Platz auf dem Gipfel immer auch ein Platz der Sonne? Sind nicht die Generäle, Vorsitzenden, Chefs, Promis die ewig gefeierten Helden einer Gesellschaft, die auf Führerpersönlichkeiten fixiert ist?

Und nun dieses: Jeder Mensch soll Zugang zu Netzen bekommen, soll ein Knoten sein dürfen, soll die Links und Verschaltungen verändern dürfen, gerade so, wie das lernende Gehirn die Anordnung seiner Synapsen modelliert? Das riecht nach Anarchie. Skandal. Revolution.

In Netzen ziehen viele die Fäden, nicht ein fünfköpfiger Vorstand. Sie laden ein, statt auszuschließen. Sie sind in den meisten Fällen transparente, öffentliche Gebilde, im Gegensatz zur klandestinen Kungelei der alten Eliten. Das unterscheidet Netze übrigens kategorisch von Seilschaften.

Phase zwei der Abwehr: Das Immunsystem spürt das Neue auf, markiert es als unerwünschten Eindringling und schickt seine Killerzellen los. Befehl: Auffressen. Doch schon scheint Resignation durch. Netze überall. Gut ablesbar ist die rhizomartige Verbreitung am Internet, eine Technologie, die sich rasant verbreitet und demokratisiert hat. Das Establishment schwächelt. Die Begründungen für die Ablehnung werden matter, kommen aus der Ecke: »Was der Hierarch nicht kennt, kann nicht gut sein fürs Volk!« »Das haben wir noch nie so gemacht«, sagt das Alte, schon ein wenig kapitulierend. Dann wird's aber Zeit, sagt das Neue.

Phase drei des Kampfes: tarnen und täuschen. Die altbekannten Hierarchien werden kurzerhand umdeklariert und sollen fortan als Netz firmieren. Der Kanzler findet, ganz Deutschland sei ein Netzwerk. Parteien und Gewerkschaften behaupten das Gleiche dreist von sich. Und der Personalvorstand eines der größten Autohersteller der Welt, berüchtigt für seine konservative, frauenfeindliche und obrigkeitshörige Firmenkultur, hat keine Bedenken, öffentlich zu verkünden: »Wir sind die Network Company.« Es blieb offen, ob er davon träumt, wirklich eine zu werden, oder ob er so tönt, weil es irgendwie demokratischer, außerdem schön hip und chic und nach Internet klingt. Das Netz der Netze finden ja alle klasse, und wenn der Boss mal die erste E-Mail seines Lebens selbst geschrieben und selbst auf »Senden« geklickt hat, dann meint er bereits, mitreden zu können.

Wer frech und frei wie ein Sonnenkönig verkündet: »Das Netz bin ich«, übersieht geflissentlich ein kleines, feines Detail. Den eigentlichen Charakter von dezentralen, vielfach verschalteten Systemen macht, dass sie sich jeglicher Kontrolle entziehen. Sicher, man kann Netze durch Impulse beeinflussen, durch Ideen anregen, mit Informationen füttern – steuern kann man sie nicht. Good bye, commander! Wann kapierst du endlich, dass du nicht die Vorteile des verteilten Denkens – Erschaffens – Arbeitens haben kannst, die Kreativität – Fehlerfreundlichkeit – Anpassungsfähigkeit der Netze, aber gleichzeitig sämtliche Aktionen und Akteure im Netzwerk unter der Knute behältst!

Damit kommen wir zu Phase vier der immunologischen Reaktion auf das Neue: der großen Vereinnahmung. Kann ein Störenfried nicht besiegt werden, umarmt man ihn mit großer Geste, um ihn unbemerkt in eigene Dienste zu stellen. Netze als nützliche Idioten: Die Manipulationsversuche sind heute schon zahllos, und wir stehen vermutlich erst am Anfang. Spam, milliardenfacher Infomüll in den Datennetzen, frisst nicht nur Bandbreite, sondern auch unsere Zeit und Nerven. Clevere Marketingstrategen analysieren menschliche Beziehungssysteme, um sie als Vertriebskanäle für alten und neuen Quatsch zu nutzen, von Faltencremes bis zu erektionsneutralen Kopien von Viagra. Sie sind darauf aus, die Hochvernetzten zu identifizieren und mit deren Hilfe ihre Produkte in Netze einzuschleusen. »Network Marketing« ersetzt oft nur die miesen Machenschaften der früheren Schneeballsysteme, bei denen einer vier andere anwirbt, die wiederum vier andere anwerben, und am Ende sitzt irgendeine Hausfrau auf Hunderten teuer bezahlter Sets von Schnellkochtöpfen, die keiner braucht und keiner kauft.

Es gibt noch subtilere Versuche der Unterwanderung. Internetforen, in denen Verbraucher ihre Erfahrungen und Meinungen über Produkte austauschen, vom Trekkingschuh bis zum Massagestab, sind eigentlich ein schöner Fortschritt hin zum mündigen Bürger. Durch massenhafte kleine Beiträge entsteht hier, Wunder der Schwarmlogik, so etwas wie eine höhere Intelligenz. Informierte Konsumenten als emergentes Phänomen der Vernetzung. Doch schon gehen Unternehmen daran, die Beiträge in solchen Communitys zu manipulieren. Sie schleusen Moderatoren ein, platzieren inkognito möglichst viele positive Bewertungen der eigenen Produkte.

Doch man darf guter Hoffnung sein, dass das Gespräch der vielen mit den vielen solche Manipulatoren immer wieder aufspürt und isoliert. Weblogs oder Blogs sind ein großer Trend im Internet. Wer online loszieht, findet sie wie Sand im Meer. Diese Weblogbücher sind nichts anderes als kommentierte Linklisten. Ihr Prinzip: Eine oder mehrere Personen beschreiben, kommentieren und würdigen Content-Fundstücke aller Provenienz aus dem Netz. Schwätzer werden zum Verstummen gebracht. Müllsünder abgemahnt. Undercoververkäufer mit Flammenkriegen in die Flucht geschlagen. Wobei die Koevolution zwischen Attacke und Abwehr solcher Versuche ein offenes, nie endendes Spiel bleibt – ganz wie in der freien Wildbahn auch.

Woher rührt die Faszination vieler Menschen für die neue Kultur der Vernetzung? Werfen wir einen Blick in die Werkstatt. Das vorliegende Buch ist ein prototypisches Beispiel für vernetztes Leben und Arbeiten. Wir Autoren leben in vier Städten. Zwei von uns sind angestellt, einer hat ein Unternehmen, einer ist Freiberufler. Wir haben uns kennen gelernt, indem wir über Jahre verfolgten, wie die anderen denken, was sie veröffentlichen, unternehmen, auf die Beine stellen. (Das geht, auch ohne im selben Internat oder in derselben schlagenden Verbindung gewesen zu sein.) Als wir merkten, dass wir – bei allen Unterschieden in Herkunft und Profil – viele gemeinsame Ideen verfolgen, trafen wir uns und entwickelten das Konzept. Wir vereinbarten, die Kapitel in einem offenen redaktionellen Prozess entstehen zu lassen. E-Mail und Telefon erleichtern die Abstimmung. Einer schreibt den Entwurf eines Kapitels, schickt ihn dem Nächsten, der fügt ein, verändert, kommentiert, am Ende der Kette kommt der Text zum Ausgangspunkt zurück. Aus dem Konglomerat aller Ideen und Anregungen macht der Autor die finale Version. Textverarbeitung, Datentransfer und Telefonkonferenzen lieferten uns das technische Handwerkszeug. Genauso wichtig für den Schaffensprozess waren die gelegentlichen persönlichen Treffen, das gegenseitige Beschnuppern und Sich-riechen-Können. Vertrauen reduziert Komplexität. Das wird bei einem solchen kreativen Prozess besonders deutlich.

Vertrauen ist gut – aber ist Kontrolle nicht besser? In einer Gruppe Gleichberechtigter kann es keinen zentralen Strippenzieher geben, der über »gut« oder »schlecht« entscheidet, womöglich noch lobt oder abstraft. Vielmehr entsteht soziale Kontrolle durch Transparenz: Kopien jeder Mail an alle, damit ist klar, wer was beiträgt. Von gegenseitiger Information so viel wie nötig und so wenig wie möglich. Denn: Vertrauen reduziert ... siehe oben. Hier nun die Antwort, was uns an Vernetzung fasziniert: Diese Form des Arbeitens macht ungeheuer viel Spaß und lässt jedem seine Freiheiten. Jeder kann schreiben, wann und wo ihm danach ist, in der Badewanne oder in der Savanne. Wir bleiben autonom, sind aber dennoch verbunden. Die Auseinandersetzung mit den Ergebnissen der anderen inspiriert und provoziert, wir vier schreiben und lernen gleichzeitig. Das Netz ist wichtiger als der Knoten, der Einzelne tritt hinter dem Ganzen zurück. Und das Ganze – das Buch, seine Anmutung, seine Atmosphäre – ist am Ende deutlich mehr als die Summe der einzelnen Teile.

Mit dieser Methode der Zusammenarbeit über Hunderte von Kilometern hinweg reklamieren wir keineswegs eine Sonderstellung. Im Gegenteil: Immer mehr Menschen entdecken eine neue, befriedigende Balance zwischen Selbstständigkeit und Gemeinschaft, zwischen individueller Freiheit und kollektivem Agieren. Statt schicksalhaft in eine Familie, Klasse oder Ortschaft hineingeboren zu werden, wie in den Generationen zuvor, sind wir heute frei, Wahlverwandtschaften nach eigenem Gusto zu begründen. Jeder kann sich mit mehreren, ganz unterschiedlichen Netzwerken gleichzeitig verbinden: eines fürs Dating, eines für politische Aktionen, eines für den fachlichen Austausch mit Kollegen, eines für Auktionen von seltenen Bierkrügen. Jedes Netz deckt einen Teil unserer Identität ab, in jedem können wir neue Rollen erproben. Multiple Persönlichkeit, neu definiert: Wer in unterschiedlichen Kontexten unterschiedliche Teile seines Selbst verwirklicht, ist nicht krank, sondern Protagonist einer befreienden Vielfalt.

Damit kein Missverständnis aufkommt: Netze sind keine Nester, in denen sich Gutmenschen gegenseitig Geborgenheit schenken. Als Organisationsform sind sie zunächst einmal eine Art soziales Werkzeug. Und wie man ein Messer zum Brotschneiden, aber auch zum Meucheln gebrauchen kann, sind Netze in der Nutzanwendung im Prinzip wertfrei. Ein Netzwerk bietet sich nicht nur an, um Bücher zu schreiben, sondern auch, um Kinderpornografie zu tauschen, Drogengelder zu waschen und tödliche Anschläge zu planen. Nach dem al-Qaida-Angriff auf das World Trade Center wurden Terror und Netzwerk gerne in einem Atemzug genannt. In Zukunft werden, mit weiterer technologischer Aufrüstung, immer wieder Kriminelle, Terroristen und andere Böswillige die schwer zu greifende, kaum zu kontrollierende Form des Netzwerkes nutzen, um der Gesellschaft zu schaden. Keine Frage: Netze können missbraucht werden.

Wir meinen: Lasst uns sowohl die Gefahren als auch die Chancen analysieren. Wer beides betrachtet, hat weit größere Möglichkeiten, gestaltend einzugreifen, als diejenigen, die – entweder als eingefleischte Pessimisten oder als blinde Optimisten – nur mit einem Tunnelblick in die Zukunft schauen.

Die Gefahren: In einer voll vernetzten Gesellschaft müssen wir uns davor hüten, von Manipulatoren ausgehorcht und ausspioniert zu werden. Unsere

Daten sind Teil unserer Persönlichkeitsrechte, sie gehören uns und dürfen nicht an jene geraten, die aus vielen kleinen Infohappen ein Konsumentenprofil konstruieren wollen, mit dem sie Geschäfte treiben, von denen wir nicht einmal etwas ahnen. Auch nicht jenen Vertretern von Verwaltungen und Sicherheitsbehörden, die staatlicherseits gerne im Detail wüssten, was die Bürger so denken und treiben.

Des Weiteren ist vor Übervernetzung zu warnen. Wer immer und überall am Netz hängt, kann den Sinn für die Eigenzeit und die Konzentration auf das Hier und Jetzt und damit sich selbst verlieren. Wir müssen lernen, Beziehungssysteme zu managen, Nachrichtenströme zu filtern, Nützliches von Unnützem zu unterscheiden. Und herausfinden, wann wir mal ganz abschalten müssen: Schalter aus, disconnect!

Die neuen Horizonte einer auf Netzen gegründeten Gesellschaft sind faszinierend und vielversprechend. Ein ganzes Universum von Gestaltungsmöglichkeiten tut sich auf. Und gerade wegen der damit verbundenen Risiken sollten wir danach streben, gute Netzwerker zu sein. Denn wir haben viel zu gewinnen. Beispielsweise mehr Demokratie. Die Technologien, die uns heute in globalem Maßstab und in Echtzeit vernetzen, sind solche mit einer niedrigen Zugangsschwelle. Die dazugehörenden Geräte werden immer winziger, einfacher zu bedienen, billiger und energiesparender. Das erleichtert einer großen Masse von Menschen die Teilhabe an einer neuen Form von Öffentlichkeit, in der wir nicht länger zu Empfängern (von Befehlen, von Nachrichten) degradiert sind, sondern jeder auch zum Sender von Impulsen an viele andere werden kann.

Passionierten Pessimisten fällt an dieser Stelle reflexartig der »digitale Graben« ein. Reiche Vernetzte, von einer tiefen Kluft getrennt von armen Unvernetzten, geografisch als Nord versus Süd verortet. Tatsache ist, dass es diesen Graben schon lange gibt, aber insbesondere die neuen digitalen Informations- und Kommunikationstechnologien das Potenzial haben, ihn zu überbrücken. Besser als das Bild von der Brücke ist vielleicht noch das vom großen Sprung. So nehmen einige Entwicklungsländer technische Abkürzungen: Sie installieren erst gar nicht die teuren Festnetze, sondern springen gleich ins Zeitalter des Mobilfunks. Und dass Zugang zum Internet nicht automatisch mit dem Besitz von Computern verbunden sein muss, zeigen arme Länder wie Indien oder Tansania, wo Internetcafés und Cyberkioske in rascher Folge eröffnet werden; dort kann selbst ein des Schreibens und Lesens unkundiger Bauer die Gemüsepreise auf dem Markt der nächstgelegenen Stadt erfragen, um sich nicht länger von betrügerischen Zwischenhändlern übers Ohr hauen zu lassen. Ein kleiner Klick am Kiosk, aber ein großer Schritt für ganze Nationen.

Keine Innovation in der Geschichte ist so schnell zu einem Massenprodukt geworden wie der Computer, kein Netz ist rascher gewachsen als das Internet, keines hat den Alltag der Menschen so rasch umgekrempelt wie das Mobiltelefon. Sind wir uns einig, dass solche Technologien die Teilhabe der vielen erleichtern? Für den demokratischen Prozess öffnen sich neue Fenster: Die Bürger können sich leichter denn je in öffentliche Diskussionen einmischen, vor einem Kauf über Vor- und Nachteile informieren, eigene Ideen einer breiten Öffentlichkeit vorstellen. Wenn nicht jeder Gedanke, der auf einer Homepage zum Besten gegeben wird, ein Geniestreich ist – was soll's. Demokratie ernst nehmen bedeutet, jeden Bürger ernst nehmen, insbesondere wenn wir nicht der gleichen Meinung sind. Aber dass Publizieren nicht mehr ein Privileg ist, wie in früheren Zeiten, das Klerikern und Adeligen, später den Gelehrten und noch später dem Großbürgertum ähnlich wie das Marktrecht exklusiv zustand: Das birgt in der Tat ein großes Potenzial für demokratischen Fortschritt. Elite wird in der Netzwerkgesellschaft nicht länger qua Geburt definiert, sondern durch Leistung. Die aktiven Knoten, die interessanten Impulsgeber, die effizienten Informationsverarbeiter, sprich: Die guten Netzwerker dominieren das Geschehen.

Deshalb meinen wir: Seid Netz zueinander!

REVOLTE

VORHER

Lieber aufrecht sterben als auf den Knien leben.

NACHHER

Lieber aufrecht leben als auf den Knien sterben.

Liebe Mitbürger, seien wir ehrlich. Wir haben die Nase voll. Von Politikern, die sich mehr um die eigene Propaganda als um die Zukunft des Landes kümmern. Von Managern, die sich mehr um die eigenen Profite als um die Verantwortung für ihre Unternehmen kümmern. Von Mitarbeitern, die sich mehr um die eigene Freizeit als um eine kreative Arbeitsleistung kümmern. Von Bürgern, die sich mehr um den eigenen Wohlstand als um das Gemeinwesen kümmern. Von Journalisten, die sich mehr um die eigene Meinung als um eine Debatte der besten Lösung kümmern.

Halt, rufen die betroffenen Akteure zurück. Da muss eine Verwechslung vorliegen. Uns Politikern ist doch nichts wichtiger als die Zukunft des Landes, uns Managern nichts wichtiger als die Zukunft der Unternehmen, uns Mitarbeitern nichts wichtiger als ein kreativer Job, uns Bürgern nichts wichtiger als das Gemeinwesen und uns Journalisten ist nichts wichtiger als das Wohl des Landes.

Das Blöde ist nur: Die Zukünfte wirken düster und grau. Windige Politiker, korrupte Manager, bleierne Mitarbeiter, feudale Bürger und willfährige Journalisten sorgen Hand in Hand für Stillstand. Kein Lüftchen weht. Es ist paradox: Obwohl sich alle vordergründig so hingebungsvoll um das Land kümmern, geht es am Stock. Mit Gepolter zieht die große

Karawane der Heuchler durchs Land und bereichert sich selbst anstatt uns alle.

Halt, ihr Heuchler, rufen wir. Ihr tut nur so, als ob ihr euch kümmern würdet. Dabei schiebt ihr euer aufgeblasenes Ich nur vor das zurückweichende Wir. Und wenn ihr dann tolldreist euere hohen Abfindungen kassiert, wenn ihr dann euer Gewissen mit Spenden beruhigt, wenn ihr dann beim Dessert die Armen und Mittellosen bedauert, dann fühlt ihr euch einen kurzen Augenblick besser und glaubt, Herr über das Leben zu sein. Gleichzeitig aber merkt ihr, wie schwierig es ist, den Staub zusammenzuhalten, aus dem ihr zusammengesetzt seid.

Noch herrscht Ruhe im Land: Keiner empört sich über die Totengräber. Vielleicht aber werden bald wieder grundlegende Fragen gestellt: Warum gibt es eigentlich keine sozialen Utopien mehr? Wer verknüpft sein eigenes Dasein noch mit einem utopischen Gesellschaftsideal? Warum herrscht im ganzen Land eine seltsame Uneigentlichkeit im Denken und Tun? Warum revoltiert niemand dagegen?

Werden wir also konkret und wenden wir uns dem Menschen in der Revolte zu. Und blättern zunächst etwas in der Geschichte herum. Ein französischer Schriftsteller meinte in den 1950ern: »Was ist ein Mensch in der Revolte? Ein Mensch, der Nein sagt.« Richtig, und mit dem Nein formuliert er die Grenze des Bis-hierher-und-nicht-weiter. Hinter der Grenze wartet als Alternative das Da-haben-wir-ein-Recht-darauf-Land. Jeder Aufstand, jede Revolution folgt unausweichlich dieser Dialektik. Mit der Grenze des Unerträglichen wird gleichzeitig etwas definiert, was der Mühe lohnt. Aus dem dunklen Nein schält sich ein helles Ja heraus.

Historisch gesehen, braucht es genau diese Synchronizität aus dunklem Nein und hellem Ja. Dann brechen die Revolten los. Es war und ist jedoch schwierig, zu bestimmen, wann genau diese Gleichzeitigkeit den unbedingten Drang zu Empörung und Aufruhr auslöst. Wann also revoltiert ein Mensch? Wenn er nichts mehr zu essen hat, wenn er geknebelt in der eigenen Ohnmacht erstickt oder wenn die Regierenden ob ihres moralischen Lotterlebens den Bogen überspannt haben? Vor allem, wann revoltiert ein Mensch heute, in einer Zeit, wo eine Gewerkschaftsdemo so viel Aufruhr auslöst wie eine zufällige Zusammenrottung von Papageien in der Zoohandlung. Im Zeitalter der durchagitierten Menschen verkümmern laute Parolen zu austauschbaren Werbeeinblendungen.

Keiner kann sich hierzulande mehr eine Revolte vorstellen. Warum? Weil sie im frühmorgendlichen Berufsverkehr stecken bleiben würde, weil sie wegen Schlussverkauf aus den Innenstädten gejagt oder im Feierabend-Swing der Angestellten untergehen würde? Im Moment ist das Revoltepotenzial gering, das System von »Brot und Spiele« funktioniert noch. Doch die Revolte-Uhr tickt. Besonders jetzt. Wir müssen nur verstehen lernen, was da seit eherner Zeit gleich tickt und was heute anders tickt. Also benötigen wir einen Blick zurück nach vorne.

Drehen wir das Rad der Geschichte 200 Jahre zurück und schauen wir uns den nach wie vor einflussreichsten Revolutionärstyp der Neuzeit an: der Königsmörder. Sein Antrieb ist klar: Als Erfüllungsgehilfe des Paradieses, eine Art selbst ernannter Erzengel, tötet er das Böse, damit das Gute unbefleckt bleibt. Gewalt und Terror kommen selbst ihm, dem Tugendhaften, gerade recht. Sein Trick: Er verlegt die Legitimation des Königsmordes außerhalb der Gesellschaft, etwa wie in der Französischen Revolution ins Naturrecht. In diesem speziellen Da-haben-wir-ein-Recht-darauf-Land regieren die von der Vernunft als absolut anerkannten Werte. Für den König ist dort kein Platz mehr. In den großen Königsmörder-Reden wurde deshalb höchster Wert darauf gelegt, den König als Außenstehenden, als Feind zu entlarven, der keine Verbindung zur Gesellschaft besitzt. »Die Revolte beginnt, wenn der Tyrann stirbt«, rief Saint-Just im Paris von 1792 aus.

Dem König wurde letztlich zum Verhängnis, was er jahrhundertelang etabliert hatte: die Unberührbarkeit. Endlich fand man Gelegenheit, den Monarchen zu berühren, Hand an ihn zu legen, ihn zu töten. Die Aura der Unantastbarkeit für das Volk wurde im Handstreich zerstört. Zuvor blickte das Volk ehrfürchtig zum Schloss, dem tabuisierten Kernbereich der Macht. Welche in dem Moment in sich zusammenfiel, als dem Herrscher die eigene Ausgrenzungstaktik zum Verhängnis wurde.

Was hat das alles mit Deutschland 2005 zu tun? Die modernen Schlösser der Unberührbarkeit heißen heute Parlamente, Vorstandsetagen und

Funktionärsbüros. Man grenzt sich ab. Kanzler und Vorstandschef verlassen nur selten und nur in Begleitung ewiger Claqueure und mit Security-Entourage ihre Machtzentrale.

Wir brauchen uns nichts vorzumachen. Warum sollte die Logik des Königsmordes die Zeiten nicht überdauert haben? Sie blüht immer dann auf, wenn die Strecke zwischen Ich und Wir zu groß wird. Wenn das Ich unberührbar zu werden scheint, steigt die Empörung. Auch heute. Wenn Topmanager Millionenabfindungen kassieren, kocht die Volksseele. Wenn Politiker auf Staatskosten Privatflüge unternehmen, schnauben die Stammtische. Diese Vorgänge sorgen dafür, dass der Königsmord nicht aus dem kollektiven Gedächtnis verschwindet.

Die korrupten Windeier in Politik, Wirtschaft und Gesellschaft haben es zu verantworten, dass wir derzeit in einer massiven Aufschwungbewegung einer Revolte stecken. Nimmermüde transportieren die Medien die Bilder ihrer zelebrierten Distanzierung. Topmanager leben Lichtjahre von ihren Mitarbeitern entfernt, sind korrupt und zynisch, Toppolitiker halten sich das Volk sowieso vom Leib, Topfunktionäre verbarrikadieren sich in der Chefetage oder klammern sich am Dienstwagen fest. Der allgemeine Trend ist eindeutig: Eine steigende Menge von Ichs distanziert sich vom Wir. Sie fühlt sich unantastbar. Unberührbar.

Eine weitere Grundkonstante in der Königsmörder-Logik wirkt ebenfalls weiter, aber anders als früher. Der frühere Königsmörder wollte lieber aufrecht sterben als weiter auf den Knien leben. Er schraubte sich von unten nach oben. Und wollte sich dem Alles opfern, sogar den Tod hinnehmen, »wenn man ihm jene ausschließliche Anerkennung rauben sollte, die er nun zum Beispiel seine Freiheit nennt«, schreibt Albert Camus. Man könnte es etwas zeitgemäßer im Präsens formulieren: Je stärker das Nein manifest wird, umso unausweichlicher pocht das Ja auf sein Recht. Das beiderseitige Pulsieren treibt den Menschen in der Revolte irgendwann zur totalen Identifikation mit dem Ja. Wenn das Nein stirbt, ist der soziale Frieden in höchster Gefahr. Im abrupten Übergang zwischen Ja und Nein entladen sich ungeahnte Kräfte.

Was in diesem Land aber keiner wahrhaben will. Bloß, wer will noch leugnen, dass das Nein wächst. Die Verluste steigen. Beispielsweise verstärken die Wohlstandsverluste das Nein in den bisher konformen Mittelschichten. Die Sinnverluste in breiten Teilen der arbeitenden Bevölkerung werden zwar durch Restwohlstand (Brot) und Schnaps (Spiele) noch zugedeckt, aber zunehmend wachen Leute aus der Betäubung auf. Sie verweigern Konsum und Wahlbeteiligung. Und auch die Deklassierten zeigen sich mittlerweile und schrecken ab. Arbeitslose erobern Parks und Plätze zurück. Obdachlose flankieren Bank- und Supermarkteingänge. Jugendgangs bevölkern Bahnhöfe.

Bei alledem gibt es nur einen einzigen Unterschied zur Königsmörder-Logik von früher. Die Revolte-Bewegung läuft jetzt top-down, nicht mehr von unten nach oben. Man wähnt sich oben und zittert vor dem Unten. Viele Menschen klammern sich heute aufrecht ans Leben, um nicht auf den Knien sterben zu müssen. Sie brauchen sich nicht mehr eines Königs oder einer Herrschaft zu entledigen, nein sie wollen ihre individuelle Selbstbestimmung, ihr Recht auf Wohlstand und Glück erhalten. Sie wollen ihre soziale Integration konservieren.

Und deshalb beginnt sich das Revolte-Spiel heute umzudrehen. Die Menschen klammern und haben Angst, auf den Knien ins Abseits zu rutschen. Doch ihr Revolte-Koeffizient hängt nur mehr davon ab, wie stark sie abgedrängt werden. Sprich: wie weit sie Wohlstand und Sicherheit verlieren. Je bedrohter und prekärer ihre Situation wird, umso eher werden sie Nein sagen und ein neues Ja herbeisehnen. Noch verharren sie im trostlosen Gefühl der Machtlosigkeit. Je länger die Talfahrt anhält, desto dunkler wird das Nein.

Wir rufen deshalb mit fester Stimme: Ihr Heuchler da oben, kapiert endlich, dass ihr kurz davor seid, den Königen aufs Schafott zu folgen. Versucht, daran mitzuwirken, dass Menschen Arbeit haben, Wohlstand erwerben und selbst bestimmen können, wie sie leben wollen. Unternehmer, werft die Leute nicht raus, wenn ihr statt fünf nur noch zwei Milliarden Euro Gewinn macht. Manager und Politiker, übernehmt endlich Haftung für euer Tun. Fahrt zur Hölle, wenn ihr keine Lösungen zu bieten habt, wenn euch der Geist für Kreativität und Innovation fehlt. Bürger, lasst das Glotzen sein, klinkt euch ein, zahlt Steuern, damit das Gemeinwesen wieder aufblühen kann. Mitarbeiter, macht Überstunden und bringt euer Wissen und euere Kompetenzen ein, damit unsere Firmen im Innovationswettlauf wettbewerbsfähig bleiben. Politiker, senkt die Steuern, damit sie alle zahlen können. Männer, bleibt zu Hause, damit euere Frauen arbeiten können.

Ansonsten festigt ihr weiter das unantastbare Bollwerk, das sich von den Menschen entfernt. Bedenkt, irgendwann wird man euch berühren wollen, anfassen, sehen, wie ihr euch anfühlt. Wir hoffen für euch, dass ihr dann immer noch so zerbrechlich seid wie die, die vorher zerbrochen sind.

Liebe Mitbürger, seien wir ehrlich. Wir wünschen uns Politiker, die in unsere Mitte zurückkehren. Wir wünschen uns Manager, die mit ihren Mitarbeitern auf Augenhöhe zusammenarbeiten, sie respektieren und wertschätzen. Wir wünschen uns Mitarbeiter, die leidenschaftlich und gerne arbeiten. Wir wünschen uns Bürger, die sich gegenseitig unterstützen. Wir wünschen uns Journalisten, die unabhängig von interessengeleiteten Stichwortgebern den Wettbewerb der besten Lösungen kommentieren.

RISIKO

VORHER

Eine Risikogesellschaft will keiner. Also wird Null-Risiko angestrebt. Mit dem Hinweis auf allerlei Gefahren traut sich keiner mehr auf unbekanntes Terrain. Echtes Unternehmertum, untrennbar verbunden mit Aufbruch und Wagemut, wird nicht gefördert. Der Staat etabliert ein Vorsorgeprinzip, das auch den letzten Rest von Innovationswillen lähmt. Eine ganze Gesellschaft beschließt, voll versichert an Langeweile zu sterben.

NACHHER

Die Menschen lernen, zwischen tatsächlichen und eingebildeten Risiken zu unterscheiden. Sie üben den kalkulierten Umgang mit Unsicherheit, das Abwägen zwischen Chance und Scheitern. Sie verstehen, dass die Freiheit, ihr Leben selbst zu gestalten, nicht ohne ein Quäntchen Unsicherheit zu haben ist. Menschen mit Zivilcourage sind die neuen Helden der Nation.

Herr Kaiser war unser Held. Der freundliche, ewig lächelnde Herr von der Hamburg-Mannheimer strahlte alles aus, was deutsche Schwiegermütter lieben: Die Hemden sauber bis porentief rein, das Haar gescheitelt, der Aktenkoffer signalisiert ein bisschen Karriere, und er kam immer vor dem Abendessen heim beziehungsweise auf unseren Fernsehbildschirm. Seine Botschaft lautete: Die schönste Belohnung des arbeitsamen Menschen sind seine Versicherungsprämien. Und: Wir liefern euch das Vollkaskoleben frei Haus.

Ich weiß nicht, was aus Herrn Kaiser geworden ist. Er ist von der Bildfläche verschwunden. Vielleicht ist seine Frau dahintergekommen, dass er einsamen Hausfrauen nicht nur beim Unterschreiben die Hand geführt hat.

Oder er hatte einen Unfall. Oder seine Firma hat ihm, infolge mehrerer Fusionen, die betriebsbedingte Kündigung ausgesprochen. Vielleicht alles drei, in dieser Reihenfolge. Berufsrisiko. Zurück bleiben peinliche Fragen: Wie konnte die charakterliche Nullnummer Kaiser eigentlich zum Idol einer Nation werden? Wie sicherheitsfixiert muss eine Gesellschaft sein, die sich so einen Flachschwimmer als Heroen wählt?

Wie jeder weiß, ist die Welt voller Gefahren. Weise Menschen haben gelernt, die echten von den eingebildeten zu unterscheiden; so können sie angemessen agieren. In unserem Land jedoch scheinen die Weisen ausgestorben zu sein. Während die Leute mit 200 Stundenkilometer über die Autobahn rasen, grübeln sie über Elektrosmog nach. Fettleibige quält die Angst, bei einem al-Qaida-Anschlag aufs Oktoberfest zu sterben. Kettenraucher fürchten sich vor Schlangenbissen. Chemische Rückstände im Joghurt jagen uns einen Riesenschrecken ein, während sich woanders Millionen hungernder Menschen wünschten, sie hätten unsere Sorgen. Was versetzt uns so in Panik, dass wir jedes vernünftige Kalkül vergessen?

Es muss mit dem magischen Wort Restrisiko zu tun haben. Damit war ursprünglich ein durchaus wichtiger Sachverhalt benannt: Es gibt keine technische Entwicklung, keine Investition, keinen gesellschaftlichen Fortschritt ohne ein verbleibendes Risiko, das sich mit vertretbarem Aufwand nicht weiter reduzieren lässt. Mit Hilfe der Wahrscheinlichkeitsrechnung kann es sogar quantifiziert werden. So weit, so rational. Doch mit diesen Ergebnissen auf dem Tisch beginnt die Diskussion ja erst. Risiken bestehen nicht »objektiv«. Was wir als eines ansehen, hat mit selektiver Wahrnehmung zu tun, mit Mentalität, mit Präferenzen und Bewertungen. Aber gerade bei der Wertediskussion liegt bei uns einiges im Argen. Meist wird sie gar nicht geführt, und wenn doch, dann mit verschobener Perspektive. Egal, wie klein ein Restrisiko ist: Da der Fall der Fälle ja theoretisch eintreten kann, lässt man lieber gleich alles beim Alten.

Diese Argumentationslinie ist zum Gängelband einer ganzen Gesellschaft geworden. Mit ihr werden neue Technologien stranguliert, bevor sie auch nur den ersten Atemzug getan haben. Das Muster hat sich seit dem 19. Jahrhundert wenig geändert; damals warnte eine Ärztekommission angesichts der ersten Eisenbahn mit großem Ernst, Menschen würden bei Geschwindigkeiten größer als 20 Stundenkilometer »irr im Kopf«. Heute wird mit dem gleichen wissenschaftlichen Impetus die Gentechnologie abgewürgt (Ackerkräuter könnten zu Monsterpflanzen mutieren), Wasserstoff ausgetrocknet (Tanks könnten explodieren), Windkraft abgeblasen (Vögel könnten rotieren), Mobilfunk abgewimmelt (Elektrosmog könnte Krebs erzeugen), Stammzellenforschung eingemauert (Frankenstein könnte klonen). Konjunktive von ihrer schlechtesten Seite sind zur gängigen Zukunftsperspektive geworden.

Nehmen wir mal an, in einem Geheimlabor in einem Seitental des Erzgebirges hätte ein deutscher Chemiker eine völlig neue Substanz entdeckt, die entsteht, wenn Sauerstoff und Wasserstoff miteinander reagieren. Vom allgemeinen Nutzen seiner Entdeckung fest überzeugt und in froher Erwartung hereinströmender Millionen, möchte er den Stoff, nennen wir ihn W.A.T.E.R., in großem Stil vermarkten. Doch da hat er sein Kalkül ohne das Kassandra-Kartell gemacht. Als Erstes meldet sich der Kinderschutzbund: Die Kleinen könnten in großen Ansammlungen von W.A.T.E.R. ertrinken. Die Ärztekammern warnten, die richtige Dosis sei sehr schwer zu bestimmen: Zu viel davon sei mit Symptomen wie häufigem Harndrang und Völlegefühl verbunden, zu wenig führe zu Dehydrierung, die im Extremfall tödlich sein könne. Verbraucherschützer schalteten sich in die Diskussion um die Zulassung von W.A.T.E.R. ein und forderten, dass bei natürlichen Vorkommen bis aufs Nanogramm anzugeben sei, wie viel Natrium, Sodium und (für den amerikanischen Markt) Fett es enthalte. Das Killerargument kam schließlich von den Experten des TÜV. Die Substanz sei schon deshalb als gefährlicher Stoff einzustufen, weil es bei der Spaltung von H und O und erneuter Reaktion zu so genannten Knallgasexplosionen kommen kann; deshalb sei unbedingt die BuGeStoSch-VO anzuwenden. Das treibe die Kosten des W.A.T.E.R.-Transports zwar in astronomische Höhen, aber für die Sicherheit der Bevölkerung …

Die Moral des kleinen Gedankenspiels: Wir können gottfroh sein, dass das warme Wasser schon erfunden ist – in Deutschland hätte diese Innovation wenig Chancen, es bis auf den Markt zu schaffen. Bei uns werden die Leiden am imaginierten Risiko kultiviert, Phantomschmerzen gehätschelt, bis auch der letzte innovative Geist aufgibt, um auf Versicherungsvertreter umzuschulen. Oder um gleich in ein Land auszuwandern, in dem das Bedenkenträgertum noch nicht zur Staatsreligion erhoben wurde.

Als Erklärung (aber nicht Entschuldigung) mag gelten, dass die Deutschen in der Vergangenheit durch ein Wechselbad der Gefühle gegangen sind, was den technisch-wissenschaftlichen Fortschritt betrifft. Unsere Eltern haben während des Zweiten Weltkriegs leidvoll erlebt, wie skrupellose Militärs und Machthaber jede neue Erfindung missbrauchten und gegen Menschen einsetzten – vom Düsenjet bis zur Atombombe. Später, in Wirtschaftswunder- und unseren Kinderzeiten, wurde dieses Trauma mit hemmungsloser Technikeuphorie kompensiert. Das Pendel schlug ins Gegenextrem aus. Was haben Seilschaften aus Science-Fiction-Autoren und maßlos gewordenen Forschern nicht alles versprochen: Städte unter Glaskuppeln, mit dem Raumgleiter zum Einkaufen, Roboter als Dienstboten, Kolonien auf Mond und Mars. Das Paradies war vollautomatisiert und keimfrei und wuchs in den Himmel.

Mit unserer Jugendzeit kam die Dekade der Desillusionierung. Ökologische Katastrophen wie die von Seveso, Bhopal und Tschernobyl zeigten, wie fehleranfällig industrielle Großtechnologien sein können und wie fahrlässig die Bedienmannschaften damit umgingen. Als Reaktion darauf baute die links-alternative Bewegung eine gehörige Skepsis gegen Wissenschaft und Technik in ihre ideologischen Fundamente ein. Doch was zunächst wichtige gesellschaftliche Debatten und sorgsameres Walten provozierte, verselbstständigte sich später und driftete ins Bornierte ab. Seitdem gilt es als politisch korrekt, jede neue Technologie unter den Generalverdacht zu stellen, sie werde uns, früher oder später, auf die eine oder andere Art und Weise, ein apokalyptisches Inferno bereiten.

Wir fürchten uns noch zu Tode. Für eine umfassende Lähmung reicht es heute schon.

Leider hat diese Ideologie mittlerweile die Meinungsführerschaft errungen. In der Bewertung technischer Innovationen werden Gefahren, die eventuell – in der Zukunft – irgendwo – für irgendwen – auftreten könnten, weit über den realen Nutzen im Hier und Jetzt gestellt. Das »Könnte« über das

»Kann«. Möglichkeit über Tatsächlichkeit. Der Hinweis auf nanogroße Eintrittswahrscheinlichkeiten genügt, um zu verhindern, dass überhaupt etwas eintritt. Eine Art Religion des Risikos ist entstanden, zukunftsfeindlich und irrational, ein Rückfall hinter die Errungenschaften der Aufklärung. Allerdings besonders gut getarnt. Eine hochangesehene Kaste von Statistikern spielt den Bürgern empirische Objektivität vor; dabei kann sie – angesichts der höchst subjektiven Dimension von Risiken – doch nur Pseudowissenschaft liefern.

Diskussionen um den technisch-wissenschaftlichen Fortschritt müssen wieder bewusst auf der Basis von Werten geführt werden. Wir wollen mehr Aufbruch und weniger Lähmung. Nicht bei dem verharren, was wir vermeintlich sicher zu besitzen glauben, sondern uns auf Neuland trauen. Diese Gesellschaft muss sich entscheiden, auch Restrisiken in Kauf zu nehmen, um Chancen wahrzunehmen. Wir müssen, so banal es klingt, wieder lernen, zu wagen, um zu gewinnen. Denn Neuland zeichnet sich dadurch aus, dass es dort weder Leitplanken noch Zebrastreifen gibt.

Wir halten kein Plädoyer für Leichtsinn. Vielmehr eines gegen Hysterie. Wir leben in einem Europa, das hervorragende Gesetze zum Schutz der Verbraucher hat. In dem die Qualität von Umweltmedien wie Luft, Boden und Wasser unter ständiger und strenger Beobachtung steht. In dem Polizei und Justiz in einem Maße für Sicherheit sorgen, das in der Welt einzigartig ist. Das Land ein einziger Technischer Überwachungsverein. Damit könnten wir eigentlich zufrieden sein, uns gut aufgehoben fühlen. Woher also diese Verzagtheit? Wo bleibt der Mut, Grenzen zwar zu kennen, aber auch zu überschreiten, damit wir vorankommen?

Es gab da mal einen Science-Fiction-Film, in dem Forscher Probanden ein Serum injizierten und ihnen glaubhaft versicherten, es stoppe komplett den Alterungsprozess. Ewigkeit aus der Kanüle. Interessant war, wie das Wissen, dass sie einen natürlichen Exitus nicht länger zu fürchten haben, das Bewusstsein der Probanden veränderte. In dem Heim, in dem sie wohnten, war es totenstill. Niemand verließ mehr sein Zimmer, keiner betrieb Sport oder wagte auch nur einen Schritt. Aus Angst, bei einem tödlichen Unfall die kostbare Unsterblichkeit zu verlieren, hörten sie auf zu leben! Eine wunderbare

Parabel auf eine Gesellschaft, die alles hat, aber vor lauter Angst, etwas zu verlieren, Beharrung und Erstarrung wählt. Eines zumindest ist sicher: Nach dem Kältetod lebt man nicht mehr lebensgefährlich.

Warum ist die Erde gefährlicher als der Mars? Weil es auf der Erde Leben gibt.

Wir halten viel von Ehrlichkeit in der öffentlichen Debatte. Allen muss klar sein: Fortschritt schließt Fehler ein. Pannen. Unfälle. Technisches oder menschliches Versagen. Und dabei kann es Opfer geben. Aber man weiß ja auch, dass Autos verunglücken können – und fährt trotzdem. Richtschnur jeder Unternehmung muss sein, möglichen Schaden zu minimieren, aber nicht, dass wir gar nichts mehr unternehmen. Wir machen Fehler, lernen von ihnen, wachsen an ihnen, lösen alte Probleme und schaffen damit neue. Wir probieren etwas aus. Nur wer etwas riskiert, kann »richtig irren«. Im Englischen gibt es dafür den Begriff »Serendipity«: Man sucht das eine und findet etwas ganz anderes, das einen aber auch weiterbringt. Man will Gold machen und brennt Porzellan. Man erforscht Schimmel und schenkt der Welt Penicillin. Man sucht Indien und findet Amerika. Kolumbus irrte richtig.

Mit dieser Strategie von Versuch und Irrtum haben wir, als Homo ludens, unseren Weg durch die Evolution gemacht. Menschen sind gewagte Wesen.

Nun würden bei »Versuch« gerne alle mitmachen, sich gegen »Irrtum« aber am liebsten Allianz versichern. Der Wunsch, im Falle jedes Scheiterns einen Schuldigen zu bestimmen, ist genauso verständlich wie verwerflich. Freiheit, die wir meinen, ist untrennbar mit Risiko verbunden. Wir streben nach Autonomie und Selbstbestimmung. Wer aber selbstbestimmt an seiner Biografie bastelt, kann das Risiko, dabei Mist zu bauen, nicht auf andere abwälzen. So, wie wir begrüßen, dass nicht länger Landesherren und Kirchenfürsten, Fabrikbesitzer oder Eltern die Entscheidung über unser Schicksal treffen, so sind wir auch bereit, Verantwortung für unsere Lebensrisiken zu tragen. Wir Kinder der Postmoderne sind uns selbst in die Hände gefallen. Oder, in Abwandlung des bekannten gelben Baustellenschildes: Jeder haftet für sich selbst.

Wenn sich diese Maxime als allgemeines Prinzip durchgesetzt haben wird – wovon wir noch weit entfernt sind –, dann bekommen wir auch wieder den

Kopf und die Ressourcen frei, uns um diejenigen zu kümmern, die wirklich schutzlos gegenüber den Unwägbarkeiten des Lebens sind; die keine Wahlfreiheit haben; die Risiken nicht allein tragen können. Denn die wahren Risiken sind ja nicht Handykrebs und lahme Spermien, die wirklichen Bedrohungen für Lebensqualität und Menschenwürde in Europa heißen Langzeitarbeitslosigkeit und Armut. Das sind reale Gefahren. Sichtbar, fühlbar, messbar.

Mehr Mut. Wir möchten in einem Land leben, in dem die Menschen lernen, zwischen tatsächlichen und eingebildeten Risiken zu unterscheiden. Wo der kalkulierte Umgang mit Unsicherheit, das Abwägen zwischen Chance und Scheitern zu den sozialen Kompetenzen gehört, die bereits in der Schule vermittelt werden. Wo Eltern ihre Kinder ermutigen, ihr Leben selbst zu gestalten, und ihnen vermitteln, dass Freiheit nicht ohne Unsicherheit zu haben ist. Unser Land ist eines, in dem Zivilcourage als Kaiserdisziplin gilt.

Mehr Mut. Das gilt in hohem Maße für die Elite. Für diejenigen, die an der Spitze der Gesellschaft stehen, die an den Hebeln der Macht. Es hätte nie so weit kommen dürfen, dass Manager Entscheidungen über Millionen (Euro, Mitarbeiter, Verbraucher) fällen dürfen, aber nicht persönlich dafür haften müssen. Im Gegenteil, sie haben sich ein perfides System der Rückversicherung aufgebaut, in dem es nur Erfolgsprämien, aber bei Versagen keine Abzüge gibt. Muss doch mal einer aus dem Vorstand seinen Hut nehmen, wird, statt Schadenersatz für Missmanagement von ihm zu fordern, sein Abgang auch noch vergoldet. Wirtschaftsführer müssen sich entscheiden: Wollen sie lediglich eine Art Verwalter sein, die sich um das Vermögen von Unternehmern oder Aktionären kümmern – dann können sie auch nur Beamtenbezüge beanspruchen. Oder nehmen sie Begriffe wie Markt und Konkurrenz auch im persönlichen Handeln ernst – dann bitte aber mit allen Konsequenzen. Sich wie Großkapitalisten aufführen, solange alles gut läuft, und auf Angestelltenrechte pochen, wenn sie den Karren an die Wand gefahren haben: Mit dieser Airbagmentalität muss Schluss sein.

Mehr Mut. Das gilt in höchstem Maße für unsere obersten Risikomanager, die Mitglieder von Regierungen. Seht das doch mal so: Politik ist das letzte Abenteuer unserer Tage! Wer sich wählen lässt, betritt eine Art Dschungelcamp, in dem politische Gegner und missgünstige Parteigenossen gemeinsam die Rolle der Kakerlaken übernehmen. Hier können tapfere Frauen und Männer zeigen, was sie sich trauen. Riskiert doch mal, energisch umzusteuern (ihr kennt ja die Themen: Arbeitsmarkt, Gesundheit, Rente, Bildung); lohnt sich, denn es ist garantiert für einen guten Zweck. Außerdem könnt ihr all eure Courage zusammennehmen und dem Volk ein paar unangenehme Wahrheiten zum Thema Sicherheit sagen. Ihr wisst schon: Dass es, wegen Unbezahlbarkeit, ein Ende haben muss mit der Vollfürsorge von Vater Staat für seine Kinder, mit Nullrisiko, mit all den Flachschwimmerflausen. Alle, die schwimmen können, hüpfen gefälligst ins Wasser.

Wir versprechen euch: Wenn ihr DAS wagt, wählen wir euch zu unseren Helden.

SELBSTSTÄNDIGKEIT

VORHER

Man kann sich nicht mehr auf die Fähigkeit des Staates verlassen, dass einem in Not geholfen wird. Das System hat sich selbstständig gemacht, braucht aber zum Überleben den unselbstständigen, schwachen Bürger.

NACHHER

Man kann sich nur mehr auf seine Fähigkeit verlassen, sich selbst zu helfen. Selbstständige stützen das System. Den Tüchtigen gehört die Welt, dem Rest das Weihnachtsgeld.

Es war einmal, da war einigen Menschen aufgefallen, dass das, womit sie ihr Leben verbrachten, nicht ihre Sache war. Sie arbeiteten, um zu leben, aber von dem, was sie sich mal vorgenommen hatten, blieb immer weniger. Sie erkannten, dass sie ihre Arbeitskraft verkauften, anfangs noch aus Berechnung. Ihre Seele aber folgte nur mehr allmählich. Ihr Verstand wurde weicher. Sie waren Dienstboten geworden.

Gegen das Dienen ist nichts zu sagen, vorausgesetzt, man dient aus freien Stücken. Doch davon kann nicht die Rede sein. Arbeit ist heute nichts weiter als ein mechanischer Bestandteil, der dem Erhalt des Sozialstaates dient. Kaum jemand fragt noch, wozu man arbeitet. Wichtig ist, dass man arbeitet. Deshalb sind Arbeitslose Außenseiter. Faulheit ist sogar kriminell. Vollbeschäftigung ist das Wichtigste. Doch zu welchem Zweck? Was ist der Sinn des Ganzen? Wofür arbeiten wir wie verrückt?

Einige haben die Antwort gefunden: Für mich und mein Glück. Die Geschichte ist ironisch: Das lähmende Gefühl der Wohlstandsgesellschaft führt, wenn es mal angekratzt ist, schnurgerade zum Wunsch nach Freiheit. Wohlstand sorgt für Selbstständigkeit.

Denn die Leute werden nicht dümmer. Und das ist nicht gut für die alten Verhältnisse. Ein kurzes Leben lang alles für den Erhalt eines geregelten Daseins zu tun reicht vielen nicht mehr. Der Wohlstand mag viele Schattenseiten haben. Die meisten davon sind aber leicht erträglich. Aber seine Nebenwirkungen bestehen nun einmal darin, dass die, die mehr haben, auch mehr wollen. Und das gilt nicht nur, wenn es um Handys, Computer, Autos, Mallorca geht, sondern auch, wenn Freiheit und Selbstbestimmung angesagt sind.

Hier lösen sich für uns die Knoten. Konsumverzicht ist doof. Denn nirgendwo steht geschrieben, dass der freie Mensch nicht auch ein Recht auf Amusement hat. Er entscheidet das. Er kann das. Ehrlich. Die schlechte Nachricht für die alten Verhältnisse ist, dass es nicht mehr brave Diener gibt, die für ein paar Würstchen ein Leben lang schuften – oder genauso genommen dafür, überhaupt am Leben bleiben zu können –, sondern dass die Lebenszeit als etwas Gestaltbares begriffen wird.

Der größte Rückschlag in dieser unaufhaltsamen Entwicklung der Gesellschaft ist – kein Wunder – die Veränderung der alten Abhängigkeit. Arbeitslosigkeit bedeutet Erwerbs- und damit Existenzverlust. Und das sorgt dafür, dass – vorübergehend – wieder Millionen brav parieren. Doch der Beweis dafür, dass das nicht von Dauer ist, steckt im Ereignis selbst. Denn wenn es richtig ist, dass Freiheit das höchste Gut ist, und wir glauben das, dann ist das letzte Gefecht des alten Abhängigkeitssystems in vollem Gang. Wer keine Arbeit hat, hat nicht mal das Recht auf banales Konsumieren. Und es gibt nie wieder Arbeit für alle, die von oben nach unten verteilt wird.

Und so denken die vielen nicht mehr daran, es immer besser zu machen, indem sie die Anpassung auf die Spitze treiben. Eine Zukunft, die nur die monotone Fortschreibung der Gegenwart ist, die bestenfalls das Erreichte absichert, ist nicht lebenswert.

Ohne Not geschieht gar nichts, klar. Aber manchmal ist die Not nicht schmerzhaft, sondern nur ein kurzer Augenblick des Erstaunens. Move your ass, your brain will follow. Das bedeutet: Arsch bewegen und sehen, was kommt. Wenn nichts mehr zu verlieren ist als die alte Abhängigkeit, die allerdings nichts mehr bringt (keine Arbeit = kein Konsum = kein Lebensrecht), dann werden sich die vielen, die davon betroffen sind, organisieren – und zum ersten Mal in der Geschichte wird »sich organisieren« bedeuten: sich selbst in die Hand zu nehmen. Gibt es dafür eine Anleitung?

Was tun? Geh mal raus an die frische Luft. Und bleib dort auch. Finde dein eigenes Futter. Früher war Selbstständigkeit eine Tugend, unselbstständig das Synonym für halbfertig, unbeholfen, untauglich. Diese Tugend, meinen wir, müssen wir wieder entdecken. Wer sich nicht zu helfen weiß, der ist unselbstständig.

Neun von zehn Deutschen finden es gut, selbstständig zu sein, aber nur weniger als fünf Prozent sind es auch. Die Rahmenbedingungen des Sozialstaates sind für Angestellte ausgelegt. Dieser Staat ist wie ein großer Gutshof: Die Knechte und Mägde können murren, aber arbeiten müssen sie doch. Sie sind es gewöhnt, dass sie gar nicht bemerken würden, wenn ihre Herrin der Schlag treffen würde.

Die ist vergreist, tatterig, nervös, fahrig, schläfrig, zunehmend ohne Ordnung. Das Zuckerbrot ist alle, die Peitsche liegt in der Gülle.

Doch wenn die Alte auch schon scheintot ist und gewiss nicht mehr lange lebt, so heißt das noch lange nicht, dass die Mündel sich schnurstracks in ihren eigenen Vormund verwandeln. Im Fieberwahn hat die Alte vor dem Gesinde etwas ausgeplaudert: Die Ernte ist schlecht, die Rente nicht sicher, Arbeit nicht mehr für alle da, es wird weniger und weniger, ach, alles wird ganz fürchterlich, und mein Tod ist nicht fern. Wie alle, die den Tod vor Augen haben, wird die Alte milde. Gründet eine Ich-AG, flüstert sie mit ersterbender Stimme. Ich kann nicht anders, als euch das zu empfehlen. Es rettet den Hof.

Und sie gründen, die Mündel, und zwar deshalb, weil sie nichts anderes kennen als den Hof, weil sie gar nicht wissen, was selbstständig ist, denn sie tun nur, was man ihnen sagt. Die Alte behauptet, dass die Knechte und Mägde nun freie Bauern wären. Sie wird ihnen, verspricht sie, etwas dazulegen, damit es nicht so arg wird mit dem Anfangen. Und sie gibt ihnen genau so viel, wie die neuen Pächter ihres Landes an Abgaben zu zahlen haben.

Es gibt zwei Möglichkeiten, zur Einsicht zu kommen: durch Not oder durch Einsicht. Auch Knechte und Mägde können wählen.

Die Knechte und Mägde werden zunächst hungern, dann frieren, dann kapieren. Wer seine Verwöhnung verliert und sich daran gewöhnt, dass er sich selbst Versprechungen machen muss, die er auch zu halten hat, Selbstverpflichtung also übt, der wird selbstständig. All das ist schwer. Wer behauptet, es wäre wunderbar, in einer Welt voller Mündel, Feiglinge, Duckmäuser, Knechte und Mägde Selbstständiger zu sein, der weiß nicht, wovon er redet.

Aber es ist gut, dass es hart ist: Denn wäre es leicht, selbstständig zu sein, dann müssten wir wohl mit Recht annehmen, dass die herrschenden Verhältnisse so schlimm gar nicht sind. So wird Selbstständigkeit immer wieder auch zu einer neuen Form des Widerstands. Wer den alten Gesellschaftsvertrag kündigt, kann sich auf nichts weiter verlassen als auf seine Fähigkeit, sich selbst zu helfen.

Anders geht es gar nicht mehr. Was Einzelne wissen, ist längst zum bedeutendsten Kapital geworden. Bisher war das Wissen der Korporation, das Einzelnen eingetrichtert werden konnte, weitaus bedeutender. Der Konzern, die Partei, der Staat, drei Namen für ein und dieselbe Seite der Medaille. Die guten alten Jusos haben das in ihrer wahrscheinlich hellsten Stunde vorhergesehen: Den Staatsmonopolkapitalismus sahen sie am Horizont, den Verbund zwischen Konzernen und Politik. Und genau so ist es.

Das Management ist nicht unser Freund. Manager sind unsere Feinde. Sie sind die dekadenteste Entwicklung des Staatskapitalismus, des monopolistischen, autoritären, heuchlerischen Mägde-und-Knechte-Verhältnisses. Sie sind vielleicht sogar noch schlimmer als die stinkende Alte. Sie sind ihre Anwälte, verlogen und verdreht, und sie versuchen, sich eben wieder in die neuen Zeiten zu retten, zu lügen. Sie behaupten, den Tod der Alten vor Augen, sie wären Unternehmer, sie wären unsere Freunde, sie würden die Selbstständigkeit wollen. Glaubt ihnen kein Wort.

Was können wir also tun?

Skeptisch und optimistisch zugleich sein. Die Selbstständigenwelt ist nicht eine Welt, die staatsabhängige Wohlfahrtsjunkies in Universitäten und Fachausschüssen zusammenfantasieren. Sie ist nicht zukunftspessimistisch. Sie nimmt Fortschritte als Chancen. Sie setzt sich Ziele. Sie verpflichtet sich freiwillig und deshalb ernsthaft, diese Ziele einzuhalten. Sie ist von hoher Selbstdisziplin geprägt, weil nichts wichtiger ist als das eigene Glück, das davon abhängt. Sie ist tüchtig, diese Welt der Selbstständigen, aber nicht herzlos.

Auch das erkennen wir einfach daran, wie mit jenen umgegangen wird, die heute schon aus der Not eine Tugend gemacht haben. Wer sind die fleißigsten Handwerker?

Genau!

Die so genannten Schwarzarbeiter.

Mehr als alle Organisationen und Sonntagsreden wird der Nutzen der gemeinsamen Hilfe außerhalb des unbezahlbaren und deshalb asozialen industriestaatlichen Abgabensystems die Förderung einer selbstbestimmten Arbeit betreiben. Das nützt doppelt: Denn erstens sorgen Schwarzarbeiter, die wir besser Bürgerarbeiter nennen sollten, für die Auflösung mittelalterlicher ständischer Strukturen im Handwerk, eine der Grundlagen des bundesdeutschen Korporatismus. Je weniger Korporatisten, desto besser, und so ist es auch mit Steuern und Abgaben, die ohnehin nur den untoten Sozialstaat weiter künstlich am Leben erhalten und so der Freiheit und dem Glück der Bürger entgegenstehen.

Schwarzarbeit, Bürgerarbeit ist aber auch ungemein nützlich und effizient. Sie schafft Vertrauen und Werte – ganz handfest, nämlich von Tür zu Tür. Das finden wir ganz prima. Wir helfen gerne – dem Neuen jederzeit und dem Alten mit Freuden ins Jenseits.

VERANTWORTUNG

VORHER

Im wohlfahrtsstaatlichen System der organisierten Verantwortungslosigkeit kreist alles Sinnen und Trachten um die eine Kerngröße: Sicherheit. Wo die persönliche Verantwortung abhanden kommt, gedeiht der Wunsch nach Versorgung, ohne Pflichten übernehmen zu müssen. Der Boden ist bereitet für psychischen Infantilismus, gepaart mit grenzenloser Gier sowie dem latenten Verdacht, immer und überall nur Opfer zu sein.

NACHHER

Der neue Zwang, das Leben wieder in die eigene Hand zu nehmen und selbstständig zu organisieren, ermöglicht die Rückeroberung der menschlichen Würde. Mit mehr Eigenverantwortung machen wir jetzt ein Versprechen der Aufklärung wahr: Jeder ist seines Glückes Schmied.

So, wie wir irgendwann einmal »Arbeit« nur noch als Idee vom »Arbeitsplatz« denken konnten, so konnten wir soziale Sicherheit nicht mehr ohne die staatlich verordnete Solidarität eines bürokratischen Umverteilungsapparats denken. Alter, Arbeitslosigkeit, Pflegebedürftigkeit, Krankheit – kein Lebensrisiko, das nicht durch Beitragszwang abgefedert worden wäre, wobei die »Starken« stets zur Subventionierung der »Schwachen« herangezogen wurden.

Eine der größten Lebenslügen des staatlichen Verantwortungsmonopolisten war die Annahme, dies alles geschehe unter dem Vorzeichen der sozialen Gerechtigkeit und des sozialen Ausgleichs. Dazu aber müsste man erst mal wissen, wer wie viel von wem bezahlt bekommt. Fakt ist, dass sich schon eine

Reihe hochrangig besetzter Expertengremien an dieser Frage die Zähne ausgebissen hat, weil die Strömungsrichtungen und Fließgeschwindigkeiten in der sozialstaatlichen Transfermaschine einfach nicht mehr zu identifizieren sind. Die breitesten Transferströme, so die begründete Vermutung, fließen zwischen den weniger bedürftigen mittleren Einkommensklassen. Eine weitere Lebenslüge dieser sozialstaatlichen Enteignungsagenturen bestand in der Annahme, dass zum Beispiel Gesunde immer stark, Kranke immer schwach seien. Oder dass einem vorübergehend arbeitslos gewordenen Menschen sofort die geballte Unterstützung der noch Erwerbstätigen zuteil werden müsste. Eine heute blödsinnige Annahme, die aus Zeiten des Frühkapitalismus Ende des 19. Jahrhunderts rührt, da Einzelschicksale sich immer im Kollektiv entschieden.

Langsam beginnt das Umdenken, mit dem Zusammenlegen von Arbeitslosen- und Sozialhilfe beginnen die sozialstaatlichen Instanzen wenigstens etwas genauer hinzuschauen, wer was benötigt und wem womit mehr geholfen ist: ein Praktikum, ein Benimmkurs, ein Bewerbungstraining vielleicht? Geld ist auf jeden Fall nicht mehr so ausreichend vorhanden, um Einzelnen ihre Eigenverantwortung wahlstimmenfördernd abzukaufen.

Als Entmündigungsinstanz, die freien Menschen die Wahlfreiheit eigener Vorsorge nimmt, als Herrschaftsinstrument also konnte sich ein solches System kollektiver Verantwortungslosigkeit nur halten, wenn es weiter wuchs. Diese Grenzen des Wachstums sind inzwischen definitiv erreicht, und jetzt also eröffnet sich der Blick auf den maroden Unterbau der Sozialstaatsgesellschaft. Der Boden ist ausgelaugt, Formen von Eigenverantwortung sind höchstens noch in Spurenelementen sichtbar zu machen.

Beispiel alleinerziehende Mütter: Keine Frage, dass sie gesellschaftlicher Unterstützung bedürfen. Auskömmliche Transferzahlungen an Singlemütter sorgen aber dafür, dass die Zahl dieser Alleinerziehenden sofort in die Höhe schnellt. Ein Kind als finanzielles Standbein? Wenn es sich rechnet, warum nicht. »Manche Heilungsformen sind die Krankheit, deren Kur sie zu sein vorgeben.« (Wittgenstein)

Die Krankheit besteht in gefühlter Verantwortungslosigkeit und ihre Symptome sind Anspruchshaltung, Lethargie bis hin zur Depression.

Einigermaßen normal entwickelte Menschen wollen ihr Leben so weit wie möglich selbst in die Hand nehmen und so gestalten, wie sie es für richtig halten. Aber das Menschenbild des Sozialstaats typisch deutscher Prägung zeigt seine vordemokratischen Wurzeln heute überdeutlich. Nicht die schwindende Finanzierbarkeit der Sozialsysteme ist das eigentliche Problem – dass wirtschaftliche Stagnation, demografische Alterung und hohe Arbeitslosigkeit keine groß(zügig)en Sprünge mehr erlauben, haben fast alle verstanden. Das Problem ist das antiquierte Menschenbild, dem zwei vereinte deutsche Gesellschaften nach wie vor anhängen: Der Einzelne ist Opfer, Abhängiger, »kleiner Mann«, dem natürlich geholfen werden muss.

Diktatorische Systeme können organisierte Verantwortungslosigkeit noch viel besser. Kurz nach dem Mauerfall rückten da seltsame Vokabeln aus dem Osten in den zumindest etymologisch gemeinsamen Sprachschatz: Broiler für Brathähnchen, na ja. »Durchstellen« für den Vorgang, dass zum Beispiel einer mit einer so genannten Führungsverantwortung irgendeine Direktive der Treuhandanstalt nahe zu bringen versuchte.

Durchstellen. Selbstdenken abstellen. Falls da überhaupt noch Restelemente feststellbar wären. Eine der schönsten Formulierungen nun wirklich verantwortungsfreier Diktaturgeschädigter aber lautete: Da mach ick mir doch keen Kopp drum! Das Endstadium von Verantwortungsfreiheit, so bricht es sich verbal Bahn. Bloß keinen Kopf drum machen, das können andere doch viel besser. Können sie? Keineswegs! Schon gar nicht die intellektuell eher bedürftigen Gestalten eines soeben auch deswegen untergegangenen Systems von Zumutungsfreiheit und Verantwortungslosigkeit.

Ach ja, da wir schon beim einschlägigen Thema sind. Hinter so mancher westlichen Unternehmensmauer halten sich noch immer sozialistisch-selbstherrliche Vorstände verschanzt, die ihr spezifisches System von Verantwortungsignoranz installiert haben. Sie sind das Spiegelbild einer von unten entmündigten Gesellschaft, aus der sie da oben selbstredend ihre Legitimation und ihren mentalen Nähstoff beziehen. Und auch für sie, die sie ja per Stellenbeschreibung und Aktiengesetz die Verantwortung tragen, sind Anzeichen galoppierender Verantwortungslosigkeit inzwischen zum Markenzeichen geworden.

Infantile Eitelkeitsrituale bis hin zu narzisstisch gespeisten Machtdemonstrationen sind inzwischen auch dem schlechtestbezahlten Maschinenbestücker im Konzern ein offenes Buch, wenn er das Schalten und Walten der Führungsspitze interpretieren soll. Und die Gier derer da unten, auf jeden Fall mehr aus dem System herauszuholen als die selbst einbezahlten Beiträge, findet oben ihre Entsprechung in den ziemlich irrwitzigen Apanagehöhen, die sich die Aristokraten einer untergehenden Industriewirtschaft selbst genehmigen. Elf Millionen Euro Jahressalär für den selbst ernannten »Chief Executive Officer« einer Deutschen Bank? Zehn Millionen Euro für den kleinen Schmied einer großen Welt AG? Die Gier ist die Schwester der Versorgungshaltung, die wiederum nur auf dem Boden der Verantwortungslosigkeit gedeihen kann.

Verantwortungsbewusstsein verlangt einen Stand von Mündigkeit, aus dem heraus eine kritische Distanz zu anderen, vor allem aber zu sich selbst gewahrt werden kann. Mündigkeit schließt das Bedürfnis nach bedingungsloser Aufklärung auf allen Gebieten ein. Aber wie wollen diejenigen, welche »die Werte in der Wirtschaft schaffen«, so genau wissen, warum ihr für selbstverständlich gehaltener Selbstbedienungstrieb – vulgo: Gier – das Publikum so irritiert? Nein, das wollen sie gar nicht. Die Neidhaltung, die sie denen da unten vorwerfen, ist ja keine Schimäre in einer allerorten sozialneidstiftenden Gesellschaft der Abhängigkeit.

Die Übergänge von verantwortungsfrei zu verantwortungslos und von verantwortungslos zu würdelos sind fließend.

Und jetzt erobern wir uns unsere Würde zurück. Der Schlachtruf der Moderne lautete: Gebt Gedankenfreiheit, Sir! Der Schlachtruf der Postmoderne hingegen: Gebt uns Autonomie, Sirs! Und wenn ihr sie uns nicht gebt, dann holen wir sie uns!

Es sind inzwischen viele größere und kleinere Herrscher, Sozialpolitiker, linke Parteirestbestände, Arbeitsamtsdirektoren, AOK-Präsidenten, beamtete Rentenversicherungs-Wasserträger, deren Existenzgrundlage in der fürsorglichen Belagerung so genannter Hilfsbedürftiger besteht. Hat sich was mit Hilfsbedürftigkeit! Die schleichende Entmachtung der Verantwortlichkeitsmafia hat bereits begonnen, worauf nicht zuletzt die anhaltend hohe Sparquote in Deutschland verweist. Da mag der Handel barmen, aber dass die Rente nur eines ist, nämlich nicht sicher, das haben wir längst begriffen. Der kluge Mann, die kluge Frau bauen schon mal vor.

Die alleinerziehende Mutter aus der Nachbarschaft hat einen Job in Aussicht und sowieso keine Lust mehr, Selbstwert gegen Stütze einzutauschen? Aber es gebricht eben, wie fast überall in Deutschland, am Kindergartenplatz? Wir Bürger im Quartier spielen jetzt staatlich geprüfte Erzieher und organisieren eine private Kita in Eigenregie. Schon sind wir wieder ein Stück reicher geworden, und zwar alle, indem wir einen veritablen Goldbarren zum sozialen Kapital hinzugefügt haben.

Wir erobern uns Stück für Stück verlorenen Verantwortungsboden zurück, wir spüren neue Kraft, die sich erst dann bemerkbar macht, wenn Gehirnzellen und Muskeln ein wenig in Bewegung versetzt wurden. Wir machen uns sehr wohl einen Kopf darum, ob wir es uns als verantwortungsbefrachtete Mitdenker in der Qualitätskontrolle unseres Arbeitgeber-Autokonzerns weiter leisten wollen, in den Lebensräumen außerhalb des Firmengeländes als lallende Kinder aufzufallen. Wer keine Verantwortung mehr trägt, kann sich nur in der Opferrolle des Leidenden noch selbst spüren. Papa Staat gibt mir nicht, was ich brauche? Gemein!

Also besorgen wir uns jetzt eben selbst, was wir brauchen.

Ein paar Vorbilder vielleicht fürs Erste. Schon immer haben wir den halb neidvollen, halb irritierten Blick Richtung USA gelenkt, wo es zum Beispiel Onkel Willy in den letzten 35 Jahren zu erkennbaren Vorläuferformen luxuriösen Reichtums gebracht hat. Durch eine Schnellreinigungskette, mit der er inzwischen den gesamten Westen des Kontinents überzogen hat. Es ist das Ergebnis seines vierten Startversuchs als Unternehmer, bei den dreien zuvor ist er übel auf die Nase gefallen. Aber immer wieder aufgestanden. Na und, sagen seine Freunde heute, wo ist das Problem? Ja, er hat mal dies, mal das versucht – but he did it!

BUT HE DID IT.

Wir lieben dieses geflügelte Wort, diese Metapher für Anstrengung, Versuch, Irrtum, erneuten Versuch, Scheitern, Neuanfang … oder kurz: EIGENVERANTWORTUNG. Wer sie spürt, wer sie lebt, der merkt sofort, dass sie verheißungsvoll ist und auf unbekannte Territorien führen kann. Nur eines verheißt sie mitnichten: allumfassende Sicherheit.

Aber es gibt erst recht keine Sicherheit, die aus Verantwortungslosigkeit erwachsen könnte. Niemals. Sicherheit gibt nur die Erprobung der eigenen Kraft. Die verleiht bekanntlich Flügel. Auch wenn wir dabei schon mal auf die Nase fallen. Gehirnzellen und Muskeln wurden immerhin in Bewegung versetzt.

BUT WE DID IT!

Etwas Besseres als der fiskalische Offenbarungseid des alten Sozialstaats konnte uns gar nicht passieren. Er, der uns vor Jahrzehnten unter die Knute seiner paternalistischen Enteignung unserer Kraftquellen gezwungen hat, gibt sie uns jetzt nolens volens zurück: unsere Verantwortung.

VERNUNFT

VORHER

Die Feinde der Vernunft sind noch lange nicht besiegt. Im Gegenteil, Magie und Mythen treiben ihr Unwesen bis in die große und kleine Politik hinein. Quacksalber und Allheiler überall. Der demokratische Konsens, wonach bewiesen werden muss, was man behauptet, wird ausgehöhlt. Jeder glaubt, was er will.

NACHHER

Vernunft regiert. Mythen sterben. Und die nächste Stufe menschlicher Evolution ist nicht prä-, sondern transrational. Die Evolution geht weiter. Nach vorne.

Zunächst die offizielle Lesart. Angeblich leben wir zu Beginn des 3. Jahrtausends eindeutig im Zeitalter der Ratio. In einer Epoche, wo alles erforscht, wasserdicht bewiesen und empirisch erklärt wird, bis es keinen weißen Flecken mehr auf der Landkarte des Wissens gibt. Vernunft gilt bei uns als höchste Instanz, die wir pflegen und preisen und zu der wir aufschauen; die pro Tag allein in deutschen Familien ungefähr 75 000-mal angerufen wird (»Jetzt sei doch bitte vernünftig!«); und die bei jeder Podiumsdiskussion und Parlamentsdebatte als heimlicher Gast mitredet (»Diese Reform ist vernünftig!«). Sachlich sein – und nicht emotional –, das gilt als hervorstechende Tugend der Teutonen. Wer will denn schon italienische Verhältnisse? Eben. So erheben wir den klaren Kopf zur Hauptsache, beweiskräftige Argumente zur Ultima Ratio.

Alles nur Show! In Wirklichkeit ist es um die Vernunft schlecht bestellt.

Sicher, sie existiert. Aber damit ist es ja nicht getan. Angewendet werden muss sie, um ihre Kraft zu entfalten. Und bei der Anwendung beobachten wir erhebliche Defizite, nicht nur in geistigen Dürregebieten wie Taliban-Hochburgen oder dem Washingtoner Regierungsviertel. Nein, auch im Alltag und im Bevölkerungsdurchschnitt ist es um das Prinzip Vernunft schlecht bestellt. So schlecht, dass sie eigentlich auf die Rote Liste der bedrohten Denk-Arten gehört. Wer meint, dass Antirationalität eine Sache von einigen Spinnerten und maßvoll Durchgeknallten ist, der täuscht sich.

Eine besonders kopfstarke und gedankenschwache Fraktion im Mainstream der Irrationalität sind die Technikfeinde und Zurück-zur-Natur-Marschierer. Sie machen auf geschickte Weise Stimmung, indem sie sich globale Probleme herauspicken, von Armut über Probleme der Atomkraft bis zur Luftverschmutzung, und sie kurzerhand der Ratio anlasten. Motto: Da könnt ihr mal sehen, wohin uns Verstand und Vernunft gebracht haben! Als Gegenmittel empfehlen sie eine Rückbesinnung, die sie für spirituell halten. Zurück zu den Wurzeln, zur gefühlvollen Einheit des Menschen mit der Natur, zu zarten Banden mit der Schöpfung, wobei diese Bande irgendwo außerhalb des Verstandes liegen. Als Ziellinie beim Zurückschreiten in der kulturellen Evolution empfehlen sie uns die frühzeitlichen Ackerbaugesellschaften: Da jäteten Mann und Frau noch einträchtig nebeneinander, Mutter Erde bekommt von jeder Kalebasse selbst gebrauten Biers den ersten Schluck und abends am Lagerfeuer herrschte Frieden und Freude (Eierkuchen gab es noch nicht).

Anderen Retros ist diese Rückbesinnung noch nicht radikal genug: War nicht das Umbrechen der Erde der allererste Schnitt ins Fleisch der Erdgöttin? Der Verlust der Unschuld? Also weiter zurück, bis zur Epoche barfüßiger Jäger und Sammler. Die verwischten sogar ihre Fußspuren im Sand, lebten Auge in Auge mit dem Schmetterling und leisteten willig einen Beeren-Dienst nach dem anderen. Damals war die Welt noch in Ordnung, weil niemand dachte, sie könne nicht in Ordnung sein, was wiederum daran lag, dass Nachdenken nicht gerade die wichtigste Freizeitbeschäftigung in der Ur-Horde war.

Vernunft, der große Schädel-Spalter. Diejenigen, die sich nach wohliger

Verbindung mit dem Kosmos sehnen, geben dem Prinzip der Rationalität die Schuld dafür, dass sich Mensch und Natur auseinander gelebt hätten. Und wünschen sich aus der Moderne zurück in die Urzeit, in eine magische Mischung aus Paradies und Jurassic Park. Nicht anders erklären sich die Verkaufserfolge von Büchern über Indianer und andere »edle Wilde«, die zum neuen Rollenvorbild für den entfremdeten Menschen stilisiert werden. Bei der Suche nach dem verlorenen Paradies irgendwo in der vorrationalen Vergangenheit müssen deren Schattenseiten heftig verdrängt werden. Gab es unter den »Naturvölkern« doch so unangenehme und gar nicht ethikkompatible Phänomene wie Menschenraub, Folter, Skalpieren, Beschneidung der Frauen und hohe Säuglingssterblichkeit, der in zu stark wachsenden Populationen auch mal nachgeholfen wurde. Aber alles natürlich.

Eine zweite Fraktion unter den Feinden der Vernunft sind Vulgär-Esoteriker jeglicher Couleur. Sie bezweifeln die Gültigkeit einer empirischen Wissenschaft und rationalen Moral mit dem Hinweis: Da gibt es noch ganz andere Welten, zu denen der Verstand keinen Zugang hat – aber wir kennen ihn! Und so tröpfeln sie mit Bachblüten, wenn sie die Depression packt, nehmen ab mit dem abnehmenden Mond, studieren jeden Morgen das Horoskop in der *Bild*-Zeitung, legen sich bunte Steine unters Kopfkissen (gegen schlechte Träume), glauben an Gabelverbieger im Fernsehen und an Telepathie, weil: »Ein Freund von mir kennt jemanden, der war bei einem Allgäuer Bergbauern, und der konnte kraft seines Willens eine Streichholzschachtel auf dem Tisch wandern lassen, ohne sie anzurühren.« Manchmal scheint es einem, die Aufklärung habe nie stattgefunden. Kant, Leibniz, Spinoza – haben sie vergebens gelebt?

Ein Gang über die Esoterik-Messe in München stürzt jeden vernünftigen Menschen in tiefe Depressionen. Das sind nicht wenige, das sind vielmehr verdammt viele, die ihr Heil in lustbetonter Regression ins Magische suchen. Mit ihrer Sehnsucht lassen sich gute Geschäfte machen. Im Angebot sind Schicksalspendel, Pyramiden, unter denen Rasierklingen länger scharf bleiben, kosmisch aufgeladenes Wasser, Seherkugeln, Edelsteintherapie, Tarotkarten, Wünschelruten, Aurafotografien – nichts, was es nicht gibt. Der Buchmarkt spiegelt das große Käuferinteresse. Titel mit esoterischen oder mythischen

Inhalten verzeichnen die höchsten Zuwachsraten. Wie die Erotika aus dem Hause Beate Uhse das Bedürfnis nach erfüllter Sexualität pervertieren, so banalisieren Esoterika das Bedürfnis vieler Menschen nach einem erfüllten Leben. Der Supermarkt für Sinnsucher erweist sich als rechte Goldgrube. Denn wo es um den Seelenfrieden oder mindestens aber lebenslange Gesundheit geht, da lässt man sich nicht lumpen, da schaut man nicht auf Euro und Cent.

Jeder dritte Deutsche hält die Zukunft für vorhersehbar, jeder siebte glaubt an Magie und Hexerei. So lassen sich die Eso-Hopper, die von einer übernatürlichen Praktik in die andere taumeln, nicht mehr als Nischen-Phänomen abtun, nach der Devise: Die schaden doch keinem. Doch, sie schaden! Das fängt mit der Beutelschneiderei mit dem Zauber-Zubehör an, mit der Ausbeutung von Menschen, die verzweifelt nach seelischer oder körperlicher Heilung suchen. Vollends problematisch aber ist die gesellschaftspolitische Dimension. Wenn ein großer Teil der Wahlbürger Wahnvorstellungen des Paranormalen nachgeht, lässt sich ein demokratischer Konsens kaum noch erzielen. Grundlage unserer Gesellschaft ist nun mal das Prinzip, dass Behauptungen auch bewiesen werden müssen.

Was aber, wenn jeder dritte Deutsche an UFOs »glaubt«? Wenn sich über 60 Prozent vor »Erdstrahlen« fürchten? Dann beginnt der Boden zu schwanken, dann lassen sich Zukunftsfragen nicht mehr vernünftig diskutieren. Grüne Gentechnik, der Umgang mit fossilen Energien, Stammzellenforschung – die Grundlage der Debatten über solche kontroversen Themen sollten Beweise und Gegenbeweise, Verstand und Empirie sein. Und nicht Glaubensbekenntnisse. Wenn die Eso-Manie weiter um sich greift, ist es nicht mehr weit bis zu folgendem parlamentarischen Wortwechsel. Regierungsvertreterin: »Ich spüre gerade so in mich hinein, und da sagt mir eine innere Stimme, ich weiß auch nicht, aber sie sagt mir, dass dieses Gentechnik-Gesetz irgendwie schon eine gute Sache ist.« Der Oppositionsführer kontert: »Ich spüre etwas ganz anderes, Frau Kollegin, da geht eine ziemlich negative Energie aus von Ihrem Gesetzentwurf, bad vibrations, ich spüre, dass er sich gegen den Geist von Gaia wehrt – also, wir stimmen dagegen.«

In den USA, uns alten Europäern immer ein paar Schritte voraus, hat die

Unvernunft bereits einige aufsehenerregende Etappensiege errungen. Zum Beispiel in der Schule. Den Kindern sollen Evolution (selbstorganisierende Entwicklung der Pflanzen- und Tierarten innerhalb von 3,5 Milliarden Jahren) und Kreationismus (Gott hat die Welt vor ein paar tausend Jahren gemacht und dafür sieben Tage gebraucht) im Biologieunterricht als *gleichberechtigte* Theorien vermittelt werden. Darwin oder Gott – das wird zum Glaubensbekenntnis. Abstammung des Menschen von Primaten oder Hervorgehen aus einem Erdklumpen – darf jeder selbst entscheiden. Und die Vernunft trottet mit gesenktem Kopf vom Feld.

Neben den Verlockungen des Magischen ist ein anderer Feind der Vernunft weltweit höchst aktiv. Nennen wir sie die Macht der Mythen. Ein Mythos ist eine Leitvorstellung, die unterschiedliche Menschen auf ein Ziel hin vereinigt und nicht bewiesen werden muss. Rom ist der Mittelpunkt der Welt; Heiden kommen nicht in den Himmel; die weiße Rasse ist allen anderen überlegen; Kommunismus wird alle Menschen befreien: so weit eine Auswahl der bekanntesten Mythen-Blüten der Vergangenheit.

Meist kommen diese Bilder nicht sanft und friedlich daher wie ein guter Freund, sondern teilen die Menschen mit scharfem Schwert in solche, die zur Gemeinschaft der Gläubigen gehören, und in alle anderen – und denen geht's dann meist dreckig. Dass das Zeitalter der Mythen längst nicht passé ist, zeigt sich am krassesten dort, wo Politik nicht vollständig säkularisiert wurde, wo sich Kirche und Staat nicht sauber getrennt haben. Beispiel USA: Wenn der Präsident eine »Achse des Bösen« zum Todfeind aller freiheitsliebenden Menschen erklärt und zu einem »Kreuzzug« aufruft, dann verhält er sich nicht anders als ein Papst im Mittelalter, der für seine vatikanischen Bannflüche auch keine stichhaltigen Beweise vorlegen musste. Was daraus wurde, hat – im einen Fall jahre-, im anderen jahrhundertelang – die Welt in Angst und Schrecken versetzt.

Zu weit weg, um abschreckend zu wirken? Wie wäre es dann mit einem Streifzug durch die Irrationalitäten des deutschen Gesundheitswesens. In Zeiten leerer Kassen und knappster Kalkulationen, so sollte man meinen, frönen alle Akteure (Ärzte und Politiker, Krankenhäuser und Versicherer) dem Prinzip des rationalen Wirtschaftens. Damit lässt sich jedoch in keiner

Weise vereinbaren, dass teure Medikamente verschrieben und, hier liegt der Punkt, von der Gemeinschaft bezahlt werden, die keinem wissenschaftlichen Test standhalten. Und genau dies geschieht bei der Homöopathie, von Arzneien, deren Wirkstoffe so lange verdünnt werden, bis im Präparat kein einziges Molekül mehr nachweisbar ist. Abgesehen vom bekannten Placebo-Effekt (Glaube hilft heilen) konnte die empirische Wissenschaft keinerlei Heilwirkung feststellen. Dennoch gibt die Politik, indem sie die Kosten auf die Allgemeinheit umlegt, dem gesellschaftlichen Mainstream nach, der da frech verkündet: Auch Nichtbeweisbares ist real, wenn es nur genug Menschen für real halten. In diesem Klima des Glaubens, Meinens und Irgendwie-für-heilsam-Haltens darf man sich dann auch nicht wundern, wenn die Eltern eines Mädchens, in dessen Bauch ein Tumor bereits auf Handballgröße gewuchert ist, statt zum Onkologen zum Handaufleger gehen, und damit das Kind dem Tode weihen. Solche Hardcore-Esos sind zwar extreme Ausnahmen, aber auch warnende Beispiele, wohin konsequente Irrationalität führen kann.

Softere Esos zitieren Shakespeare als Begründung für die Ablehnung des wissenschaftlichen Denkens: »Es gibt mehr Dinge zwischen Himmel und Erde, als sich eure Schulweisheit träumen lässt.« Das ist absolut richtig – aber keine Begründung dafür, dass wir uns von einem Gesellschaftsvertrag verabschieden, der auf einem rationalen Fundament von Gesellschaft, Wissenschaft und Moral ruht. Die zweite Quelle der Verunglimpfung von Vernunft ist ihre Reduzierung auf den Begriff »Sachlichkeit«. Um Vernunft schlecht zu machen, wird sie diskreditiert als Feind der Gefühle, als Feind des Körpers, als banale Reduktion des Seins auf Sachen, die man wiegen und messen kann. In Wirklichkeit ist Vernunft jene wunderbare Eigenschaft, mit Homo sapiens erstmalig in der Evolution auf dem Planeten Erde auftretend, die es uns erlaubt, mehr zu sehen als das, worauf unser Augenlicht fällt. Vernunft erlaubt uns, Hypothesen zu bilden, uns Dinge auszudenken, Phantasien auszuspinnen, Vision zu beschwören, in Vergangenheit und Zukunft zu reisen, riesige Möglichkeitsräume aufzuspannen. Des Weiteren erlaubt sie es den Menschen, sich in andere hineinzuversetzen, in die Gedanken und Gefühle, in die Motive des Gegenübers. Empathie ist auch eine Domäne des Verstandes.

Und von dieser Empathie wünschen wir uns mehr im gesellschaftlichen Gespräch. In politischen Debatten. Im Dialog der Kulturen, der nur mit Einfühlungsvermögen in fremde Kontexte eine Chance hat, nicht zu einem Clash of Cultures zu entarten. Wir sprechen bei diesem Dialog nicht von Städtepartnerschaften mit Usbekistan, wir sprechen von der höchst explosiven kulturellen Gemengelage mitten in Deutschland. Empathie ist ein wirksames Gegenmittel gegen die Gewalt von steinzeitlichen Mythen, denen Fundamentalisten aller Glaubensrichtungen in aller Welt anhängen. Mit Vernunft begreifen wir die Andersartigkeit von Mitbürgern aus anderen Kulturkreisen, auf Vernunft gründet der Respekt vor ihrer Identität. Rettet die Vernunft!

Denen, die zu Recht die Entfremdung des Menschen beklagen, von der Natur, von seinem Körper, von seinem wahren Selbst, denen sei gesagt: Die Lösung dafür findet ihr nicht im Rückfall in Magie und Mythos. Sie liegt in einer Weiterentwicklung des Menschen, die auf dem Verstand aufbaut und ihn überschreitet. Wahre Spiritualität ist nicht prä-, sondern transrational. Die Evolution geht weiter. Nach vorne.

VERTRAUEN

VORHER

Wer nichts kann, ist nicht vertrauenswürdig. Wer kein Vertrauen mehr hat, sollte andere nicht länger täuschen und seinen Platz sofort frei machen.

NACHHER

Wer etwas kann, ist vertrauenswürdig. Wer kein Vertrauen mehr hat, sucht sich ein neues Leben, in dem er wieder können darf, was er wirklich will.

Neulich in Texas: Eine Frau mit fünf Zentner Gewicht tötet ihren Ehemann, indem sie sich im Streit auf ihn setzt, so dass er erstickt. Er hatte ihr zuvor eröffnet, dass er fremdgegangen war. Nicht unbedingt ein Vertrauensbeweis! Eher ein bizarrer Beweis, wie schmerzlich man Misstrauen und Enttäuschung umsetzen kann.

Was war passiert? Der Ehemann hatte die wichtigste Grundregel des Vertrauens verletzt, nämlich den festen Glauben, dass jemand zuverlässig ist oder sich erwartungskonform verhält. Einer schenkt Vertrauen, der andere zeigt sich vertrauenswürdig. Das dünne Band der Monogamie sollte unser texanisches Paar zusammenhalten.

Das Vertrackte ist nur: Beim Vertrauen ist man immer Sender und Empfänger gleichzeitig. Immer wenn einer vertraut, wird einem anderen vertraut. Und umgekehrt. Vertrauen basiert auf einer riskanten Vorleistung. Bei unserem Ehedrama lautete es: Ich gehe nicht fremd, also tust du es auch nicht! Wer Vertrauen schenkt, erwartet also, dass eine Vereinbarung oder Gegenleistung eingehalten wird. Eine Garantie darauf hat er nicht.

Erschwerend kommt hinzu, dass unser texanisches Pärchen bereits 20 Jahre verheiratet war, ohne Fehl und Tadel. Die beim Vertrauen sehr wichtige Phase der Vorprüfung war längst abgeschlossen und es herrschte blindes Vertrauen. Das Risiko war sozusagen beherrschbar.

Was ansonsten ein Knackpunkt ist: Bevor einem anderen nämlich vertraut wird, werden Indizien gesammelt, um seine Vertrauenswürdigkeit zu prüfen. Oder man vertraut ihm blind, weil er in jeder Hinsicht vertrauenswürdig ist. Betrachten wir diesbezüglich das Verhältnis Staat und Bürger. Im Idealfall vertrauen sie einander. Der Staat unter anderem darauf, dass der Bürger ihm so viele Steuereinnahmen zukommen lässt, dass davon die Ausgaben für das Gemeinwesen bestritten werden können. Der Bürger wiederum darauf, dass der Staat die Grund- und Menschenrechte garantiert sowie das Gemeinwesen organisiert. Doch die Realität sieht vielerorts anders aus: Der Steuerprüfer schnüffelt den Bürgern und Unternehmern hinterher, um möglichst viel herauszuholen. Der Steuerberater wiederum schnüffelt in den Nischen der Gesetzeswerke und sorgt dafür, dass der Staat so wenig wie möglich erhält. Vom gegenseitigen Misstrauen profitieren derzeit Letztere in größerem Umfang, denn die rund 70 000 Steuerberater in Deutschland erzielen im Jahr einen Umsatz von rund 18 Milliarden Euro.

Doch wir wollen über Vertrauen reden. In der Regel lautet die Präambel jedes Vertrauensverhältnisses: Im Vertrauen darauf, dass er ehrlich ist, habe ich ihm etwas gegeben. Einen Auftrag, eine Mitteilung, ein Gesetz oder ein Versprechen. Es basiert also auf Glaubwürdigkeit. Diese findet unter anderem über Kommunikation statt. Glaubwürdig ist, wer verständlich und ehrlich Zusammenhänge erklärt – ohne Wenn und Aber die Wahrheit sagt und nur das ankündigt, was auch wirklich umgesetzt wird.

Womit wir mitten in der Petersilie stehen: Wer vertrauenswürdig erscheinen will, muss erstens kompetent über etwas reden können. Er muss sagen können, was er will oder warum er etwas vorhat. Er muss demnach und zuallererst die Fähigkeit haben, anderen Menschen Vertrauen zu schenken. Was zweitens mit einschließt, auch ein Grundgefühl davon vermitteln zu können, ohne es ständig beteuern zu müssen. Denn wer nur so tut, als ob er vertrauen würde, ist genauso ein Heuchler wie jemand, der bei jeder Gelegenheit betont, wie sehr er allen anderen vertraut.

Was unsere Ausgangslage noch weiter verkompliziert. Zwei Beispiele: Wenn mir ein Autoverkäufer im Verkaufsgespräch auf die Schulter klopft, dass die von mir ausgesuchte Farbe von höchstem Geschmack zeuge, entzündet er höchstens mein Misstrauen. Warum? Nun, er argumentiert in der Habsucht seiner eigenen Interessenlage. Von Ehrlichkeit keine Spur. Wenn mir andererseits der Bundeskanzler auf die Schultern klopft, dass wir alle den Gürtel enger schnallen müssen, schnalle ich höchstens die Restbestände von Vertrauen ab. Auch er argumentiert in der Habsucht seiner eigenen Interessenlage und wälzt sein staatliches Immer-weniger auf den einzelnen Bürger ab. Von Kompetenz keine Spur. Beide Typen sind nicht glaub- und damit nicht vertrauenswürdig. Sie sollten abdanken und sich einen vertrauensverträglicheren Job suchen.

Wenn also Kompetenz und Ehrlichkeit fehlen, ist das beiderseitige Vertrauen so viel wert wie die Ankündigung eines Menschenfressers, Vegetarier werden zu wollen. Wer vertraut schon einem, der andere Interessen vorgibt, um ans eigentliche, niederträchtige Ziel zu gelangen.

Wir fassen kurz zusammen: Nur der sozial und kommunikativ Kompetente sowie Redliche ist fähig, anderen Menschen Vertrauen zu schenken und von selbigen einen Vertrauensvorschuss zu erhalten. Politiker, Manager und Banker (und Steuerberater) sind in der Regel keine vertrauenswürdigen Personen. Als Menschenfresser reklamieren sie zwar nach bewährter Manier das Vertrauen der Opfer und Kunden, bevor sie diese abkochen. Vertraut uns, rufen sie an Sonntagen, auf Werbeplakaten und in Perserteppich-Büros. Doch über ihr eigentliches Ziel reden sie nicht: den Machterhalt um der Macht willen oder die Abzocke um der Abzocke willen. Wie niederträchtig nicht nur Steuerberater, sondern auch ältere Partei- und Gewerkschaftsfunktionäre diesbezüglich wirken können, weiß jeder in diesem Land.

Wer Macht hat, klebt daran wie ein kleines Mädchen unterm Weihnachtsbaum an ihrer neuen Puppe. Wo aber hat nun eigentlich das kleine Mädchen ihr Vertrauen her oder anders gefragt: Kommt jeder mit gleich viel Vertrauen auf die Welt oder kann man das lernen, kaufen oder sich schenken lassen? Das Urvertrauen entsteht im ersten Lebensjahr. Es entwickelt sich, weil eine Betreuungsperson, in der Regel die Mutter, verlässlich auf die elementaren

Bedürfnisse des Kindes reagiert. Hier wird der Teppich gewebt, der trägt. In unseren Breitengraden läuft dieser Entwicklungsschritt bei 70 Prozent aller Kinder störungsfrei, bei 20 Prozent treten Hindernisse auf und bei zehn Prozent bildet sich kein Urvertrauen heraus. Zumeist aufgrund einer willkürlichen Behandlung dieser Bedürfnisse. Dieses Urvertrauen trägt uns durch den Rest des Lebens. Es ist immer da, wenngleich nicht immer sichtbar ausgeprägt. Das Urvertrauen ist die Basis oder der Humus, aus dem Zuwendung, Kooperation, Mit- und Füreinander gedeihen. Also merke: Vertrauen ist per se in jedem Menschen angelegt.

Doch wer erwachsen wird, verliert Vertrauen. In den Staat, in die Firma, in den Nachbarn, in den Steuerberater oder in die Lebensversicherung. Der Hauptgrund, warum Vertrauen individuell und gesellschaftlich immer mehr abnimmt, ist neben der Inkompetenz der Institutionen auch die Macht des falschen Lebens. Immer mehr Menschen machen nämlich schlechte Erfahrungen. Sie erleben, dass ihre Bedürfnisse nicht ernst genommen werden. Sie erleben, dass ihre Fähigkeiten nicht gefragt sind. Und sie erleben, dass ihre Zuwendung missbraucht wird.

Irgendwann, wenn der Demütigungsgrad eine bestimmte Schwelle überschreitet, kommt es zum Vertrauens-Super-GAU: Sie vertrauen niemandem mehr, obwohl sie von Geburt an die Kompetenz dafür besitzen. Dann ziehen sie sich zurück. Im schlimmsten Fall kündigen sie. Miese Jobs und lausige Beziehungen treiben die Vertrauensverlierer im Gleichschritt ins Alltags- und Glücksinferno. Arbeit wird als Last empfunden, Vertrauen als Schafott der eigenen Kreativität.

Ist das schlimm? Wir meinen, nur dann, wenn man aus der Jauchegrube kollektiven Misstrauens nicht mehr herausfindet. Andererseits liegt im Vertrauensbruch zu Wirtschaft und Gesellschaft die Möglichkeit, sich selbst neu zu entdecken und zu verwirklichen. Vertrauensbruch ist die zeitgemäße Rebellion gegen den kollektiven Sachzwang. Man versucht dadurch, eine andere Welt oder einen neuen Lebensentwurf zu erfinden und herauszubekommen, was man wirklich will. Denn es ist eindeutig die Vision eines befreiten Lebens, die zum Vertrauensbruch in einer Gesellschaft führt.

Ganz ähnlich verhält es sich beim Ehebruch. Während des Ehebruchs wird eine neue Welt entdeckt, eine, in der man nach Jahren der Zwangsverzurrung geradezu mühelos arbeiten und lieben kann. Man arbeitet und liebt, ohne es zu merken. Mit Fantasie, Hingabe und Kreativität. Der Ehe- wie auch der Vertrauensbrecher bricht aus dem Sachzwängeknast mit eingerosteten Gitterstäben aus.

Wir sehen, dass der Verfall von Vertrauen innerhalb einer Gesellschaft massive Auswirkungen hat. Denn die soziale und politische Integration des Bürgers ist die Grundlage moderner Gesellschaften. Vor allem zwei Machtautoritäten leben von der Zustimmung ihrer Klientel. Die Regierung eines Landes von der der Bürger und die Chefetage eines Unternehmens von der Kooperation der Mitarbeiter. Es gibt nun zwei Arten von Führung, diese Beziehungsqualität mehr oder weniger am Leben zu erhalten: mit Misstrauen oder mit Vertrauen. In Politik und Wirtschaft sind heute die Verdachtsorganisationen in der Überzahl. Mit ihrer überbordenden Bürokratie kontrollieren sie den Tatendrang des Einzelnen.

Im Idealfall aber konfigurieren Regierungen und Unternehmen ein Vertrauensfeld, auf dem Obrigkeit und Bürger/Mitarbeiter das ursprüngliche Spiel der Redlichen und Kompetenten spielen können. Jeder, der führt, wird sich demzufolge fragen lassen müssen, wie gut es ihm gelingt, Vertrauensfelder zwischen sich und seinen Bürgern/Mitarbeitern aufzubauen. Denn das Vertrauensklima nimmt entscheidenden Einfluss auf deren Engagement und die Einsatzfreude. Es nimmt übrigens auch entscheidenden Einfluss auf die Art und Weise, wie dort mit Fehlern und Problemen umgegangen wird. Werden bei Fehlern eher die Schuldigen gesucht oder sucht man mehr nach Lösungen? Wird das Problembewusstsein durch ein intensives Lösungsbewusstsein begleitet?

Sind Vertrauensfelder vorhanden, dann werden Bürger/Mitarbeiter angstfrei und ohne Furcht mit den Chefs nicht nur über Erfolge, sondern auch über Versagen und Fehler sprechen können. Existieren diese Vertrauensfelder nicht, dann werden umgekehrt Bürger/Mitarbeiter einen Großteil ihrer Energie verwenden, um ihre Fehler, Schwächen oder ihr Versagen vor ihrem Chef zu verbergen. Es kommt zu einer beiderseitigen Bunkermentalität, innerhalb derer die Menschenfresser wieder ihre niederträchtigen Interessenlagen in den Vordergrund schieben können. Auch wenn sie als gute Gründe getarnt sind, landen die Opfer im Kochtopf.

Dieses Land steht vertrauenstechnisch auf der Kippe. Die Rebellion des Misstrauens nimmt täglich zu. Vor allem, weil die Führungskräfte und die Obrigkeit selbst die Sprache verlieren. Sie wissen nicht mehr, was sie wollen, und deshalb können sie es auch nicht sagen. Vertrauen aber wird nur gefördert, wenn Kompetenz, Redlichkeit, Glaubwürdigkeit und Ehrlichkeit wieder zunehmen. Nur wer kompetent über etwas reden kann, wer sagen kann, was er will oder warum er etwas vorhat, erntet künftig Vertrauen.

WACHSTUM

VORHER

Immer mehr. Die Folge: Wir schrumpfen in nationalstaatlicher Enge, bürokratischer Kleingeisterei und alltäglicher Monotonie.

NACHHER

Immer besser. Die Folge: Wir wachsen über uns hinaus und vertrauen der Grenzüberschreitung. In eine Welt, die uns gut findet.

Niemand wird bezweifeln, dass mehr nicht immer besser ist. Wenn es so wäre, wären die Dicksten gleichsam die Klügsten, aber sie sind es so wenig wie die Dünnsten die Schnellsten sind.

Wachstum im industriellen Kapitalismus, der unsere Gesellschaft nach wie vor bestimmt, ist ein immer Mehr. Die Logik dahinter: Vorteile werden nur dann richtig ausgespielt, wenn immer mehr von einer bestimmten Ware zu immer niedrigeren Produktionskosten hergestellt werden kann. Das nennt man Economy of Scale. Es gibt viele gute Gründe, die Ökonomie des Wachstums nicht ganz zu verdammen. Immerhin sorgt sie für günstige Preise, zumindest, solange wir glauben, dass große Unternehmen keine Kartelle bilden.

Was aber rufen ganze Legionen von Weltverbesserern mit leider ziemlich miserablen Kenntnissen der Welt, der Ökonomie und der Arithmetik seit vielen Jahren mit Inbrunst aus? Wachstum ist übel, Wachstum ist schlecht! Wachstum ruiniert unser Leben.

Wer steckt dahinter? Fast immer die Gleichen: Angestellt beim Staat oder von Vati. Herr Schmidt, der mal Kanzler war, nannte sie zu Recht diejenigen, die alles bestreiten – außer ihren Lebensunterhalt. Es sind Sozialfaschisten, die fordern, dass die Arbeit, die andere leisten, vergesellschaftet sein muss. Ein wunderbares Beispiel ist Open Source. In der Auslegung der deutschen Nerds lautet die Formel: Macht mal, wir nutzen es dann, bezahlt wird nie!

Sicher, der Großteil dieser Proteste beruht auf einer unrunden Pubertät. Andererseits: Qualitatives Wachstum, das nicht aus immer mehr, sondern immer besseren Produkten und Ideen besteht, gibt es wirklich. Das bedeutet, dass sich eine Gesellschaft – und damit eine Volkswirtschaft – schon aussuchen kann, was ihr wichtig ist – und was sie in welcher Güte und Stückzahl, in welcher Ideendichte und in welcher Frequenz in Umlauf bringt. Was heißt schon EINE Gesellschaft? Es gibt viele davon, und deshalb werden viele Befindlichkeiten und Vorstellungen umzusetzen sein: Mal Grundversorgung, ein Economy-of-Scale-Produkt, von der medizinischen Versorgung bis zu den Lebensmitteln im Supermarkt zum Niedrigpreis. Mal extreme Kleinserie. Wie es Nachfrage und Bedürfnisse wollen!

Vielfalt folgt Vielfalt. Spurgenau. Wir aber kennen oft nur eines: immer mehr vom Gleichen. Das schafft Probleme beim Wachstum. Deutschland wächst nämlich nicht – was kein Wunder ist. Aus dem in der Industriegesellschaft zu einem Riesen angeschwollenen Land – dessen Bevölkerung sich in manchen Landstrichen in wenigen Jahren verzigfachte – weicht der Grund für das wahnwitzige Anwachsen der Bevölkerung seit langem zurück.

Kaum hatten die Deutschen genug Wohlstand (den sie allerdings mit einiger Konsequenz in zwei Weltkriegen wieder versemmelten), hörten sie auch auf, sich über die Maßen zu vervielfältigen. Das war bereits vor 100 Jahren so, einem Zeitpunkt, an dem die industrielle Revolution und der damit verbundene Wohlstand für ein Volkseinkommen sorgten, das später erst wieder Mitte der 50er Jahre erreicht wurde.

Wachstum ist keine Konstante – und deutsches Wachstum basiert auf den Regeln der alten Industriewelt. Da nützt es übrigens wenig, wenn man nun statt Maschinen und Stahl gewaltige Windräder baut, nach den gleichen, nicht mehr zeitgemäßen Methoden von früher. Qualität denken heißt, der Beste sein zu wollen. In Zeiten, in denen das die Deutschen dachten, ging das Meiste gut – im Rahmen der Möglichkeiten: bei Volkswagen, Karstadt und als Oberstudienrat.

Wenn es weniger Deutsche gibt, dann liegt das erfreulicherweise am Wohlstand. Es ist nicht nötig, fünf Kinder zu kriegen, die einen mal durchfüttern. Oder doch? Wenn man die Berechnungen der Sozialstaatsverteidiger ansieht, dann hat sich auf dieser Welt seit der Leibeigenschaft gar nichts geändert. Denn wir brauchen Kinder – schreien sie unaufhörlich. Für die Rente. Für die soziale Sicherung.

Was für ein Unfug. Man erhebt einen schlechten Brauch, der sich nicht rechnet, zum Naturgesetz. Unsere Kinder sind nur dann schlimm dran, wenn sie den Unfug des grenzenlosen Umverteilungsstaates, der immer weiter und immer mehr wachsen muss, weil er immer mehr zu versorgen hat, weiterführen. Das werden sie nicht tun, und weil wir uns bei unseren Plagegeistern auch künftig blicken lassen wollen, sagen wir auch: Wir fangen an, dem Ganzen ein Ende zu machen. Rein ökonomisch betrachtet, ist es ein Segen, wenn weniger über mehr verfügen können.

Richtiges Wachstum erfolgt durch Qualität: bessere, schönere Häuser, noch viel bessere Autos, als wir ohnehin schon bauen, die allerbesten nämlich, hervorragende Forscher und Handwerker, außergewöhnlich gute Dienstleister und die freundlichsten und verlässlichsten Verkäufer, die man sich nur vorstellen kann. Wachsen können wir ganz perfekt als Land, in dem Alte nicht nur Alte sind und lästig sowie teuer, sondern in dem modellhaft gezeigt wird, was man mit erworbenem Wissen alles anfangen kann. Selbst im Laborversuch schlägt die alte, erfahrene Ratte jüngere, kräftige, aber ungestüme Nager.

Die Welt wird nicht am deutschen Wesen genesen, sondern fragen, ob man sich ein wenig davon – gegen Bares, versteht sich – kaufen kann. So schlecht wäre das nicht. Die deutsche Bürokratie ist eine Volksplage, wenn man sie nur in den nationalen Grenzen denkt. Andererseits gibt es Länder, die würden furchtbar gerne eine straffe Organisation ihrer Staatsgeschäfte haben. Lasst sie ziehen – und das ist gar nicht ironisch gemeint. Weshalb sollen deutsche Verwaltungsexperten nicht auch in Entwicklungsländern arbeiten? Viele tun das auf eigene Faust – und machen gute Arbeit. Wir wachsen nach außen. Diese Welt ist groß und durchlässig. Deshalb ist es sinnlos, das enge Gefäß Deutschland weiterhin anzufüllen, weder mit Menschen noch mit

Ideologien, die allesamt die Enge nur unerträglicher machen. Öffnen heißt, sich über die Grenzen zu trauen, um verblüfft festzustellen, dass dabei gar nichts Schlimmes passiert.

Dazu müssen wir allerdings zuallererst den alten, dummen, gefährlichen nationalen Mietvertrag kündigen, der vorsieht, dass in eine Einraumwohnung immer mehr Leute ziehen sollen, und zwar, das ist die Bedingung, immer aus der gleichen Familie, die, auch das steht im Mietvertrag, alle nach denselben Regeln arbeiten und leben müssen. So geht das nicht, da wächst nichts, da fängt's nur an, zu miefen.

Offene Grenzen nützen vor allem uns – denn wir können raus, uns in einer Welt bewegen, die uns gar nicht so übel findet. Wir wachsen dann über uns hinaus, und das heißt eigentlich: mit Neuem, Anderem, Interessantem zusammen.

Manche haben das schon getan. Das heißt heute nur anders: Die Besten hauen ab.

WERTE

VORHER

Ein starres Korsett von »Das-tut-man-nicht-Normen«, gepaart mit angsteinflößenden Sanktionsandrohungen bei Verstößen. Als Agenten dieses Terrorregimes zeichneten sich bisher Eltern, Lehrer, Chefs, Pfarrer und überhaupt Obrigkeiten aus.

NACHHER

Wissenszuwachs und Individualisierung führen zu einer Renaissance alter Werte in den neuen Möglichkeitsräumen, die sich die Menschen selbstständig eröffnen. Mit der Entdeckung des Selbstwertes wächst die Erkenntnis, dass wertorientiertes Handeln nützlich und notwendig ist, um besser zusammenleben und -arbeiten zu können.

Wir sind schon längst im Nachher. Das ist vielleicht sogar das größere Problem.

Sind sie nicht schon viel leiser geworden, die Stimmen, die vor 20 Jahren zur »geistig-moralischen Erneuerung« des Landes riefen und in obskuren Zirkeln die ungenießbare, moralinsaure Sauce bürgerlicher Wohlanständigkeit aufzukochen versuchten? Es waren aber weniger die alten Werte – Pflicht, Disziplin, Treue, Gehorsam, Verzicht –, die ihnen am Herzen lagen. Es waren mehr die 68er, denen sie den Kampf ansagten. Weil jene ihnen zuvor den Kampf angesagt hatten. Jene bösen Buben und Mädels, die ebenso intolerant die für transzendent und ewig gültigen, alten Werte in den Schmutz traten: »Wer zweimal mit derselben pennt, gehört schon zum Establishment.« Treue? Pah! Schwingt in dieser Exklusivitätsvorschrift doch so eine Last von

Verantwortung mit – nein danke! Mit solchen angeblich sexuell-revolutionären Parolen konnte man die Altvorderen ganz leicht auf die Palme bringen, denen die Prüderie und Bigotterie des 19. und frühen 20. Jahrhunderts aus allen Knopflöchern strahlte.

Es ging aber gar nicht um alte oder neue Werte, die sich wie Luther-Thesen an irgendeine Uni-Pforte hätten nageln lassen. Es ging in diesem Kalten Krieg der bewahrenden und bewegenden Kräfte um die ewig gleiche Frage, wer die Definitionsmacht über die gestaltbare Zukunft der Gesellschaft erhalten sollte.

Kein Grund zur Aufregung also. Von heute aus betrachtet jedenfalls. Damals aber war natürlich jede Menge Aufregung. Sie legte sich bezeichnenderweise langsam, langsam, nachdem ein linker junger Parteispund seinem linken alten Parteivorsitzenden und Bundeskanzler ein nachkriegsdeutsches Totschlagargument um die Ohren gehauen hatte. Der Alte hatte von seinem jungen, begeisterten Regelverletzter gefordert, im Sinne des besseren Politmanagements etwas mehr Disziplin und Pflichtbewusstsein an den Tag zu legen. Ja, ja, hieß es: Das habe gerade noch gefehlt, mit solchen »Sekundärtugenden« könne man vor allem und ganz vortrefflich Konzentrationslager managen.

Das war es dann. Aus, vorbei. Rühren wir nicht mehr dran. Lassen wir den Jungen ihre antiautoritären Spielwiesen, sollen sie sich in ihrer Regel- und Zügellosigkeit austoben. Hat eh keinen Sinn. Wenn Werte hochhalten als Nazitugend diskreditiert wird, dann halten wir sie eben unten, diese Werte. So flach wie möglich. Reden wir einfach nicht mehr darüber. So lauteten die postnazistischen Dogmen einer Generation, die sich die »Umwertung aller Werte« zur Herzensaufgabe gemacht hatte. Dann hatten wir den Salat.

Dieser Salat präsentiert sich in der sozialpsychologischen Literatur der 70er Jahre in Form des »oralen Flippers«, eines vaterlosen Gesellen (die väterliche Autorität war entweder im Krieg gefallen oder hatte schulkomplexbehaftet den Schwanz eingekniffen). Das Salatherz besteht aus einem schwer narzisstischen Einschlag, das Dressing aus einem schnell herausgemendelten Kernwert für subjektive Lebensgestaltung: Befriedigung im Hier und Jetzt, aber subito!

Zwischenbemerkung für Freunde, die gerne die Wurzeln zumindest der letzten 4000 Jahre christlich-abendländischer Werteentwicklung freilegen möchten: Es reicht vollkommen, im Brennglas der letzten 40 Jahre ein Werteverlust-, -wandel- und -wiederaneignungsphänomen zu betrachten, um eine wertvolle Erkenntnis an Land zu ziehen. Und die lautet, dass sich Wertesysteme durchaus evolutionär verändern, weil – wie banal! – auch die Menschheit einem evolutionären Entwicklungsprozess unterliegt. Aber vor allem schält sich die Erkenntnis heraus, dass die psychische Ausstattung des Menschen geradezu nach verbindlichen, lebenserleichternden Maximen schreit. Sie können von außen gesetzt und als Zehn Gebote in Stein gemeißelt sein.

Irgendwann aber reicht das nicht mehr, weil die Menschen auf ihrem evolutionären Weg durch die letzten 250000 Jahre jetzt tatsächlich bei sich selbst angekommen sind. Aufgeklärter, gebildeter denn je können sie ihre für sie verbindlich erkannten Werte auch gerne mal individuell als Bedürfnis empfunden ins eigene Tagebuch schreiben: »Ich habe erst durch diesen Traum der letzten Nacht erkannt, was mir Helga nach 15 Jahren Ehe wirklich bedeutet. Ich trenne mich von Gabi, und zwar auf der Stelle.« »Die zwei Jahre Coaching bei Herrn E. waren geradezu eine Offenbarung für mich. Ich kann jetzt durch die Werkhalle gehen und über alles Mögliche mit den Leuten sprechen, wer hätte das gedacht. Immer habe ich geglaubt, die hassen mich doch nur, weil ich halt ihr Chef bin.«

So lesen sich Bekenntnisse selbstunsicherer Wanderer zwischen vermeintlich verschiedenen Wertewelten. Zwischen Firmenwertsteigerung hier und wertvoller persönlicher Beziehung dort werden oft Grenzlinien gezogen, deren menschenunwürdige Künstlichkeit ganze Überzeugungsimperien über kurz oder lang zum Einsturz bringen. Untreue, präautistische Unfähigkeit zu kollegial-menschlichem Austausch: Wer je mit Psychotherapeuten oder Manager-Coachs sprach, dem tun sich Abgründe seelischer Verwahrlosung auf, die aufs immer gleiche Symptom verweisen: Selbst-Wert-Verlust.

Der kann geheilt werden.

Einen Heilungsprozess beobachten wir über die letzten 40 Jahre. Liebe Leute: Wir haben das am eigenen Leib *erfahren*! Deswegen reden wir lieber darüber, als in den Aufzeichnungen der letzten 4000 Jahre herumzustochern.

Der orale Flipper also. Der selbstwertgeschädigte Narzisst jüngster deutscher Provenienz sitzt inzwischen an den Schalthebeln der politischen und ökonomischen Macht. Nicht alle können jedoch nach dem Prinzip »sofortige Befriedigung im Hier und Jetzt« in vierter Ehe Bundeskanzler werden, sondern landen in psychosomatischen Kliniken, laborieren an ihren latenten Depressionen, schalten und walten in höchsten Konzernetagen, diesmal der Unternehmens-Wert-Steigerung verpflichtet. Diese finanzmarktgesteuerte Obsession findet ihr privates Pendant im Bordell, wo einige dieser selbstlosen, selbst-wert-losen Steigerer des Shareholder-Value einer sehr eigenartigen Version der Vergleichswert-Betrachtung nachgehen. Da sieht man Vorstandsvorsitzende von Dax-Unternehmen mit ihren Aufsichtsratsvorsitzenden mit schwarzen Zorromasken vor den Gesichtern und freiem Unterkörper Gewichte am männlichsten Teil ihrer fragmentierten Existenz befestigen und untereinander vergleichen, wer am schwersten tragen kann. Keine Fiktion, sondern verbürgte Realität. Ja, die Suche nach dem wahren Wert kann auch zu einer schweren Last werden. Da gibt es kein Drumherumreden.

In statischen Gesellschaften des Agrarzeitalters, in denen Feudalaristokratie und Kirche bestimmten, welche Werte – Ehre, Blut, ewige Treue, Sittsamkeit, Bescheidenheit, Keuschheit – es zum Teufel unbedingt zu beachten galt, war das Leben viel einfacher. Wie auch sonst? Dieses Leben war ja vorbestimmt, von Geburt an geprägt und durch Herkunft vorbestimmt. Wahlfreiheit, Selbstverwirklichung, Umleitungen, Änderung? Fremdworte. Die tradierten Wertvorstellungen dieser Menschheitsepoche konnten sich über Generationen unhinterfragt halten. Wer denn hätte sich je – vor 1968 ff. – zu »hinterfragen« getraut, was überliefert war und als unumstößlich galt? Eben! Zuerst zu hinterfragen getraute sich im Übrigen das so lange ignorierte Unbewusste, das sich dann in Form von Neurosen gegen die ewig alten Zumutungen zu wehren begann. Aber sich auch in Form von beispielsweise neurotischem Putzzwang, Kontrollwahn oder sehr deutscher Mutterideologie (Kindergärten sind schädlich) bis ins späte 20. Jahrhundert hinein hielt und gesellschaftlichen Fortschritt bremste.

Schlusslicht Deutschland. Die verspätete Nation. Narzisstisch. Neurodiert.

Aber das hört jetzt auf. Das hat doch keinen Wert.

Die gründlichste Fehlannahme im Kalten Krieg der Werteverteidiger gegen die Wertevernichter war die, dass es nach wie vor alter oder selbsternannter neuer Instanzen bedürfe, um den Menschen in ihrer altbekannten Unmündigkeit Wertvorstellungen einzubläuen. Es konnten auch gerne Un-Wertvorstellungen sein. So schlitterten wir keineswegs in den eine geraume Zeit lang beklagten Werteverfall, Werteverlust und Werteniedergang hinein. Das hört sich ja so an, als ob es sich um rostende Rechen und Hacken in der Gartenlaube handele, wo doch inzwischen der Gärtner als Dienstleister Beete und Rasen pflegt. Aber der arbeitet mit den gleichen Instrumenten, nur sind es seine eigens von ihm mitgebrachten.

Nein, wir leben und wirtschaften einerseits in einem Wertevakuum, in dem wir außer der katholischen Kirche und Residuen der Gewerkschaften keine Instanzen mehr erkennen können, die sich noch trauen, den moralischen Zeigefinger in die Luft zu strecken. Mal ganz ehrlich. Brauchen wir auch nicht. Einerseits. Andererseits hätten wir ganz gerne, dass sich jetzt so manche ermannten und erfrauten, der wertlosen oralen Flippergeneration ein paar Wegweiser auf der schwierigen Strecke bis erst mal ins Jahr 2010 in den Weg zu stellen.

Es ist durchaus eine große Leistung, auf die wir zu diesem Zeitpunkt noch und schon Lebende stolz sein können (und bloß nicht entsprechend der lateinischen Wortwurzel stultum dabei dumm bleiben dürfen), dass wir Zeugen eines Zeitalters sind, das dereinst als Entdeckung der großen Ära der Ich-Entdeckung in die Menschheitsgeschichte eingehen wird. Jeder Mensch, wahrscheinlich seit dem ersten Aufrechtgang des Homo sapiens sapiens, war immer ein Ich. Aber wann durfte er es so gründlich und massenhaft ausleben wie heute? Wenn auch noch nicht immer in allen Teilen des Globus.

Wir wurden umso selbstbewusster, je mehr wir uns der uns umgebenden Welt bewusst wurden. Na klar, wir haben unsere Augen geschärft und Instrumente entwickelt, die uns halfen, alte Welt- und Menschenbilder über den Haufen zu werfen. Kopernikus, Kolumbus, Einstein, Heisenberg. Relativierung. »Die entfesselte Atomkraft hat alles verändert, nur unsere Denkweise nicht.«

Schon tut sie es. Langsam, aber sicher. Manchmal dauert es 500, manchmal 100, manchmal nur 30 bis 40 Jahre, bis wir erkennen: Aha, das ist jetzt aber wirklich neu. Die Instanz, die tradierte Wertvorstellungen gespeichert hat und ziemlich auf sich allein gestellt neue ausbrüten muss, heißt jetzt ICH.

Das ist wirklich sehr neu.

Das ist sogar unerhört neu.

Wer sich nicht bedingungslos den Dogmatismen der katholischen Kirche unterwerfen will, findet kaum noch Instanzen und Autoritäten, welche die Sicherheit äußerer, haltgebender Werte gewähren.

Nach der Phase des ruppigen Befreiungsindividualismus stehen wir nun in neuer Freiheit und Eigenverantwortung in den Prunksälen der Möglichkeiten, in denen wir nur eines müssen – eine Wahl treffen. Die Ich-Emanzipation der deutschen Nachkriegsgeneration folgte einer scharfen Abgrenzungslogik: Bloß nicht so werden wie meine Mutter/diese Spießer da draußen/mein Nazi-Vater. Der gnadenlos rigorose Moralismus, in dem solche Feindbilder gepflegt und bekämpft wurden, stand dem der Feinde in nichts nach. Während deren altes Korsett der »Das-tut-man-nicht-Verbote« noch abgestreift wurde, zog man sich stracks das neue über, das mit seinen Übertretungsgeboten genauso einschnürte.

Ja sicher, die Ent-Wertung alter Werte hat natürlich zu einem vorübergehenden Werteverlust geführt, und die Symptome des egoistischen Hedonismus, einer ichbezogenen Ellbogenmentalität, waren keine Einbildung barmender Alt-Moralisten.

Nach den Ich-Befreiungsorgien stehen wir jetzt etwas ratlos herum, reifer, klüger, erwachsener auf jeden Fall. Klar ist so viel, dass das elterliche und großelterliche Modell, das die Erfüllung äußerer Normen zum Lebensinhalt machte, ein für allemal ausgedient hat. Jetzt bauen wir gerade unser System der inneren Sicherheit aus, die wir brauchen, um jenen Wertekompass zu entwickeln, den wir zur Navigation in den neuen Freiheitsgewässern brauchen.

Früher: Ist mein Chef mit meiner Arbeit zufrieden? *Heute*: Bin ich glücklich mit meiner selbst gewählten Aufgabe und habe ich sie so erfüllt, dass ich mit dem Ergebnis vor mir und anderen bestehen kann?

Früher: Hoffentlich stirbt der Alte bald, ich kann ihn nicht mehr ertragen.

Heute: Was wiegt schwerer für mich, die Verantwortung für einen Menschen, mit dem ich 23 Jahre lang verheiratet war, oder mein Wunsch, noch etwas ganz Neues anzufangen – ohne ihn?

Früher: Die Pumpe macht nicht mehr richtig mit, fürchte ich, ständig diese Stiche. Ach was, wird schon nichts sein, Zähne zusammenbeißen! *Heute*: Mein Körper will mir etwas sagen, was mich auch nicht weiter wundert. Wie lebe ich eigentlich? Ungesund. Bin ich mir so wenig wert? Ab morgen beginne ich ein Lauftraining und mit dem Rauchen höre ich jetzt sofort auf. Der wichtigste Mensch in meinem Leben bin immer noch ich.

Neue Antworten auf alte Fragen sind gesucht. Antworten, die ein neues Selbst-Wert-Gefühl reflektieren. Antworten, die im Ich gesucht und gefunden werden, und nicht mehr draußen bei denen, die schon immer auf alles eine Antwort hatten. Es gilt, die Fragen mit sich selbst zu diskutieren, mögliche Antworten gegeneinander abzuwägen. Gerne auch mit Hilfe freundschaftlich verbundener Menschen, Netzwerkpartner oder vertrauenswürdiger Coachs. Und die Antworten auf die gleichen Fragen fallen nicht mehr für jeden gleich aus.

Das meint Individualisierung. Die Hauptarbeit findet drinnen statt. Wir tun diese Arbeit, weil wir es uns wert sind.

Wert – Value. Anteilseigner – Shareholder. Nicht von ungefähr können wir in einer Zeit, die den seltsamen Begriff Ich-AG kreierte, eine Diffusion der früher streng voneinander abgegrenzten materiellen und immateriellen Wertbegriffe beobachten. Was aber liegt näher, da doch eh schon das gleiche Wort für beides benutzt wird?

Auch Unternehmen, ehemals uneinsehbare, anonyme Wert-Schöpfungsagenturen, bekommen mehr und mehr ein eigenes Gesicht, eine »Identity«. Auch sie individualisieren sich und ihr Verhalten unterliegt einer stärkeren öffentlichen Beobachtung. Menschenverachtende, umweltschädliche Verhaltensweisen, die vor 30 Jahren noch klaglos hingenommen wurden, werden heute sofort mit Sympathie- und Geldentzug bestraft. Kapitalistisches Stinkstiefelverhalten lässt eine aufgeklärte, selbstbewusst und anspruchsvoll gewordene Öffentlichkeit nicht mehr durchgehen.

Wurde früher wie selbstverständlich angenommen, dass man sich auf

Kosten von Ethik und Moral am schnellsten bereichern könne, so dominiert jetzt die gegenteilige Erkenntnis: Gerade die Unternehmen, die sich in ihrem Business einer moralischen Wertorientierung verpflichtet fühlen, schaffen mehr Wert. Zahllos inzwischen die Vergleichsstudien und die einschlägige Literatur, die sich diesem scheinbar überraschenden Zusammenhang widmen.

Uns überrascht das überhaupt nicht.

Wir haben sogar das Niemandsland der wissenschaftlichen, wertfreien Betrachtung einigermaßen unbeschadet durchschifft. Wir haben deswegen keinen Schaden genommen, weil wir sie natürlich doch überall entdeckt haben, die Werte.

Man hatte ihnen nur Tarnkappen übergezogen.

WOHLSTAND

VORHER

Wohl oder übel! Das Händehoch der Postmoderne.

NACHHER

Wohlstand ist die selbstbestimmte Idee, Konzeption und Realisierung eines gelungenen Lebens.

Als die Bundesrepublik in ihren pubertären 1950er Jahren darüber nachdachte, wie man den Volksakku wieder mit Zuversicht aufladen könnte, zogen die Verantwortlichen den ewig jungen Joker aus dem bürgerlichen Schatzkästchen königlicher Belohnungen: Wohlstand! Besserer Lebensstandard und größeres Vermögen wurden kollektiv versprochen, wenn alle mit ganzer Kraft am Wiederaufbau mitwirken würden. Das ließen sich die Leute nicht zweimal sagen. Sie hörten gerne den neuen Klang der Fanfaren und begannen mit unglaublichem Fleiß und klagloser Disziplin die Trümmer des Tausendjährigen Reiches beiseite zu schieben. Und weil man sich am Feierabend gerne die Frage stellte, wofür das Ganze, versprach Adenauer nicht nur Wohlstand für alle, sondern gleich auch noch Ruhe – politisch und im Alter. Die Zukunft sollte möglichst risikoarm vorkonfiguriert werden. Mit den weiteren Aussichten: Ein Leben lang für den Wohlstand arbeiten. Dann ruhen in Frieden!

Adenauer benutzte für diese kollektive Betäubung einen sozialpolitischen Trick: Er koppelte die Renten an die Lohnentwicklung. Das Motto: Wohlstand heute – Wohlstand morgen. Der Anreiz, mit Leistung und Fleiß ein Vermögen im Hier und Jetzt zu scheffeln, wurde mit sozialer Absicherung im Alter belohnt. Das Versprechen wurde zur Volksdroge Nummer eins. Schnell war eine ganze Nation abhängig. Und wie Junkies eben denken: Nie mehr würde die Sonne des Wohlstands in der neuen Republik untergehen. Mittelklassewagen, Eigenheim, hohe Rente. Der Dreisprung des alten bundesrepublikanischen Wohlstandsmodells hielt Arbeits- und Lebensfreude fortdauernd hoch. Applaus, denn dieser lineare Pfad des Wohlstands überdauerte Jahrzehnte. Jede Bundesregierung hielt sich eng an Adenauers Versprechen und diente dem Volk als staatlicher Rückversicherer: Ihr schuftet, wir sichern ab. Der Offensivgeist der Deutschen wurde belohnt.

Es war fraglos eine große gesellschaftliche Leistung, das Wohlstandsspiel bis fast in die Gegenwart hinüberzuretten. Doch es hatte von Anfang an drei Haken, die sich jetzt unerbittlich zeigen. Erstens fragt sich der Fleißige irgendwann, ob ihm sein angehäufter Wohlstand jetzt ausreicht, um Dolce Vita zu feiern. In der Vorfreude weiß er noch nicht, dass er als unnützer Feudalbourgeois endet. Zweitens fragt sich der Fleißige irgendwann, warum und für was und wen er sich eigentlich abstrampelt. Er stellt die eigentliche Sinnfrage nach dem Wohlstand. Und drittens bemerkt der Fleißige irgendwann, dass Adenauer schon längst tot ist, sein Wohlstandstrick ausgeschissen hat und ein ganzes Volk nur mehr ein einziges Rückzugsgefecht führt. Diese Enkel Adenauers jammern nun umso mehr, weil sie ihren Wohlstand nicht mehr retten und konservieren können. Das Motto lautet jetzt: Kein Wohlstand heute – dafür kein Wohlstand morgen. Das ist eine neue Erfahrung, insbesondere für Mittelschicht und Mittelstand. Bald schon mittellos?

Womit wir beim zentralen Problem des alten Wohlstandsspiels angelangt sind. Seine Grundkonstanten sind wie ein Radiergummi abgerieben. Was also tun? An den drei Haken zappeln derzeit drei Wohlstandsbürger. Der begüterte Steinreich verfrühstückt als Wohlhabender sein Vermögen oder das seiner Vorfahren, möglichst ohne oder nur wenig zu arbeiten, Motto: Nach mir die Sinnflut. Der behütete Gernreich frühstückt ein Käsebrötchen, arbeitet entweder tapfer und hofft auf den Wohlstand über Nacht, Motto: Jede Woche Lotto. Oder er arbeitet viel und versucht, ein Steinreich zu werden. Der hysterische Wenigerreich lernt früh, sein Weniger zu stückeln, um in den einzelnen Lebensabschnitten über die Runden zu kommen. Motto: Permanent Panik auf der Titanic.

Keine Frage: Das alte Wohlstandsspiel ist zum Wohl-oder-übel-Spiel verkommen. Der Wohlstand ist das Hände-hoch der Postmoderne. Nur mehr mit vorgehaltener Pistole wird man die Leute auf Dauer zum alten Wohlstandsspiel zwingen können. Denn alle wissen oder ahnen es: Wohlstand zu erreichen wird schwieriger. Ihn zu halten ebenfalls. So schwebt der alte Wohlstandsbegriff über Lebensentwürfen und Lebensträumen und lockt die Maden in den Speck. Wenn dann das Konto abgeräumt ist, fällt den Betroffenen auf, wie hohl diese Wohlstandsidee eigentlich schon immer war.

Vorbei, vorbei, vorbei. Wohlstand lässt sich nicht mehr nur am dicken Bankkonto, an der Zahl eigener Immobilien und Fernreisen ablesen. Mit dem Begütertsein des Bürgertums. Wohlstand hat vielmehr etwas mit Wohlbefinden, Wohlbehagen und Wohlergehen zu tun. Diese zu erreichen hat wiederum etwas mit Vielfalt und Komplexität zu tun. Nehmen wir, um es besser zu verstehen, eine Kuh. Sie steht im günstigsten Fall auf der Weide, frisst Gras, kaut wieder und lässt Verdautes auf dem Acker zurück. Ihre Grundbedürfnisse sind leicht zu befriedigen. Die Kuh weiß, was ihr gut tut. Ein Leben lang. Fressen und Scheißen sorgen für das richtige Maß an Wohlbefinden, Wohlbehagen und Wohlergehen. Glückliche Kühe, sagt man, wenn man an einer Weide vorbeiradelt.

Der Mensch im ersten Lebensjahr tickt überwiegend ähnlich, wie Generationen von Müttern und Vätern auf Anfrage gerne bestätigen werden. Dann aber beginnt für jeden Erdling das Lernen, was gut für ihn ist. Aber dummerweise ein ganzes Leben dauert. Die Fragen des Lebens beginnen uns fortan mehr oder weniger heftig zu bedrängen. Was tut mir gut, was will ich werden, was nehme ich mir vor? Mit diesen Fragen grenzen wir uns von der Kuh ab. Denn nun feilen wir am Gelingen unseres Lebens. Wir selbst können und dürfen das so lange, wie uns keiner daran hindert.

Wohlstand bedeutet also zuerst, dass jedem sein Leben gelingen mag. Und zwar auf seine eigene, ganz spezielle Art und Weise. Nehmen wir, um es besser zu verstehen, noch ein Schwein dazu. Es ist dem Menschen sehr ähnlich. Als Jungtier ist es bewegungsfreudig, im Alter eher träge. Es braucht viel Auslauf und Abkühlung, und es ist fremdenfeindlich. Trifft es einen Fremden, kann dieser übel malträtiert und gebissen werden. Keiner aber fragt ein

Schwein, ob es sich auf den von der EU zugelassenen 0,7 Quadratmetern in der Schweinezucht wohl fühlt. Wir wissen es: Tut es nicht. Keinem Schwein gelingt mehr ein gutes Leben. Arme Schweine, sagt man, wenn man so eine Mastmaschine betritt.

Es würde manchem natürlich zu weit gehen, unsere Gesellschaft mit einer Schweinezucht zu vergleichen. Auch wenn wir unsere Schulkinder auf 0,7 Quadratmeter großen Holzstühlen aufs Leben vorbereiten. Auch wenn wir jeden Abend drei Stunden auf unserem 0,7 Quadratmeter großen Fernsehsessel vor der Glotze hocken. Es geht vielmehr darum, ob wir überhaupt selbstbestimmt tun können, was für uns gut ist. Sprich: unser individuelles Bedürfnisprofil entdecken. Wohlstand bedeutet nämlich auch, diese, unsere eigenen Bedürfnisse zu entdecken sowie unsere eigenen Fähigkeiten zu entwickeln. Von einer derart freien Gesellschaft sind wir genauso weit entfernt wie ein glückliches Schwein von einer armen Kuh.

Wohlstand ist überdies auch die Freiheit, über seine Zeit so zu verfügen, wie man will. Das kann sehr unterschiedliche Züge annehmen. Nehmen wir beispielsweise zwei Büromenschen: Person A jagt von einer Besprechung zur nächsten. Kurze Mittagspause. Am Abend der erste Blick auf die Uhr. »Oh, schon 17 Uhr. Die Zeit ist wie im Fluge vergangen.« Person B hatte in der gleichen Zeit kaum etwas zu tun, hat sehnsüchtig die Mittagspause herbeigesehnt und die Sekunden gezählt, dass sie um 17 Uhr nach Hause gehen kann. Beide haben gleich viel Zeit verbraucht, aber unterschiedlich wahrgenommen. A hat etwas Interessantes erlebt, die Zeit verging rasch. B hat nichts erlebt, die Zeit wurde ihr ewig lang. In der Psychologie bezeichnet man dies als subjektives Zeitparadoxon: Ist die erfahrene Zeit kurzweilig, wird die Zeit der Erinnerung lang, ist sie dagegen langweilig, schrumpft die Erinnerungszeit.

Wohlstand bedeutet, kurzweilig Zeit zu verbringen und sich daran lange zu erinnern. Betrachten wir in diesem Zusammenhang den schlimmsten Zeitdieb moderner Gesellschaften: das Fernsehen. Es macht blöd, weil das, was wir dort wahrnehmen, nichts mit unserem Leben zu tun hat. Vor der Glotze vergeht die Zeit im Fluge, ohne etwas zu hinterlassen. Trotzdem schauen die Deutschen immer länger fern. Sie sehen teilnahmslos zu, wie eine bescheuerte

Sache nach der anderen passiert. Dabei ist der Aus-Knopf nahe. Und Wohlstand ist, ihn zu drücken.

Es würde manchem natürlich zu weit gehen, unsere Gesellschaft mit einer Verblödungskultur zu vergleichen. Auch wenn wir mittlerweile täglich 3,5 Stunden vor dem Fernseher hocken. Auch wenn wir im Job in Meetings herumsitzen, die das Immergleiche immerfort wiederholen. Es geht vielmehr darum, ob wir uns überhaupt frei entfalten können. Sprich: uns selbst entdecken können, um zu wissen, was für uns gut ist.

Womit wir beim letzten Wohlstandsfaktor angelangt sind: dem Lebenstempo. Jeder sucht sich das Tempo, das er will. Denn wie intensiv man leben und arbeiten will, geht nur einen selbst etwas an. Eine freie Gesellschaft muss auf allen Geschwindigkeitsstufen sinnvolle Möglichkeitsräume anbieten, in denen man sich entfalten kann. Davon sind wir Kilometer entfernt. Langsamkeit darf hierzulande nur der entdecken, dem Wohlstand und Reichtum flankierend zur Seite stehen. Und Schnelligkeit wird noch immer voreilig mit Erfolg und Flexibilität gleichgesetzt. Oft genug sitzt man dann in Lebensentwürfen fest, die man vorher nie und nimmer führen wollte. Das falsche Leben.

Womit wir alle Bausteine einer Neudefinition von Wohlstand beisammen haben. Wohlstand ist die selbst bestimmte Idee, Konzeption und Realisierung eines gelungenen Lebens. Die Vielfalt, die man dabei entdeckt, geht weit über die soziale Reichtumsverteilung hinaus. Vielfalt wahrnehmen und sich lange daran erinnern zu können, ist mehr wert als jedes Schmerzensgeld am Ersten jedes Monats.

ZUKUNFT

VORHER

Früher wurde Futurologie inszeniert wie Fernsehen: Der Bürger konnte sich zurücklehnen und spannende Unterhaltung konsumieren: mit Robotern, Heli-Rucksäcken und Urlaub auf dem Mond. Das Ganze folgenfrei. Heute ist das Futurum fest in der Hand von Apokalyptikern höheren Alters, die ihr eigenes Ableben mit dem Ende der Welt verwechseln. Die Mächtigen freuen sich über jeden, der sich nicht einmischt.

NACHHER

Zukunft geschieht nicht, sie wird gestaltet. Von denen, die an sie glauben. Sie ist offener und unberechenbarer denn je, sie lädt ein als faszinierender Möglichkeitsraum. Wir entwickeln Szenarien, denken in Alternativen und auf Vorrat, betreiben einen Prozess permanenter kreativer Zerstörung. Mit den selbst auferlegten Beschränkungen in unseren Köpfen fangen wir an: Sie sind die wahren Grenzen des Wachstums.

Als wir vier geboren wurden, hatte gerade eine Allianz aus Adenauer, Amerikanern und katholischer Kirche das Land fest im Griff. Die Welt, wie sie uns von Eltern und Lehrern verkauft wurde, hatte einfache Koordinaten: Die Guten wohnten im Westen, die Bösen im Osten, dazwischen ein Eiserner Vorhang, der die unterschiedlichen moralischen Aggregatzustände säuberlich voneinander trennte. Hüben regelten die ehernen Spielregeln des Kapitalismus den Lauf der Dinge, drüben die Gesetze des historischen Materialismus im Allgemeinen und der Fünfjahresplan im Besonderen. Vaters Zeit mit den Nazis war genauso tabu wie Sex vor der Ehe. Frauen waren Mütter,

Kinder rechtlos, Pfarrer kleine Dorfpäpste, die unfehlbare Urteile verkündeten. So war es, und so würde es bleiben, in Ewigkeit, Amen. Es war eine Ära solider Gewissheiten und fest betonierter Blöcke.

Und dann kam doch alles ganz anders. Lang, lang ist die Liste des damals Undenkbaren und heute Wirklichen: In Schulen und Familien ist es verpönt, Kinder zu prügeln. Der Himmel über der Ruhr ist wieder blau, und in der Elbe kann man schwimmen. Der Sieg der Systeme wird nicht in einem Dritten Weltkrieg, sondern ganz unblutig vom Volk (Ost) entschieden, mit Pfarrern und Montagsdemonstranten als Hauptakteuren. Ein Staatsratsvorsitzender namens Honecker wandert ins Gefängnis, ein Häftling namens Havel wird Staatspräsident.

Frauen nehmen die Pille und Männer heiraten Männer. Und stell dir vor, im Fernsehen zeigen sie Pornos und keiner guckt mehr hin. Eine Frau führt die CDU, ein Schwarzer Südafrika. Bahn und Post, einst Säulen von Staat und Beamtentum, wurden privatisiert. Ein Ex-Sponti (ohne Abitur!) gilt als angesehener Außenminister Europas. Computer sind winziger als Streichholzschachteln. Man telefoniert frei sprechend im Gehen. Das Internet transportiert Informationen in Lichtgeschwindigkeit von Lennestadt nach Louisiana. Alles fließt, und alles ist anders.

Nicht nur Adenauer, sondern auch seine Berater und Strategen sowie 99 Prozent der Deutschen hätten heftig bestritten, all dies könne nur vier Dekaden später die Normalität ihrer Nation ausmachen. In ihrer Vorstellungswelt wären Visionen dieser Normalität völlig abwegig erschienen!

Die kleine Gedächtnisübung macht anschaulich, wie um Dimensionen anders die Welt in 50 Jahren aussehen kann, als wir sie uns heute vorstellen. Zudem ist die Lage der Zukunft seit der Nachkriegszeit noch weit unübersichtlicher geworden. Der Wandel in Wirtschaft, Gesellschaft und Technologie hat eine sich selbst beschleunigende Dynamik entwickelt, die Halbwertszeiten für plausible Voraussagen schrumpfen auf wenige Jahre. Nie war Zukunft unberechenbarer, nie war sie offener und weitgefächerter. Um der Diversität des Kommenden gerecht zu werden, müsste man eigentlich in der Mehrzahl reden: von Zukünften. Vor uns öffnet sich ein Möglichkeitsraum mit einer ungeahnten Zahl von Nischen, Pfaden und Gabelungen.

Erstaunlich bis erschreckend ist dagegen, wie angesichts dieses Reichtums an Möglichkeiten hierzulande über Zukunft nachgedacht wird. Nachkriegler, 60-Geborene und Generation Golf sind sich wunderbar einig: No Future! Was kommt, können wir nicht wissen, aber es kann garantiert nichts Gutes sein. Sie singen im Chor: Morgen-Land ist abgebrannt!

Auf dem großen Markt der Miesmacher sind die unterschiedlichsten Spielarten von Apokalypse im Angebot. Ausbruch regionaler Atomkriege, Verkehrskollaps auf Straße, Schiene und in der Luft, eine gigantische Inflation, die alle Ersparnisse auffrisst, AIDS oder Ebola, wahlweise endgültige Verdummung und Verrohung der Kinder, schmelzende Pole und aussterbende Arten, al-Qaida nimmt die Welt in Geiselhaft – für jeden Geschmack ist ein Doomsday-Drehbuch dabei. Angesichts des wüsten Treibens in den Feuilletons fragt man sich: Warum eigentlich lässt eine der reichsten Gesellschaften der Welt alle Hoffnung fahren? Wieso formulieren unsere Großdenker und -dichter nur dann in Bestform, wenn sie den sichereren Untergang in düstersten Varianten beschreiben? Woher diese Lust am Frust?

Die Antwort findet sich irgendwo zwischen Psycho- und Pathologie. Zum einen gilt in Deutschland nur derjenige als seriöser Intellektueller, wer seine Thesen mit Tristesse tränkt. Schwermut ist angesehener als der Mut, Dinge anzupacken. Zum anderen beruhigen gut situierte Bildungsbürger ihr schlechtes Gewissen, indem sie in Endzeitvisionen schwelgen. Sie empfinden ein diffuses Unwohlsein angesichts der real existierenden Widersprüche in dieser Welt, zwischen Arm und Reich, zwischen Gebildeten und Ungebildeten, zwischen Privilegierten und an den Rand Gedrängten. Diese Klüfte dürfte es ihren Sozialphantasien nach eigentlich nicht geben; es gibt sie aber trotzdem, und noch dazu wissen sich diese Kulturkritiker, Lautsprecher und Vordichter auf der Sonnenseite und damit, in ihrer kruden Sicht, auf der falschen. Ergo erfinden sie sich eine Düsterzukunft. Die Apokalypse, so ihre Religion des nackten Grauens, wird keine Unterschiede machen, bedroht alle Menschen, fungiert als finaler Gleichmacher. Das entlastet die Seele sinngequälter Spießer. Angesichts der zu erwartenden Desaster muss er sich dann keinen Kopf mehr machen wegen der irdischen Ungerechtigkeiten im Allgemeinen und des Schwarzgeldes in der Schweiz im Besonderen. Katastrophe als Katharsis.

Deshalb auch verkünden sie alle paar Tage das Ende von irgendwas. Das Ende der Mobilität. Des Buches. Europas. Oder gleich: das Ende der Geschichte. Sie hätten so gerne das letzte Wort!

Beschwörten sie das große Finale nur in geschlossenen Zirkeln, ginge das ja noch als spleeniges Hobby verbitterter alter Männer durch. Man würde verstehen und lächeln. Leider haben es die end-geilen Intellektuellen jedoch geschafft, die Meinungshoheit in den Medien und in den Köpfen der Menschen zu erringen. Wortmächtig haben sie erreicht, dass eine Mehrheit der Bevölkerung GLAUBT, die einzige REALISTISCHE Sicht sei die PESSIMISTISCHE. An jedem Jahreswechsel beispielsweise messen Meinungsforscher die Erwartungen der Bundesbürger für die kommenden zwölf Monate, und jedes Mal protokollieren sie: Die Deutschen sehen sich und ihr Land den Bach weiter runtergehen. Die Volksseele dümpelt in Dauerdepression.

Das penetrante Unken von Grufties, die den eigenen Abgang mit dem Ende der Welt verwechseln, zeigt leider Wirkung auch bei den wahren Zukunftsmenschen, bei Kindern und Jugendlichen. Gestraft mit mutlosen Eltern und Lehrern und mit Politikern, die schon lange nichts mehr wirklich bewegt haben, rechnen Heranwachsende nur noch mit dem Schlimmsten: kein Ausbildungsplatz, kein Job, keine Rente, und selbst wenn, dann kommt eines Tages eine große Depression und rafft alles Ersparte hinweg. Zukunftsmusik? Irgendwo zwischen Blues und Death Metal. Zeitreisen nach vorne? Höchstens als Horrortrip.

Wir rufen euch zu: Lasst euch die Zukunft nicht von Leuten vermiesen, die selbst keine mehr haben!

Wie eingangs der kurze Bericht aus fünf Jahrzehnten gezeigt hat, kann das Unerwartete durchaus als Lichtgestalt in euer Leben treten. Es gibt Fortschritte in die richtige Richtung, Wendungen zum Besseren, überraschende Abgänge von Bösewichten. Zufälle können, man glaubt es kaum, tatsächlich positiv wirken. Wir Deutsche sollten nicht den Geist, der stets verneint, sondern stattdessen einen neuen Gründergeist kultivieren. Das Projekt Zivilisation läuft weiter, ganz sicher, und dazu brauchen wir Zuversicht, kritische Köpfe, gute Ideen, Menschen, die mit anpacken. Das ist Demokratie, nach vorne gedacht, ist eine Einladung, sich einzumischen, wenn die Weichen gestellt werden. Zukunft geschieht nicht, sie wird gemacht. Von denen, die an sie glauben.

Emanzipation heißt ja nichts anderes, als Dinge selbst in die Hand zu nehmen. Sich nicht einem vermeintlichen Schicksal überlassen. Aber genau das passierte in den 50er und 60er Jahren. Futurologen traten auf und verkündeten im Brustton der Überzeugung: So, und genau so, wird alles kommen. Und das Publikum lehnte sich zurück in die Sessel, griff sich eine Tüte Chips und schaute Zukunft, wie es sonst in die Glotze schaute: Man erwartete »spannende Unterhaltung«. Und die wurde auch geboten. Im Kino des Kommenden bewegten sich die Menschen mit Heli-Rucksäcken zwischen Hochhausschluchten unter riesigen Glaskuppeln, Roboter machten die große Wäsche, man träumte auf Bestellung, baute Sandburgen auf dem Mond und hatte Sex mit Außerirdischen. Das Leben – eine einzige Odyssee durch Unendlichkeiten. Mit dem eigenen Alltag hatte das alles nichts zu tun.

Der Kater kam in den 70er Jahren. Ölpreisschock. Seveso. Grenzen des Wachstums. Ein stummer Frühling wird ausgerufen, ohne Amsel, Drossel, Fink und Star. Die hochfliegenden Visionen stürzten ab wie Tontauben. Trotzdem überlebte die Profession der Propheten. Mehr noch, sie erlebte sogar einen Boom. Ihr Credo lautete, man müsse die Zeitläufte eben genauer berechnen und die Gesetze analysieren, nach denen sich Zukunft aus Gegenwart ergibt. Unternehmen richteten Think Tanks ein, eine Art Feuchtbiotop für Vordenker, Regierungen gründeten Institute, auf Kongressen feierte die Disziplin sich und die neue Zuwendung der Öffentlichkeit. Futurologie galt fortan als die Wissenschaft der exakten Voraussage, ihre Protagonisten als die modernen Seher. Computer wurden mit Formeln und Modellen gefüttert, Trends hochgerechnet, Entwicklungslinien von gestern ins Morgen verlängert.

Jeder weiß, wie kläglich all diese Orakel der Neuzeit scheiterten. Was sie voraussagten, ist nicht eingetreten, und was eingetreten ist, haben sie nicht vorausgesagt. Statt linearer Trends stehen wir fassungslos vor chaotischen, gebrochenen und sich aufschaukelnden Entwicklungen. Zufälle, Brüche, Friktionen allenthalben. Die jüngste Geschichte verlief wie ein Kindergeburtstag: voller Überraschungen. Das hat zumindest in einer Hinsicht etwas

Positives bewirkt: Die Propheten sind äußerst bescheiden geworden. Mittlerweile wagen seriöse Prognostiker nur noch kurzfristige Vorhersagen, mit einer maximalen Reichweite von drei bis fünf Jahren. Hinter dieser Zeitlinie, so haben sie gelernt, beginnt das Reich der Nichtlinearität.

Statt vorgeblich realistische Prognosen zu erfinden, beschäftigen sie sich inzwischen auf weitaus kreativere Weise mit der Zukunft. Das Zauberwort lautet Szenario. Bei dieser Technik zeichnet man zusammenhängende Bilder der Welt in zehn bis 20 Jahren und denkt dabei in Alternativen: Szenario A kann eintreten, wenn ..., Szenario B ist wahrscheinlich, wenn nicht ... Mit der Angabe von Bedingungen kommen wir unserem Ziel näher, Zukunft als einen Prozess zu begreifen, der seine Impulse aus der Gegenwart erhält. Wir können ihn nicht im Detail steuern, aber wir können einen Rahmen festlegen, die grobe Richtung, Werte und Ziele angeben. Außerdem kommen wir mit dem Kunstgriff des Szenarios raus aus der passiven Haltung von Fernsehkonsumenten, und werden aktiv in Rollenspielen, in denen alternative Verläufe des Künftigen geprobt werden. Früher hatte sich Futurologie damit lächerlich gemacht, ihre hochfliegenden Voraussagen so voller Ernst zu präsentieren. So paradox es klingt: Erst seit die Futurologen das Spielerische entdecken, sind sie ernst zu nehmen.

Das macht weit mehr Spaß als die bierernsten Hochrechnungen von Pseudowissenschaftlern. Unter der Prämisse, plausible Lebenswelten in Gedanken durchzuspielen, kommen auch Träume und Visionen wieder zu ihrem Recht. Einfallsreichtum ist gefragt, radikale Wünsche, mutige Skripte, die mit den Worten beginnen: »Und dann kam alles ganz anders ...« Unsere Herausforderung besteht darin, auf Vorrat zu denken. Auf Deutsch hat das Wort »utopisch« einen negativen Beigeschmack, im Sinne von »unmöglich«. Ganz anders auf Englisch, wo »utopian« als hoffnungsvoll und Vision vom Besseren verstanden wird. Da können wir mal von den Angeln und Sachsen lernen.

Zukunft ist genau wie diese Websites, die nie fertig werden, stets »under construction« – und das ist gut und spannend so. Ein Prozess kreativer Zerstörung, in dessen Verlauf wir Szenarien stets neu entwerfen, modellieren und bei Bedarf wieder verwerfen. Wir reißen Grenzen nieder, vor allem die in unseren Köpfen, die darin bestehen, nur das eines Tages für möglich zu halten, was wir uns heute schon ausmalen können. Aber wirklich neu kann nur sein, was wir nicht vorhersehen können. Sonst wäre es nicht neu. Aus dem gleichen Grund können wir heute nicht wissen, was wir eines Tages wissen werden. Für die Menschheit werden sich eine Reihe neuer Probleme auftun. Aber wir vertrauen darauf, dass uns Zukunftsaktivisten – eine buntscheckige Gruppe von Erfindern, beseelten Unternehmern, engagierten Bürgern und konstruktiven Denkern – im Gegenzug einiges zu ihrer Lösung einfallen wird. Wir überlassen das Feld nicht denjenigen, die sich schon immer die Hände gerieben haben, wenn möglichst viele Menschen ihrem Treiben tatenlos zusehen. Deshalb gestalten wir mit. Statt uns von imaginierten Katastrophen lähmen zu lassen, beflügelt uns der Blick auf die sich noch eröffnenden Chancen. Wir stellen uns das Kommende als etwas vor, das wir uns nicht vorstellen können. Mit Phantasie siegt die Zukunft über die Diktatur der Gegenwart.